曾悟声 何浩明 赵庆 著

企业创新系统模式构建
及其市场效应的仿真研究

Enterprise Innovation System
Model Building and Simulation Research
of its Market Effect

格致出版社 上海人民出版社

在创新中激活内生动力(代序)

徐 静[*]

党的十八大提出实施创新驱动发展战略,将其放在突出位置,说明我们党对创新的高度重视。贵州省委省政府更是深刻认识到,改革开放是富民强省的必由之路,创新驱动是科学发展的根本之策。创新有很多种,站在企业的角度看,包括技术创新、组织创新等方方面面。

创新不能简单地移植,需要最大限度地激发本土企业的内生动力。贵州有很多企业创新的典型个案,值得我们深入地挖掘、总结。本书作者曾悟声教授有着长期在贵州本土企业工作的经历,眼见很多企业由兴而衰、由衰而亡,更眼见很多企业通过建立充满创造活力的"复杂适应系统",从而在困境中实现蝶变,在绝境中实现涅槃的传奇经历。这种特殊的人生经历,引发了作者对企业创新问题的深入思考。

本书以贵州磷化工企业为个案,从产业组织理论的视角,对中国磷肥领军企业和贵州本土具有代表性的企业创新进行了系统分析,在统一的理论分析框架中,展现了各个创新体系的相似性、差异性及其来源,并在此基础上构建了"产业创新系统模式",是研究产业创新系统构成要素的主体(企业创新)市场效应的专著。我们知道,传统产业组织理论少有关于创新系统行为的专门分析,而且通常的分析框架不能解决经济学理论与技术创新活动兼容的现象,但本书从企业历史发展和演进理论、复杂性科学、系统仿真理论中得到营养,以期建立一种更科学的分析框架,来分析与传统理论不兼容的技术创新活动及现象。本书以社会科学为基础来分析、建立系统仿真的系统结构模型和量化分析模型,并将其转换为适合在计算机上编程的仿真模型,然后对模型进行仿真实验。利用作者自行组织研发的 EISCP 仿真计算软件(即"企业创新对市场结构及绩效的评估仿真计算系统")对真实系统进行仿真实

---

[*] 序者为中共贵州省委党史研究室主任、研究员,国家首批"万人计划"入选者,中宣部"四个一批"人才。曾任贵州省社科院副院长、贵州省社科联副主席。

验,从而研究系统结构、功能和行为之间的动态关系,利用计算机来完成以前由人工做的繁复而不可能的工作。

　　总体来看,本书是积作者多年实践经验和理论思考于一体的成果。贵州的产业需要创新,企业更需要创新。我相信,本书对从事创新研究和创新实践者有积极的参考价值。

　　我对本书的出版表示祝贺!

2014 年 6 月 18 日

前　言

早在我攻读博士之前就已有本书的构思,很想把前些年的一些研究积累通过经济信息系统及系统仿真技术的方式呈现出来,现把攻博期间的前期成果(企业创新系统模式构建及其市场效应的仿真研究)系统地整理出来,供同行们交流和参考。

本书以中国磷肥产业创新系统为研究对象,通过厘清定量研判创新(行为—结构—绩效)间的复杂互动关系,以期建立理论与实证一体的"企业自适应创新系统模式"和上一层的"产业创新系统模式"的"产业创新系统能力评价指标体系"及它们相应运行机理的"创新的市场效应仿真研判系统"一般性理论框架。这一研究成果将为现实抉择提供一个直观和具体的参考,为创新与市场结构的关系分析提供新的思路、新的方法论。

全书共分8章。第1章对国内外相关研究文献进行综述,确定主要研究内容和研究方法;第2章为后续研究提供理论支撑;第3章分析企业创新系统模式的构建;第4章根据产业创新系统能力评价指标体系,用技术创新能力评价子系统对样本企业瓮福集团技术创新能力进行评价;第5、6、7章分别是产业创新的系统行为对市场结构—绩效影响的仿真系统,研判系统软件开发设计,系统创新行为对市场结构绩效影响的实证分析;第8章对全书作了总结与展望。

研究表明,陷入"德鲁克式"困境的企业,面对急剧变化的市场,可建立起一个充满活力的复杂自适应创新系统。对于现代企业这个复杂的经济组织系统的驾驭,"德鲁克式"机遇把握的相对性,其两种结果都归结到人。因为无论什么样的复杂自适应创新系统都是由人创造的,而结果具有偶然性。

经济组织创新系统是由技术、管理、制度、文化、环境五部分大量创新元素主体(agent)根据其运行机理组成的创新的(微观)"复杂适应系统",系统的运作过程形成了"企业自适应创新系统模式"的异质性特征及效应。

经济组织创新系统以其异质性特征及效应,构成了组织内外平衡的内在机能和发展方式,其在制度安排上,既保证了组织整体利益,又没有损害成员企业法人地位,给他们保留了足够的发展空间和自由度。该系统的内涵为:创新组合使其蜕变与成长;创新的系统行为使其嬗变与发展;创新系统模式诱因放大过程的作用原理使寡头、垄断竞争的效率和绩效发生正相关变化。

寡头、垄断竞争的创新组合对市场结构及绩效互动关联影响的正相关传导机制与判断的因果关系链,会对产业组织演进产生根本影响,促使整个产业组织发展。这些影响和效应的定量研判可通过将一组变化的外生变量函数输入到研判模型中,根据内生变量的系列变化以仿真技术定量研判。

"企业创新系统模式"的构建以三种类型创新企业(创新型企业、科技型企业、创新系统型企业)的相似性、异质性特征及相互间共性效应为主要基本系统要素,以创新型企业为主体,以科技型企业为主导,以自适应创新系统型企业为核心;以企业创新"相似性要素"、"异质性要素"、"共性效应要素"及它们相应运行机理和系统行为研判体系组成的综合性创新(微观)系统;推动产业发展的(规模、结构、绩效、辐射带动)产业政策、产业环境组成的综合性创新(中观)系统构成的体系和与之相应的运行机理为"产业创新系统模式"的基础。

"产业创新系统模式"是产业创新的系统行为对市场结构与市场绩效互动关联关系的一种理论分析框架,或者说是一种分析模式。产业创新系统是以产业和技术为单位来研究创新系统,考察专业化基础上的产业部门在创新过程中的技术转移和供需联系。它实际上涉及社会系统、技术系统和经济系统之间的交互作用与演进,可以揭示国家的经济增长和技术发展在绩效上的差异。

实证表明,用建立的产业创新系统能力的定量与定性研判微观与中观体系,研判系统性协同创新行为产生的影响是可靠可行的。该模式可研判因垄断和不合理的赋税给社会福利带来的损失及其隐藏的原因,为政府规范市场、促进创新,合理收取因使用资源和创新政策效应而产生的超额利润,研判企业创新组合能获得多少超额利润剩余,是否应取缔他们的垄断地位等提供决策参考。

本书的创新之处在于：

1. 构建了新的分析模式，即构建了基于"复杂适应系统"的"企业自适应创新系统模式"和产业层面应用的"创新系统能力评价指标体系"，以及它们相应运行机理的"创新的市场结构及绩效互动关联分析系统"的一般性理论框，实现了方法论与理论范畴的拓展。

2. 构建了"创新的市场效应仿真研判系统"，揭示了"创新的系统行为对市场结构及绩效影响"的作用机制。

3. 研发了"创新的系统行为对市场结构及绩效影响的仿真系统"软件。

致　谢

　　本书在写作的过程中,得到了我的博导武汉理工大学赵玉林教授的悉心指导,还得到一些学界前辈和师长的教诲、师兄妹的帮助。尤其是原贵州省化学工业厅厅长、瓮福集团前董事长涂兴沼先生,继任董事长何浩明(亲自策划)、何光亮等,对本书的写作提供了多方支持和帮助。我的校友,早年武汉大学毕业的计算机及应用人才张定祥高工给予了很大的帮助。在此,我向他们一并表示衷心的感谢!

　　经过近一年的努力,攻博前期成果能够以专著形式早些与更多读者见面,这要感谢格致出版社。本书的写作对我们而言,是一件有吸引力且值得做的事情。因为,我们都从他人那里收获良多! 我们期望亲爱的读者朋友们,在对这充满吸引力的问题的质疑中能够受益匪浅。

目 录

第 1 章 绪 论

笔者曾在某国有大型部属企业工作 20 年,目睹这个达万人的技术密集型企业的兴旺与衰败,且知其因。我和众多的专业技术人员一样,困于无力挽狂澜于既倒,只能痛心不已! 1998 年我受省委组织部的调配,赴省直学校履职,任主要领导。潜意识里已有单位兴衰系于我的责任,故全力以赴。4 年时间,领导并组织做了三件运系学校的大事(建立了以市场兼容的运行机制,成为国家级重点学校,独立升格)。2002 年,国家政府机构改革,各部委和地方工业厅局裁撤,幸之,我原工作的单位仍在发展中。原化工厅厅长涂兴沼退休离任后 18 天,受命于省委省政府,到瓮福一肩挑。瓮福企业也进行重要人事变动,欲任命我担任重要工作,我却因放不下手头的工作而未成行,但也因此对瓮福更加关注……也因看到涂兴沼厅长呈时任省长石秀诗同志的《改变瓮福命运的谋化报告》和石秀诗同志的批示,我更加关注这个企业的命运,进而开始研究瓮福运作的相关情况。于是,就有了我们曾在核心期刊发表的《宏福公司创新、蜕变与成长》、《宏福公司经济增长效应研究》系列研究报告,这个创新型企业从而逐渐被世人知晓。与费孝通笔下的"江村"——中国乡村研究的标本类似,"瓮福"也可成为中国企业创新行为研究的标本。

但研究的深入遇到了迈不过的坎,"企业创新系统中创新行为对市场结构与绩效的影响如何研判"? 受胡川博士《创新对工艺流程影响》模型启发,我们建构了"创新组合对市场结构与绩效影响"仿真模型,开始仿真计算。用手工计算非常繁复,效率低下,难以进行假定推理的数据验证,用仿真理论和信息技术手段则可以解决复杂系统的建模与计算。为此,我考入武汉大学主修软件工程专业,并把研究的课题作为硕士学位论文,由张定祥高工编制计算软件,解决了非常繁复的计算问题,终得成果,呈现为《企业创新系统模式构建及其市场效应的仿真研究》这一课题。回顾学术经历,能做这个专项研究,应该得益于十五年前心中的萌动。我的归宿是什么? 看似偶然,实则必然地,我读到一本书:保罗·A. 萨缪尔森、威廉·D. 诺德豪斯所著的《经济学》。理工出身的我读它,并喜欢上了它。于是我先后就读于中央党校研究生院经济管理专业、北京师范大学研究生院教育经济与管理课程班、武汉大学软件工程专业,接受了研究的基本训练。自 2011 年 9 月始,我在武汉理工大学经济学院修博士学位课程,师从赵玉林教授,并在导师悉心指导下做博士论文。启蒙、训练、修为,三个阶段的学术经历,使我可以最终完成创新系统模式的中观系统《产业创新系统模式构建及其市场效应的仿真研究》课题研究,并如愿将攻读博士期间成果(创新系统模式的微观系统)作成专著。

1.1 研究背景

国家的主要事业是发展企业,企业兴衰运系国家。由此,便有技术创新与国家体系这一近来引起广泛关注的话题。20世纪70年代早期,发达工业国家的经济增长普遍减速,其中作为世界主要经济和技术力量的日本经济地位有所上升,美国的经济地位则相对下降,而处于二者之后的欧洲被广泛地关注,这一切成为一场有关支持国家企业技术创新力量著作和政策的滥觞。同时,韩国、中国台湾以及一些新兴工业化国家(地区),由于先进技术发展逐渐成熟,扩大了它们的影响范围,其企业转变成为经济和技术等相关领域中强有力的竞争者,而在过去它们只能对外界的竞争进行防卫或模仿。这一切引起了一些制造业弱小的国家急于了解并仿效新兴工业化国家成功的办法。很明显,现在到处流行着一种被称为"技术民族主义"的新精神,它将一个国家的企业技术能力作为竞争力核心来源的信念与这些能由国家行为来打造的信念融汇在一起。(理查德,2012)

正是这样的背景引发了人们当前对国家创新体系及其相似性和差异性,以及这些差异在以何种程度、何种方式影响国家经济绩效的强烈兴趣。如今,在对比分析制度方面,由于国家、区域(产业)差异性比任何其他领域引起的关注和研究都多,因此人们对比较制度分析就会有兴趣(理查德,2012;曾悟声,2005),同时,它也给人以启迪。

具体地说,本研究产生于:(1)当前技术创新与国家创新体系的理论和实践的基石,微观(企业)的技术创新与中观区域(产业)创新体系理论与实践两个层面的关联。(2)对作为技术创新主体的企业创新体系及其相似性和差异性(异质性),以及这些差异性(异质性)在哪种程度、以何种方式直接、间接影响了区域(产业)乃至国家经济绩效的强烈兴趣。(3)笔者所翻阅的现代产业组织领域理论与教科书没有"企业创新系统模式"的专门研究,"这是因为在很长的时间内,技术和创新并不是经学家关注的对象"(克利斯、罗克,2005);与其他20世纪的经济学家相比,唯有约瑟夫·熊彼特更加把创新置于经济发展理论中头等重要的地位;没有"产业创新系统中创新行为的市场效应仿真研判"实践范本。(4)基于复杂理论的复杂网络视角对创新系统的研究可运用抽象的数学语言和模型进行精确描述,以社会系统网络视角对整体创新系统进行定性、定量分析,把握其发展脉络,进而推广到创新系统其他方面的研究(李永周、刘日江,2011)。(5)该研究与现有的研究相比,为研究中国产业发展中的创新行为对市场结构与绩效影响是互动关联关系提供了新的理论与实证一体思路;尤其是为现代产业组织理论的"企业创新系统模式"构建和"产业创新系统中创新行为的市场效应仿真研判"理论与实证的相关研究提供了新的方法论、理论范畴与实证一体化的拓展实现。

本研究的切入点为:

一是构建"企业自适应创新系统模式"——"纵向打到底"。

二是关注"产业创新系统中创新行为的市场效应仿真研判"——"横向打到边"。研究历程:从长期积累的"问题提出",到归集的"瓮福创新系统和磷肥业创新组合"相关系统研究,再到"企业创新组合对市场结构与绩效影响仿真评估研究"的实证量化难题化解,从而形成现在的"企业创新系统模式构建及市场效应仿真研究"。不是应急之作,是厚积薄发,水到渠成,一吐为快。

三是以笔者多年多项研究课题[①]为基础,在导师赵玉林教授的悉心指导下,定位聚焦于创新系统模式的微观与中观创新系统模式构建及其市场效应的仿真研究。

1.2　研究的目的和意义

本研究目的在于建立一种基于较大样本实证的普适性理论体系和简明实用的创新的市场效应研判系统[②],为现实的抉择提供一个直观和具体的参考。

从理论层面上看,人力资本,尤其是异质型企业家对于现代企业这个复杂的经济组织系统的驾驭,经由对"德鲁克式"现象把握的相对性而得出,由优秀的企业家带领所创造出来的"企业自适应创新系统模式"(技术模式、技术—经济模式、管理创新模式、制度创新模式、文化创新模式、环境创新模式)及其运行机理框架的微观

---

① 2004 年研究生毕业课题《运用组织平衡理论探析瓮福矿肥基地的发展之路》,参见曾悟声,2004;贵州省高校社科基金资助课题,2006 年《宏福公司创新、蜕变与成长》,参见曾悟声,2005;2008 年《宏福公司经济增长效应研究》,参见曾悟声,2007;2009 年《推进贵州化工创新型企业发展研究》,参见曾悟声,2010;2010 年《企业创新组合对市场结构及绩效影响仿真评估研究》,参见曾悟声,2010;2012 年《企业创新组合对市场结构与绩效影响实证研究》,参见曾悟声,2012;2013 年企业基金资助课题《贵州企业集团创新模式:瓮福创新系统效应研究》等。

② 该系统为:微观的"企业自适应创新系统模式"及其运行机理;中观的"产业创新系统模式"及其运行机理;两个层面通用的"创新系统模式的市场效应研判系统"。

层面的基础核心模型,可为在中观产业层面研判企业创新系统能力效应提供基础平台;在读阅了贺晓宇(2012)《产业创新系统研究文献综述》,并对产业创新系统理论框架下构建的典型模型进行现状比较研究后,笔者在对我国磷肥业实证考察的基础上构建了理论与实证一体的"企业自适应创新系统模式"及其运行机理的一般性理论框架。研究理论可递进构建"产业创新系统模式"及其运行机理与两个层面(企业微观、产业中观)的"创新系统模式的市场效应研判体系",提供创新系统模式相似性、异质性差别及递进关系的一般性理论框架支撑,因而具有普适性和模式性意义;递进构建两个层面的通用"创新系统中创新行为对市场结构与绩效影响博弈研判数学模型",可用于定量研判创新系统中创新行为对市场(四种)结构与绩效的影响;可供企业或产业借鉴,对政府激励推进企业或产业创新系统的完善及可持续发展,为现实决策提供一个直观和具体的考核参照;两个来自于系统理论与实践的创新系统模式可从不同层面来指导技术本身、企业、产业乃至国家层次技术和经济的发展进程优化。

"研判系统"功能在于:

(1)通过微观中观层面创新系统中创新行为对市场结构与绩效影响的正效应研究,对"有市场势力的企业使市场结果无效率"(曼昆,2009)的传统理论提出了不同看法,结论:创新使市场结构与绩效发生根本性正相关变化。

(2)把冗繁的理论分析,因利用所建立的微观中观层面的"创新系统中创新行为对市场结构与绩效影响分析模型",经过信息化处理,变成简明的教学仿真评估软件,实现跨学科教学融合。

(3)将系统仿真理论与技术引入到市场结构与绩效的量化研判体系中,建立了评价的新方法。经济信息系统研判的仿真技术手段的运用,有利于评估方法的发展。

(4)递进建立微观—中观层面的创新系统模式及其市场效应研判系统,可通用于定量测试企业或产业创新系统中创新行为对市场结构与绩效的影响。

(5)利用仿真技术手段来分析经济管理的绩效指标,用预先设计的报告模板来快速地生成分析报告,实现了定量分析信息化。

(6)变传统单一的经济指标计算为一个具有辅助研判的支持系统。

(7)为经济绩效指标体系的处理和分析,探索出一种新的易用的高效的非经济专家也能完成的经济评价方法。

在实践层面上:

(1)瓮福集团领军的我国磷化工寡头,创新系统型企业发展模式的系统性协同创新行为对市场结构与绩效形成正相关影响的结论,可修正"有市场势力的企业使市场结果无效率"的理论,消除寡头之有弊无利的诟病。

(2)寡头、垄断竞争的创新系统中创新行为对市场结构与绩效影响的正相关传导机制与判断的因果关系链,会对产业组织演进产生根本影响,促使整个产业组织发展。

(3)采用产业组织结构与绩效衡量的现代理论、复杂适应系统理论、产业发展理论、系统仿真理论与技术,用定量方法建立的研判博弈模型,可用来解决经济运行中的信息定量研判。

(4)微观—中观层面的"创新系统模式的市场效应研判系统"模型可用信息工程技术和数据库技术来实现经济指标数据的存储、计算、处理、输出和查询,可为教学提供信息化的实用研判手段,为经济方面的决策人员和管理人员提供一个易用、适用的市场效应研判辅助分析软件。

企业或产业研判人员可根据简明适用的博弈模型研判系统,把研判指标的外生变量信息参数(反需求函数参数、成本函数)(金圣才,2005)输入到系统中,系统就能够为用户提供考量指标(未创新企业产量 q_{am}、创新企业产量 q_{gm}、集中度 CR_N、集中系数 CI_N、赫芬达尔指数 H_N、勒纳指数 L_N、未创新企业总产量 Q_N、未创新价格 P_N、利润 π_N、消费者剩余 CS_N、生产者剩余 PS_N 和社会总剩余 TS_N)变化研判情况,为用户提供考量指标变化情况数据报告,考量自己在市场结构与绩效中的地位。

(5)按照我国《反垄断法》确定的社会福利最大化原则及消费者和生产者剩余均衡原则来判断自己市场势力的绝对大小,对市场势力进行科学化计算和权衡;可研判因垄断和不合理的赋税给社会福利带来的损失及隐藏的原因;为政府规范市场、促进创新,合理收取因资源国有和政府创新政策效应而产生的超额利润;研判企业或产业创新能获得多少超额利润剩余、是否应取缔他们的垄断地位;提供研判考量指标,供决策参考。

进一步研究的应用价值:就本研究后期进展而言,可进一步为产业经济信息处理系统软件的综合评价方法提供需求分析与设计的丰富素材,有利于提高经济信息评价的科学性、准确性、完整性,为产业组织的企业或产业创新状态的评价工作提供新的实用技术手段;这种"企业自适应创新系统模式"及其运行机理框架的基础核心模型与两个层面的"创新系统模式的市场效应研判系统"对市场结构与绩效的研判作用和结果的必然性,可为现实的抉择提供一个直观和具体的参考,对我国现代企业集团或产业运行具有指导性的理论意义和现实意义。

综上,期望通过理论的争论结果与现实(理论分析与经验性分析之间难以沟通的缺陷)的吻合能引起学界认同、政界的关注,为经济政策的重大调整提供抉择参考,因为这种调整会深刻地影响我们每一个人的生活。

1.3 国内外相关研究文献综述

围绕本书研究课题,搜集中外文献120余篇,现从三个方面综述如下。

1.3.1 有关创新理论典型模型的研究

曹平(2010)的《技术创新理论模型的多维解读》一文,从适用性、过程、知识、条件、领导力等五个维度对影响较大的经典创新模型理论进行深入分析,试图全面地再现作为一个完整体系的创新理论轮廓。

1. 适用性视角下的创新模型(Soosay et al.,2008)

(1)创新增值链模型。

提出:用创新增值链模型来解释为什么既有企业在突破式创新中比新进入企业表现出色,以及为什么他们也可能在渐进式创新中失败。

(2)Tushman-Anderson模型。

指出:既有或新进入企业是否能够引入或发展创新,取决于该创新是属于渐进式还是突破式,并认为可以从组织视角和经济视角来阐述创新对企业的影响。

(3)Abernathy-Clark模型。

试图解释:为什么既有企业发展"突破式"创新优于新进入企业。

2. 过程视角下的创新模型(Chiaroni et al.,2008)

(1)Utterback-Abernathy模型。

描述了产业及企业在技术进化中的动态过程:该过程包括浮动阶段(fluid phase)、转换阶段(transitional phase)、专业阶段(specific phase)三个时期。

(2)Tushman-Rosenkopf模型。

提出:企业对创新演进的影响力取决于技术的不确定性程度,亦即取决于技术的复杂度和技术的演化阶段;创新愈复杂,非技术因素愈重要。

(3)Foster的S曲线模型。

主张:技术的提升率取决于投入技术的程度,其投入与产出的关系演进轨迹呈S形曲线。

(4)Rothwell的五代创新模型。

提出了五代创新模型,依次为:技术推动模型;需求拉动模型;配对或互动模型;集成模型;系统集成及网络模型。

3. 知识视角下的创新模型(Rajala,Risto et al.,2008)

(1)Henderson-Clark 模型。

提出:"结构创新"(architectural innovation)等概念来对既有企业进行探讨,分析指出,由于产品是由许多零件所组成,产品的产生必须基于两项知识,即所谓"结构知识"(architectural knowledge)与"部件知识"(components knowledge)。

(2)知识的质量与数量模型。

指出:渐进式、突破式或结构式创新分别代表着不同知识的改变,它们解释了新知识的创新程度,所以创新也可以被定义为所使用知识的量及形态。

4. 条件视角下的创新模型(Kristian Miller at al.,2008)

(1)Teece 模型。

模型:用于解释为何有时即使公司拥有很强的技术能力,仍旧无法从创新中获利的现象。模型认为有两个因素至关重要:专有制度(appropriability regime)以及互补性资产(complementary assets)。

(2)Porter 竞争优势模型。

模型:从全球竞争力的角度来思考问题,认为企业所在的国家或地区对于企业在全球市场中的竞争地位有着重要影响,因此企业创新的绩效取决于所处环境的四个特性。

5. 领导力视角下的创新模型(Lisa M. Ellram,et al.,2007)

(1)Roberts-Berry 模型。

提出:熟悉度矩阵,用来分析当企业高管已经了解到创新的潜力并决定予以实施时企业成功的概率问题。该模型认为成功与否取决于企业使用的创新机制。

(2)战略领导力观(strategic leadership view)模型(Sinha et al.,2008)。

Hamel 和 Prahalad,Afuah 等学者提出最高领导者对创新的认知、信念及价值观的理论,探讨领导者的管理逻辑。他们认为,领导真正的职能在于积极推动变革,他们应该做三件事:①设定方向;②通过沟通和员工参与,使员工认同公司的愿景并产生自我控制感;③激发士气。

1.3.2 有关企业创新系统范式的研究

1. 企业创新系统研究

有关企业创新系统的研究源于创新系统论(王松、胡树华等,2013 年;Booz A.,

1982；Stata R.，1992；Dodgson M.，1944；Bergman et al.，1991；Freeman，1995；Nelson，1933；OECD，1997）。从创新系统论的发展历程来看，区域创新体系的系统范式主要经历了三个阶段：企业创新系统理论、产业（或区域）创新系统理论、国家创新系统理论，分别从微观、中观、宏观三个层次解释了创新系统的创新产出（是一个学习、搜寻和选择的过程）、创新内涵和创新意义。而企业创新体系是产业创新体系、国家创新体系的根本，产业创新是从企业创新到国家创新的主体桥梁。随着创新系统过程的复杂化、综合化，系统范式作为一种崭新的研究方法得以拓展和应用，从而将研究深入到企业、拓展到区域（产业）、国家等多层次的创新系统范畴。关于区域创新体系与创新系统论溯源关系部分，可参见表1.1。

现有的微观创新理论模型为区域（产业）创新体系的中观产出、"国家创新体系"（未有确切的界定）的宏观产出，以及相应的创新内涵奠定了理论基础。当企业创新行为的集聚和创新系统链的形成后，企业创新系统范式也逐渐上升到区域（产业）创新系统范式、国家创新系统范式，从而形成创新系统论。

2. 范式的研究

郭斌和蔡宁（1998）指出：范式（paradigm）一词源于希腊文，有共同显示之意，由此引申出模式、模型、范例、规范等意（李醒民，1989）。范式在创新经济学的应用存在三个主流，包括以多西（G. Dosi，1982）为代表的"技术范式"（techno—logical paradigm），以弗里曼和佩雷斯（1995）为代表的"技术—经济范式"（techno—economic paradigm），以及20世纪90年代出现的以日本学者如 Fumio Kodama（1995）为代表的"创新范式"（innovation paradigm）。这些范式概念从不同层面来解释技术本身、产业乃至国家层次技术和经济的发展进程。

3. 系统范式研究

创新（组合）以郭斌、许庆瑞等（1997）的研究为代表。该研究从系统、组合的角度出发，对企业组合创新及其效益进行了探讨，指出组合创新实质上可认为是在企业发展战略引导下，受组织因素和技术因素制约的系统性协同创新行为，包括产品创新与工艺创新组合、渐近创新与重大创新组合、显性创新效益与隐性创新效益组合三个层次。

如李永周、刘日江（2011）指出：随着技术创新理论和管理实践的进一步发展，系统论和复杂网络科学赋予"创新"以新的内涵，创新理论研究已不再局限于熊彼特理论的传统线性范式，创新"系统范式"愈来愈受到专家学者的认可和重视，并开始对创新"系统范式"进行理论和实践上的探讨论证，"线性范式"向"系统范式"的转变已成为学术界的共识。标志着创新系统理论的成熟与发展。

从创新系统的演化过程来看,创新系统范式依次经历了一个从宏观到微观、微观到中观、一体化的过程。关于创新系统范式研究的发展趋势及对我国创新型国家建设的启示,可参见表1.1。

表 1.1　区域创新体系与创新系统论溯源关系及发展趋势

理论	理论类别	代表理论	代表人物	溯源点	发展趋势、启示
企业创新系统理论	微观创新系统论	产品创新理论 管理创新理论 技术创新理论 制度创新理论	Booz A. ,Hammil-ton,1982 Stata R. ,1992	区域创新体系微观产出与部分创新内容解释	利用复杂性科学、模拟仿真、系统工程等相关领域理论工具深入研究技术系统或产业创新系统的演化规律和运行机制
产业创新系统理论	中观创新系统论	产业创新系统理论 环境创新系统理论	Dodgson M. ,1944 GREMI*	区域创新体系中观产出解释	建立科学合理的评价指标体系,定性和定量分析相结合,客观评估区域创新系统的创新产出和绩效,并据此提出改善区域创新系统的措施和建议
国家创新系统理论	宏观创新系统论	国家技术创新系统论 国家制度创新系统论 国家知识创新系统论	Freeman C. ,1995; Nelson R. ,1933 OECD(1997)	区域创新体系宏观意义解释	探究创新网络的动力实现机制、政策措施与环境培育,包括公共技术服务平台、区域创新文化、基础设施和公用设施等,提高创新系统理论的应用价值和指导意义,积极推动我国创新型国家建设

注:GREMI 全称为欧洲创新环境研究小组;OECD 全称为经济合作与发展合作组织。

上述主要观点与其最新进展是值得关注的:

(1)创新系统范式的缘起与古典解释:国家创新系统(NIS)。

(2)创新系统范式的发展和延伸:区域和产业创新系统(RIS,SIS)。

(3)创新系统范式的最新进展:复杂网络和小世界模型。

1.3.3　产业创新系统典型模式比较研究

贺晓宇(2012)对在产业创新系统理论框架下构建的典型模型进行了综述。作者通过对近年来所发表的关于产业创新系统的文章的总结、分析、研究,找出我国未来关于产业创新系统的研究方向,对该理论的研究予以完善和升华,力图更好地在产业创新系统理论的指导下推进我国的产业创新、升级和发展工作。

1. 产业创新系统理论概述

1997年,在技术创新系统、国家创新系统和演化经济学等理论的基础上,意大利学者布雷斯齐和马勒尔巴(Breschi and Malerba,1997)提出了产业创新系统(sectoral syste of Innovation)的概念,认为"产业创新系统可被定义为开发、制造产品和产生、利用产业技术的公司活动的系统(集合)"。

需要注意的是,在产业创新系统理论中,这里的"产业"在英文中使用的是"sector"一词,而非传统所使用的"industry"。这主要是因为产业创新系统不仅包括企业等生产和销售机构,还包含了大量的非企业类机构。所以,用"sector"一词更加合理。

随后,马勒尔巴又对产业创新系统理论做了完善和补充。从知识和技术领域与产业边界、参与者与网络、机制三个方面,马勒尔巴对产业创新系统进行了分析,认为产业创新系统是动态的,不断变化的。同时,他还将产业创新系统做了分解,指出产业创新系统由企业、企业外的其他参与者、网络、需求、知识基础、制度和系统运行进程与协同演进等七个基本要素组成。(Malerba Fand Mani S.,2009)

此外,曼弗里德·费希尔、伦德瓦尔、尼尔森等经济学家,包括经济合作与发展组织均对产业创新系统进行了研究和讨论,从经济竞争、区域发展等多个侧面阐述了产业创新系统理论的内涵。

2. 国内产业创新系统理论研究现状

我国关于产业创新系统的研究始于1999年,与国外学者侧重于理论体系的构建相比,国内学者对产业创新理论的研究更偏重于找出产业创新系统的分析方法,或者借鉴产业创新理论体系来设计产业发展的思路和政策。国内对于产业创新系统的研究,实用性较强,而理论性偏弱,他们的研究虽自成体系,但还是在马勒尔巴的总体理论框架下进行。总体来说,我国国内关于产业创新系统方面的研究,主要分为理论分析与探讨和与特定产业相结合的实证研究两大类。

(1)理论分析与探讨。

我国最早对于产业创新系统的理论研究出自1999年张凤等所著的《国家新系统——第二次现代化的发动机》,当时是将产业创新系统作为国家创新系统的子系统进行讨论的,认为产业创新系统是国家创新系统的重要组成部分。

柳卸林(2000)从技术创新层面指出创新具有不同的系统层次,在国家则是国家创新系统,在区域则是区域创新系统,在产业则是产业创新系统。产业创新系统运行的关键是建立合作创新的网络。

赵黎明、冷晓明（2002）对产业创新系统中创新行为的主体做了定义，认为其行为主体有企业、科研机构、大学、政府部门和中介机构等，并得出结论：产业创新系统的效率和功能除了取决于各主体自身的运行机制外，还取决于主体之间的相互作用和相互方式。

张治河、胡树华等（2006）将产业创新的定义做了深化，认为产业创新系统是以市场需求为动力，以政策调控为导向，以良好的国内外环境为保障，以创新性技术供给为核心，以实现特定产业创新为目标的网络体系；构造了产业创新系统模型，该模型包括产业创新技术系统、产业创新政策系统、产业创新环境系统和产业创新评价系统等四个子系统。

李春艳、刘力臻（2007）介绍了产业创新系统与国家创新系统、区域创新系统、企业创新系统之间的区别和联系，即产业创新系统是国家创新系统、区域创新系统的重要组成部分，是企业创新系统的最高层次。他们还通过分析技术创新的动力机制和产业创新系统的形成条件，探析了产业创新系统的形成机理，构建了产业创新系统的结构和模型。

王明明（2009）指出，产业创新系统结构模型应该包括系统目标和三个系统（技术子系统、组织子系统、制度子系统）以及系统环境。其中，技术子系统是核心，组织子系统是主体，制度子系统是保障。

李庆东（2009）将当今产业经济学两大最前沿的研究成果——产业创新系统理论和模块化理论进行了有机结合，将产业创新系统分为四大模块，即边界及需求模块、知识基础与技术模块、参与者与网络模块、制度环境模块，并在模块化的基础上构建了产业创新系统的结构模型，探讨了产业创新系统的模块化结构特性，即变化性、差异性、动态稳定性和相对性。

（2）与特定产业相结合的实证研究。

对国内研究人员而言，对特定产业创新问题的实证研究是进行产业创新系统研究的另一途径。自我国 20 世纪 90 年代产业创新研究兴起以来，主要就是从实证研究开始的，近几年产业创新系统理论研究的发展，更是为我国学者从产业创新系统的基本理论出发，提出特定产业创新系统的模型框架，并给出相关政策建议，提供了广阔的土壤。

徐作圣（1999，2000）对我国台湾地区的集成电路产业进行了实证分析，探讨了政府政策工具在产业创新系统中的影响方式和成效，并提出政府的政策目标在于强化产业创新系统的功能，而产业创新系统可以提升企业的竞争力，进而增加整个国家（地区）的创新能力和经济产出。

董晓燕(2007)对汽车产业创新系统进行了讨论,提出汽车产业创新系统是指以汽车整车生产企业为主体,产学研结合,在生产、扩散和利用能够推动产业发展的知识和技术上相互作用的一组独特机构所形成的网络,并分析了其要素、结构和功能。

翁蕾蕾、陈东生(2008)讨论了中国服装产业创新体系的构建问题,指出服装产业创新体系所包含的五大系统:政府部门、高等院校及科研机构、服装设计制造销售业、服装中介机构和金融、保险等部门,并详细阐述了它们的特点和相互之间的关联。

王明明、党志刚、钱坤(2008)分析了中国石化产业创新结构,并得出了如下的结论:技术子系统是核心,技术识别是关键;组织子系统是主体,应建设巨型化、集中化的组织模式;制度子系统是保障。

刘露、杜志平(2008)对物流产业创新系统做了定义:以物流产业内市场需求为动力,以物流企业集群为主导,以创新性物流供给为核心,通过物流产业内部及相关产业的生产要素优化组合并引入物流体系,推动物流业不断创新发展,从而使物流产业竞争力提升的有机系统。作者还构建了物流产业创新系统的基本框架,分析了物流产业系统创新的要素构成。

欧雅捷、林迎星(2010)论述了构建我国战略性产业创新系统的两个重要基础:构造知识基础与建设技术体系;并提出构造知识基础应关注其与研究人员的匹配,建设技术体系应包括发展选择与识别技术的能力、组织和协调能力、技术的市场应用能力,以及政府强有力的扶持等四个方面的能力。

彭勃、雷家骕(2011)总结了我国大飞机产业创新系统的特点:政府扶持对研制和发展大飞机具有至关重要的作用,充分整合资源是发展大飞机产业的必由之路,多学科交叉与多门类整合是大飞机研制过程的重要特点,技术创新是大飞机产业发展的不竭动力,需求及客户关系攸关大飞机产业的生死存亡。作者还构建了中国大飞机产业创新系统的模型框架。

修国义、刘倩(2011)以我国产业创新系统为研究对象,以提升我国汽车产业创新能力、提高我国汽车产业竞争力为目的,在研究产业创新系统理论、产业创新的基础上,分析了当前我国汽车产业创新系统发展的现状,将我国汽车产业创新系统分为了三个子系统:技术开发系统、创新环境保障系统、创新绩效检测和反馈系统,并对我国汽车产业创新系统的构建、运行机制进行了探讨。

1.3.4 有关企业、产业创新的系统行为对市场结构—绩效的影响研究

布雷斯齐和马勒尔巴(Breschi and Malerba,1997)指出:产业创新系统由企业、除企业外的其他参与者、网络、需求、知识基础、制度和系统运行进程与协同演进等

七个基本要素组成。

Koch 和 Laurent 认为不能用还原论解释系统行为,解释系统行为要求理解决定系统行为的变量和这些变量互相结合的模式,这些模式以及每一个互相结合的权重随时间有关于行为的显著变化。

综上研究可以明确企业、产业两个层面"创新的系统行为对市场结构—绩效的影响"是存在互动关联关系的。

1. 关于结构与行为决定论的旷世之争的新研究

丁梅(2012)一文认为:市场结构决定论与行为决定论的争论还将继续下去,是一个没有定论的定论。这种争论主要源于经济实践的变化,随着各国经济实践推演和变化,某一时期或市场结构占据主导,或者市场行为凸现出来,或者二者交织在一起日趋复杂。但是有一点可以肯定,每一次理论的争论都预示着经济政策的重大调整,这种调整深刻地影响着我们每一个人的生活。

齐兰(1998)认为:现代市场结构理论是现代产业组织学中最重要的研究领域,并按其发展的先后顺序可分为哈佛学派的市场结构理论、新产业组织学派的市场结构理论和芝加哥学派的市场结构理论。作者对这三个学派的市场结构理论作了概要介评。最后归纳了学者们对主流派市场结构理论的批判和发展的主要方面。

胡志刚(2011)认为:从方法论创新上,博弈论将研究重点转向了企业策略性行为;从范畴拓展上,品牌经济学将开创对消费者行为研究的新领域。市场结构理论始终面临着经验性分析与理论分析之间难以沟通的缺陷(本课题切入点)。作者对方法论创新、理论范畴拓展与分析模式演进的关系进行比较分析,最后对市场结构理论的未来研究进行了展望。

对分析模式演进的结论:方法论的创新与理论范畴的扩展都是分析模式演进的重要动因,而经济学理论的根本性变革往往是由分析模式演进而引发的。该文就方法论创新、理论范畴拓展与市场结构理论分析模式演进的关系简要归纳,如表 1.2 所示。

表 1.2　分析模式演进的动因

模式 因素		模式演进		
约束条件		SCP 模式	行为主义模式	新制度主义
		结果理性	理性预期	过程理性
动因	方法论	计量分析	博弈论	—
	理论范畴	—	—	交易成本、产权

在研究展望,作者有如下几点结论:

(1)产业经济学及市场结构理论分析模式演进的动因是方法论创新和理论范畴拓展,具体表现为新的分析工具的应用和非主流经济学派对研究范畴的扩展。

(2)市场结构理论分析模式兼具规范性和实证性的特征。尤其是由于博弈论作为方法论的引入,使得人们从理论模型上对企业行为的分析更为精致、深入,从而最终突破了结构主义经验性的分析模式。

(3)从实践上,理论发展折射出世界经济实践的现实需求。

2.市场结构模式

孙天法(2002)研究了市场结构模式,认为市场结构理论是整个经济学的构筑要件与基础,所以建设市场结构模式是经济学的当务之急。该文试图通过一系列的反垄断把垄断改造成市场结构模式。

淮建军、刘新梅(2007)认为,由于管制和市场都具有政治、经济、文化等综合属性,二者始终密切联系。政府管制会直接影响市场结构和绩效,也会通过不同市场主体的策略性行为,以及产权等因素间接影响市场结构和绩效。

3.关于企业创新的系统行为与市场结构关系

企业创新对市场结构的影响和市场结构对企业创新的影响既是互动关联的又有差别。周任重(2013)总结了企业创新对市场结构演变影响的文献观点,对市场结构和企业创新关系的研究作了简要评论。作者指出:

关于市场结构对企业创新的影响,在产业组织领域,主要是沿用 SCP 模式对企业的创新行为进行分析。

关于企业创新对市场结构的影响,大多数学者在研究市场结构对企业创新行为影响的静态研究中,通常把市场结构假设为不受企业技术创新影响的外生变量,实际上,行业内企业的创新行为对市场结构的演变有重要的影响。主要体现为:

(1)领导企业创新时市场结构的影响。

(2)不同产业阶段企业创新的影响:从长期趋势来看,市场竞争和"创造性破坏"导致的产业市场结构的竞争将最终形成由寡头垄断企业支配的市场结构。

作者认为,有三个方面的研究局限,有待未来研究探讨:

(1)市场结构与企业创新的相互动态演进关系有待进一步研究。尤其忽视了大量实证研究表明的企业创新会影响市场结构,而市场结构是内生于企业技术创新(特别是领导企业创新)的事实。

(2)对不同行业、不同企业的异质性特征变量尚缺乏足够的重视。

(3)企业网络,纵向关联的企业之间的创新及相互影响有待加强。

李伟(2009)认为,大规模企业具有垄断势力的市场结构是否有利于技术创新,是一个长期受到关注的问题。该文借鉴前人研究的基本思路,提出一个在产业演进动态过程中把握技术创新与市场结构互动关系的分析框架,分析了中国作为后发转型国家的技术创新与市场结构互动机制及四个阶段的变化过程,进而对熊彼特假说在中国产业发展中的具体含义做出新的解释,并分析了相关的政策含义。

综上分析,可对"企业创新的系统行为与市场结构关系"作出如下的假设性表述:当企业创新行为的集聚和创新系统链形成后,其创新的系统行为会对市场结构—绩效产生互动关联的正相关关系。其CSP影响的传导机制的正相关因果关系链会对产业组织的创新演进产生根本影响,促使整个产业组织创新的发展,形成产业创新行为的集聚和创新系统链。

4. 关于产业创新的系统行为与市场结构关系

由企业创新的系统行为与市场结构关系假设可知:企业是市场创新的主体;产业(行业)创新的系统行为是由其所属的市场创新的主体企业的创新系统行为构成的。而产业创新的系统行为与市场结构基本关系可由学者们相关研究的内涵从理论上获得支撑。

李伟(2009)阐述了技术创新与市场结构关系分析框架的核心内容:产业创新特征(导致企业间异质性),创新实现过程(市场对异质性企业选择导致的替代),创新实现形式(市场结构变化)。尤其是,创新实现形式(市场结构变化)剖析了产业创新与市场结构的关系。

综上分析,可对"产业创新的系统行为与市场结构关系"作出如下的假设性表述:产业创新行为的集聚和创新系统链的形成,演进为国家创新行为的集聚和创新系统链,产业创新系统也逐渐上升到区域或国家创新系统的子系统,其创新的系统行为会对市场结构—绩效产生互动关联的正相关关系。CSP影响的传导机制的正相关因果关系链会对国家的创新演进产生根本影响,促使整个国家创新的发展。

5. 创新的市场效应研究

康志勇(2013)使用了2001—2007年中国制造业企业微观数据,系统地考察了本土市场效应对企业自主创新行为的影响。研究发现,无论从创新投入还是创新产出来看,总体上本土企业自主创新活动中存在本土市场效应。笔者认为,从对中国企业创新活动的影响及机制而言,本土市场效应对于处于经济转型期的中国可能更为重要。

胡川(2006)、曾悟声等(2007)也都作了企业创新对市场结构的影响研究,指出市场结构是受企业、产业创新的系统行为影响的外生变量,理论分析表明企业、产业创新的系统行为对市场结构的演变有重要的影响。

6. 其他相关研究

尹莉、刘国亮等(2012)对第七届产业经济学与经济理论国际研讨会的主要学术观点进行了综述,反映了当前国内外产业经济学研究的最新进展和动态。

1.3.5 简要述评

本节是在前述四个重要部份最新研究成果和观点基础上的简单评述,拟找出其中的不足,明确研究定位。

1. 有关创新理论典型模型评述

曹平(2010)在适用性视角下的模型中探讨了不同类型企业的创新绩效:①创新增值链模型是个无量化模型,本课题研究需要突破的地方是要能定量研判创新增值链;②Tushman-Anderson 模型、Abernathy-Clark 模型,两模型有互补作用。但是,只用渐进式或突破式创新来解释企业的成功与失败是不充分的,因为创新成功与失败的因素远不止这些,还需要辅之以其他模型(例如,天时、地利、人和,激励),尤其是创新成功与失败的机理模型,才能给出令人信服的逻辑解释。创新模型视角不同的系统组合模式如下。

(1)过程视角下的模型探讨创新的阶段性特征:①Utterback-Abernathy 模型,没有提出解决产品与工艺技术的消长办法。因此,需要解决企业的可持续发展能力问题,才能从技术中持续获利。②Tushman-Rosenkopf 模型,观点反映出熊彼得创新五要素组合的重要,需要寻找国内创新五要素组合的典型范例并系统研究其运行机理模式;③Foster 的 S 曲线模型,提示决策者透过观察产业的动态,有助于企业做出新技术转移的决策(开拓内外市场),可利用技术生命周期的规律性来分配由创新所获得的利润资源使企业可持续发展;④Rothwell 的五代创新模型,是创新实践的演进过程,为创新系统组合模式形成研究提供了重要要素。

(2)知识视角下的模型强调知识特性所造成的影响:①Henderson-Clark 模型(表述学习性组织的重要性,也是研究的切入点);②知识的质量与数量模型,提示创新系统组合模式要关注研究标本的企业文化创新维度,包含知识的质量与数量。

(3)条件视角下的创新模型试图理清影响创新成功的条件因素:①Teece 模型,提示创新系统组合模式要在专有制度以及互补性资产企业如何获利上展开研究,在本书的技术创新指标体系中已有体现；②Porter 竞争优势模型，强调企业创新绩效取决于所在国家的环境竞争力。但模型仍未对取决于所在国家的环境竞争力而产生的企业、产业创新绩效如何考量作出表述（这也是本书研究定位的重要切入点之一）。显然，影响创新成功的条件因素还有很多，此处不赘述。

（4）领导力视角下的创新模型的研究焦点集中于领导力对于创新的作用：①Roberts—Berry 模型，可作为研究标本。事实上，演进的创新系统模式研究的定义、特征、内涵已然超越熊彼特创新组合要素渐显成形，需要创新的系统行为的理论与实证支撑；②战略领导力观（strategic leadership veiw）模型，是创新系统模式的重要要素。

从上述这些技术创新理论典型模型比较和其他学者的研究中，可归集并揭示出创新理论是源于从微观系统的企业创新行为集聚、演变进而逐渐衍生出技术创新理论、管理创新理论、制度创新理论、知识创新理论的雏型。它们构成了企业创新系统模式体系五分之四的基础。

总而言之，基于不同视角的创新典型模型揭示了创新的不同侧面，但是每一个单独的理论都不全面，都存在厚此薄彼的嫌疑（曹平，2010）。本研究是通过多维系统分析的方式，将各个孤立理论集成为一个有机整体，建立基于较大样本实证的"企业自适应创新系统模式"及其运行机理框架的普适性理论体系，可以真实地再现企业创新系统模式的全貌，从而避免陷入创新模型的黑箱。更重要的是，以企业创新系统模式为基础平台支撑，建立"产业创新系统模式"及其运行机理框架与两个层面的通用"创新系统模式的市场效应研判仿真系统"，为现实的抉择提供一个直观和具体的参考，弥补几乎所有创新典型模型都未涉及的创新的系统行为对市场结构与绩效影响的研究，进而形成微观企业与中观产业（或区域）的创新系统模式。

2. 有关企业创新系统范式评述

（1）企业创新系统评述。

有关企业创新系统的研究源于创新系统论：创新理论是源于微观系统的企业创新行为而衍生出技术创新理论、管理创新理论、制度创新理论、知识创新理论的雏型。它们可构成企业创新系统模式体系基础。而有关"企业自适应创新系统模式的研究"，即实证研究因调研的成本很高，深入不易，作为研究支持必需的大样本数据如果要靠传统方法（计算）获得更是难上加难。在理论准备不足的情况下，企业行为研究的方法只能是直观感受和直接比较。尽管如此，还是可以把握企业、产业行为不合理的要害问题。这也意味着我国的企业、产业行为研究还是以规范研究为主,既没有普遍和大量的个案研究,也没有进一步的计量研究。只能靠逻辑推理和直感去认知和下结论。所以,我们不知道主要创新企业类型的行为指向和创新维度,更不知道企业行为、市场结构和运作绩效三者相互之间的数量关系。这些基本数据是科学的产业组织研究基础。没有这些数据的支持,在政策争论最为激烈的这一领域要想得到科学的结论是很困难的(马建堂,1995)。但是,企业行为与结构、市场结构与绩效,以及企业和市场的相互影响,属于产业组织的理论(industrial organization theory,简称 IO 理论)的基本研究内容。这一正统理论的核心是分析企业内结构(产权结构、组织结构)和企业外部的市场结构三要素(市场份额、市场集中度、进入壁垒)对企业行为的影响;这一理论的核心目的是在上述理论分析的基础上通过企业内部和外部的组织政策,保证企业行为与结构的相对优化,实现较高的市场绩效。这种实用性目标决定了这门科学的研究方法主要是实证的,是一门应用性的经济科学(马建堂,1995)。从学术的角度讲,"企业自适应创新系统模式的研究"必须有专门的企业自适应创新的系统行为理论的定义、特征、内涵,及其运行机理框架的微观层面的基础核心模型,在中观产业层面研判企业创新系统能力效应作基础平台,而后递进到"产业创新系统模式"研究的定义、特征、内涵及其运行机理框架的中观层面的基础核心模型及与两个层面的通用的"创新系统模式的市场效应研判仿真系统"产业组织理论的企业、产业创新的系统行为研究,产业组织理论的前沿理论研究范畴拓展也才可能。

(2)范式的研究评述。

郭斌、蔡宁(1998)的研究表明了"范式"[1]在创新经济学的应用。尤其是在企业和产业层次构建创新系统"模式"[2](innovation paradigm)具有理论与现实的重要指导意义。

(3)系统范式研究评述。

郭斌、许庆瑞(1997)等是创新(组合)研究的代表,从整个实证研究看,围绕组合创新的多重性、创新效益的系统性、组合创新的动态性、组合创新的协同性,作者对已有要素论证是充分的。但是从其组合创新的内涵与结构看,内涵,即要素不足,至少熊彼特经典创新组合差 4 个要素[3];结构的演进已发生很大变化,衍生出的

---

[1] 这里"范式"是尊重原文作者的表述。
[2] 这里"模式"是笔者的表述。"范式"、"模式"本质上都是一种理论体系。
[3] 按照熊彼特的观点,技术创新就是引入一种新的生产函数,也就是把生产要素和生产条件的"新组合"引入生产体系。其目的是获得潜在利润。"新组合"包括 5 种情况:a. 引进一种新产品或产品的一种新特征;b. 引入一种新的生产方法;c. 开辟一个新市场;d. 获得原料或半成品的新的供给来源;e. 实行新的组织形式。

技术创新理论、管理创新理论、制度创新理论,它们构成了企业创新系统模式体系的五分之三。

如李永周、刘日江(2011)表明的,创新系统范式依次经历了一个从宏观到微观、微观到中观、最后至一体化的过程及发展趋势。其研究的最新进展也使本书的研究有了明确的指向,见表1.1。

综上最新研究成果和主要观点评述,我们可以完善并建构“企业自适应创新系统模式”,通过技术创新理论、管理创新理论、制度创新理论、文化创新理论、环境创新理论、创新的系统行为研判为体系模型的理论分析框架,赋予自适应创新系统模式新的理论定义、特征、内涵和意义。就“企业自适应创新系统模式”研究而言,是在熊彼特经典创新组合基础上的拓展:从创新效应的量化研判入手,构建模式及其运行机理框架;探索构建“产业创新系统模式”可否以创新型企业为主体,自适应创新系统型企业为核心,科技型企业为主导,由技术创新、管理创新、制度创新、文化创新、环境创新、创新的系统行为研判六个方面的大量创新元素主体(agent)及其运行机理组成的综合性创新(微观)系统;产业发展的规模、结构、绩效、辐射带动,产业政策、产业环境及其运行机理的综合性(中观)系统梯级整合构成的体系。关于新的系统行为对市场结构与绩效互动关联影响乃至经济增长的动态图景,还需论证。

3. 有关产业创新系统典型模式比较评述

从贺晓宇(2012)对产业创新系统构建的典型模型比较,可知产业创新系统模式的研究还处于雏型,还有大量的问题有待探索和研究。

贺晓宇(2012)认为关于产业创新理论,无论是国内外,研究的时间都还比较短,毕竟直到20世纪70年代,产业创新理论才由英国经济学家弗里曼首次提出。而产业创新系统理论作为产业创新研究的新阶段,是继国家创新系统理论、区域创新系统理论后新兴的创新系统研究领域;自1997年被首次提出到目前,国内外产业创新系统领域研究基本上还处在起步和探索阶段,尚未建立起完整严密的理论体系,尚有许多领域值得我们去深入探寻和研究。

(1)对国内外目前研究的评价。

国际上关于产业创新系统的研究是建立在演化论的基础上的,偏重于对理论的分析,为单纯经济学的范畴。而我国的经济学者和经济学研究者们,赋予了其更多的含义,从经济和管理的双重角度进行了研究:一些学者对构建产业创新系统模型进行了尝试,并对其结构、功能和运行机制进行了分析;同时结合一些特定的产业,对基于产业创新系统的该产业的发展做了定性研究。

但是,纵观我国学术界对于产业创新系统的研究,从我们掌握的文献来看,我们对产业创新系统内涵本质、内在机理、内部运行和各要素之间相互关系的研究还很少。在研究方法上,多以定性研究为主,系统化、规范化、普遍化的定量分析尚不多见。在对产业的研究上,我们的目光还仍然局限在某些特定的产业上,并未对产业类型进行归纳总结;而且,不同的产业有着不同的技术类型、产业特征、创新特点,一个产业如何通过产业创新系统建设实现技术、管理、结构等层面的升级仍有大量的理论和实践问题需要我们去研究。

(2)对产业创新系统理论未来研究的展望。

随着我国"创新型"社会的不断建立,科技创新对于我国社会发展的推动作用将日益显著。伴随着我国产业升级步伐的加快,产业创新系统理论将逐渐成为产业创新研究和创新系统研究的一个重要发展方向。展望产业创新系统的未来发展趋势,笔者认为,除了加强基础理论研究,深入完善产业创新系统的内涵、机理外,我们应该结合相关产业的实际情况,阐明该产业中构成产业创新系统的几大要素的基本情况及相互关系,建立起完备化、规范化的产业创新系统模型框架,通过模型分析,指出其中影响产业创新、产业竞争力及整个系统顺畅运行的关键所在,促进产业升级和经济发展。

(3)探索和研究评述。

本书的研究是基于磷肥产业创新系统内涵本质、内在机理、内部运行和各要素之间的相互关系而展开的。在研究方法上,以定性研究为辅,系统、实证与规范相结合、普适性的定量分析为主,构建"产业创新系统能力评价指标体系"正是研究的阶段性指向。

从理论发展过程来看,产业创新系统是以产业和技术为单位来研究创新系统,考察专业化基础上的产业部门在创新过程中的技术转移和供需联系。产业创新系统是基于技术的本质和特点来研究创新过程的内在规律。其代表理论是产业创新系统理论和环境创新系统理论。理论的最新进展是:a. 创新系统范式的缘起与古典解释:国家创新系统(NIS);b. 创新系统范式的发展和延伸:区域和产业创新系统(RIS,SIS);c. 创新系统范式的最新进展:复杂网络和小世界模型;d. 建立科学合理的评价指标体系,定性和定量分析相结合,客观评估区域、产业创新系统的创新产出和绩效,并据此提出改善区域、产业创新系统的措施和建议。(李永周、刘日江,2011)

4．有关企业、产业创新的系统行为对市场结构—绩效影响评述

（1）关于结构与行为决定论的旷世之争的新研究。

关于结构与行为决定论的研究，笔者认为丁梅（2012）所谓"二者交织在一起虽日趋复杂，但基本关系应是互动关联的"的观点是正确的。齐兰（1998）关于现代市场结构理论有简明的述评，尤其是对博弈论的应用前景和芝加哥学派的一些思想及观点的赞许反映了市场结构理论发展的主要方面，但仍需要探索、实证。胡志刚（2011）关于市场结构的理论研究也是很有指导价值的。可见，新的方法论与理论范畴的拓展，为现代产业组织理论的企业创新系统行为和创新系统中创新行为对市场结构与绩效影响理论相关研究留下了空间。

（2）市场结构模式。

相对于孙天法（2002）的主要观点，笔者认为：从我国市场结构与绩效运行的效率来看，可以用比较的观点看问题，即寡头是一种只有几个卖者提供相似产品的市场，它是不可能避免或不合人意的，但它可以带来高于垄断的效率，使企业可以相对低价格向消费者提供更好的产品，并能引导使消费者生活更方便的行业性标准。但是，寡头也可以以损害消费者和经济进步为代价获得超额利润。它可以削弱竞争，而竞争对于市场资源配置最优是不争的事实，但它只能是市场（规范分析）演进的方向，不是市场的唯一（因为市场会失灵）。因此，权衡利弊，只有制裁垄断并考虑寡头的均衡，才是虽不合意而符合市场经济演进现实的。

淮建军、刘新梅（2007）从逻辑上梳理了市场结构与绩效之间的相互关系和影响因素，但仍需要实证的检验。

（3）关于企业创新的系统行为与市场结构关系。

周任重（2013）对其研究样本的理论分析和实证较好地印证了自身观点，即"行业内企业的创新行为对市场结构的演变有重要的影响"。周任重（2013）对结构—行为—绩效三者关系有深入的逻辑剖析和探讨，属于效率主义学派支持者，遗憾的是其对三者关系的剖析与探讨是定性的。

李伟（2009）系统地归集并剖析了技术创新与市场结构的关系，是目前我们能检索到的产业演进中技术创新与市场结构关系的较为全面、深入的研究，该研究包含了企业技术创新和产业技术创新与市场结构两个层面的依存关系。其兼论熊彼特假说的中国解释也符合产业演进中经济发展的国情。

李伟（2007）从企业技术创新与市场结构层面关系看，认为"运用博弈论方法对企业技术创新行为与市场结构的分析虽然形成了大量的成果，但这些结论都是在

非常严格的假设条件下形成的,对假设条件非常敏感,缺乏一般性,也很难进行经验验证"。

(4)关于产业创新的系统行为与市场结构关系。

对于李伟(2009)的研究,其核心在于产业创新特征(导致企业间异质性)、创新实现过程(市场对异质性企业选择导致的替代),以及创新实现形式(市场结构变化)。但是,创新实现形式(市场结构变化)仍缺失技术创新对市场结构影响的实证分析与绩效影响的理论与实证分析。

本书的研究拟构建的理论与实证一体的"企业自适应创新系统模式"及它们相应运行机理的一般性理论框架,需涉及并初步形成的两个层面,即通用的"创新系统模式的市场效应研判系统"及其拟实证结果对产业创新的系统行为与市场效应关系的研究,核心在于揭示技术创新的系统行为特征与市场结构—绩效特征相互作用内在机理,疏通理论分析与经验性分析之间沟通的瓶颈,使理论分析与经验性分析结论具有一般性,易于进行经验验证,具有较好的理论与现实意义。将这理论与市场效应实证研判系统用于中国产业创新的系统行为与市场效应分析,拟解决两方面的问题:一是这个理论的形成依据企业创新的系统(微观)行为集聚而形成的产业创新的系统(中观)行为的演进经验过程,涉及我国产业创新的系统行为特征,具有类似经验的适用性;二是体现了研究理论依据的规范性和实证研究结论的统一性,有了核心理论层面的一般意义上的研究框架,既能形成一般意义上的理论,又能形成一致明确的研究结论。所以,可从一般意义上提供借鉴研究的相关成果。

与现有的研究不同的是,本书为研究中国产业发展中的创新的系统行为与市场结构—绩效的关系提供了新的思路。新的方法论与理论范畴拓展实现,为现代产业组织理论的企业创新的系统行为和产业创新的系统行为对市场结构与绩效影响理论相关研究提供了定量研判考量依据,可以印证李伟(2007)的下述观点,即考虑从以下几点入手作假设剖析并通过实证检验研判:

观点1:从动态角度把握市场结构特征。

观点2:从产业演进过程技术创新及相关因素的动态变化中分析技术创新与市场结构关系的阶段性特征。

观点3:立足于新的理论和中国产业发展实践,正确把握熊彼特假说在中国产业发展中的具体含义及相关的政策思路。

依据上述观点及其解释,可以说"观点3"的表述是抽象的正确。这是因为,企业和产业确实都需要新的创新系统模式(理论)来指导创新行为,而创新的系统行为又因各国产业发展实践不同而有很大差异。

国外的相关研究,曾从历史的角度来论述科学技术在社会发展中的作用。之所以如此,是因为科学技术的发展极具动态性,很难用古典经济学的方法来描述。因此,从历史的角度出发是一个恰当的起点,如克里斯·弗里曼、罗克·苏特(2005)就分析了三次产业革命及其在几个主要产业的技术创新和所引发的组织和管理创新。

国内对中国产业发展的研究也是立足于新的理论和中国产业发展实践。我们认为"观点1"是可取的。从研究所涉及的大量文献和理论以及前期实证分析所获得数据的研判,可以认为,就中国企业与产业创新系统演进实践而言,技术创新的系统行为与市场结构的关系是阶段性变化的,市场结构特征与产业技术创新的系统行为变化是一个主要内生于企业与产业演进中的互动过程,次要于外生技术发展。市场(四种)结构演变主要是企业与产业技术创新引进的结果,又是外生于企业与产业为生存与发展而自主的技术创新的系统行为发展,所以,通过政策因素推动企业与产业技术创新系统形成是很重的政府工作。

在关系民生与国家安全的产业或行业,如乳制品、电力生产与供应业、采盐业、黑色和有色金属加工业、铁路及交通设备制造业、石油、天然气采选业等,依轻重、分程度强调高集中度市场结构有利于企业与产业创新系统形成。政策既要关注大规模企业与产业在创新中的作用,例如,以非市场力量形成前10家大规模乳制品寡头企业,又要扶持50家大企业集中创新资源,在13亿人口的中国是非常重要的。当然,依产业和行业而异,如光电、水电行业,在防止过度竞争和重复建设原则下以限制进入的政策性手段提高集中度,也是必要的。这些产业创新的政策思路是值得商榷的。总之,应当从产业演进的动态过程中,从创新与市场结构—绩效的互动机制中正确把握产业创新的政策思路。

综上分析,可对"产业创新的系统行为与市场结构关系"作出如下的假设性表述:随着企业创新行为的集聚和创新系统链的形成,企业创新系统也逐渐上升到产业(区域)创新系统,其创新的系统行为会对市场结构—绩效产生互动关联的正相关关系。CSP影响的传导机制的正相关因果关系链会对产业组织演进产生根本影响,促使整个产业升级和经济发展。

(5)其他相关研究。

康志勇(2013)对市场结构的论证无数据,没言绩效,从创新投入、产出来看(主要是科研),显得单一。其言意为:行为影响结构,是行为决定论的实证。

尹莉、刘国亮(2012)等围绕博弈论、网络产业与产业组织理论、企业竞争策略、垄断与竞争展开的主要观点中,与博弈论相关的创新系统模式研究最新进展是空白。企业竞争策略的新趋势在规范的创新行为方面可圈点研究不多。其他如胡德宝与陈甫军全面梳理了垄断所导致的社会福利的损失,为社会福利研判提供了社会福利重要性佐证。

(6)结论。

依据相关研究文献综述的最新发展与成果,紧扣目前研究的问题所在,以及本研究需要突破的地方入手,简述如下:

国内外对企业集团运行发展的研究不少。尤以《工业创新经济学》归集的产业创新案例尤为典型,大都具有样本作用(克利斯·弗里曼、罗克·苏特,2005)。本书的产业研究样本主要依据磷肥业领军企业及其诸多创新系统规范分析与实证而建立起来,而真正上升作为一种理论体系是基于已完成的对瓮福(集团)前述 6 个课题的研究;对我国磷化工企业集团创新系统模式效应的研究;三类(创新型、科技型、创新系统型)企业创新体系及其相似性和差异性(异质性)考察比较;国内外相关研究现状分析,尤其是最新发展水平和存在问题的研究等。

本书的切入点是从熊彼特的创新(innovation)与库恩的科学范式(这两个对后继的技术范式、技术—经济范式和创新范式的提出、发展都有着直接的影响)概念入手。从技术范式(技术系统发展的函数组合)入手作创新系统产出的定量考量;从技术—经济范式切入对经济系统的现实影响和作用予以关注,使宏观和微观两个层面并重。更重要的是建立这两个层面通用的"创新系统模式的市场效应研判系统",为现实的抉择提供了一个直观和具体的参考。弥补几乎所有创新模型都未涉及的创新的系统行为对市场结构与绩效影响的量化研究,把已被经济学家将技术变革的市场效应研判放置其中的"黑箱"打开;而创新系统范式"从国家的宏观层面上考察社会系统、技术系统和经济系统之间的交互作用与演进,以揭示不同国家的经济增长和技术发展在绩效上的差异"继后续之研究。

丁梅(2012)的争论可能还将继续下去,是一个没有定论的定论。这是学界的工作内容。据此,本书研究的展开以正统产业组织理论存在(微观理论基础仍是新古典主义;其理论方法是静态的和单向的)两大缺陷为由头。20 世纪 80 年代发展形成的新产业组织理论为研究展开的依据,采用新产业组织理论观点来论证。课题按非主流产业组织理论框架 C←→S←→P。做到:a. 使分析框架不再是单向和静态的。b. 从产业组织研究中的结构主义转向厂商主义。c. 产业组织研究引入博弈论,使企业行为的分析更为丰富。d. 在理论上吸取现代微观经济学的新进展,修正传统的新古典假定。采用芝加哥学派、新制度学派、新奥地利学派的理论观点,并通过仿真技术手段实证验证。e. 陈述"结构与行为"二者交织在一起日趋复杂的双向互动效应。

本书的研究以行为主义学派为主,结构主义为次来构架,同时也回避了结构主义学派研究框架的一些缺陷,如过于执着 SCP 框架,忽视企业行为(C)对市场结构(S)以及运作绩效(P)是通过企业创新行为对市场结构与绩效产生的影响;忽视企业创新行为差异性(异质性)的研究,只把企业行为看作内生于市场结构的东西,看不到即使是在同样的市场结构下,同一类型的企业也会因行为目标、公司偏好、经营者素质方面的差异,而在行为上表现出若干差异性(异质性),这些差异性(异质性)可通过斯塔克尔伯格双头垄断博弈和伯特兰双头垄断博弈模型反映出来;在理论上是静态的,没有充分意识到本期市场结构的状况(ST)不过是以前企业诸种创新行为(CT-1)的结果。按后期结构主义(或新产业组织理论)在 SCP 分析框架的基础上,将突出市场结构作用的 S—C—P 分析框架拓展为"双向分析框架,即不仅考虑市场结构对企业创新行为的影响,也考虑企业创新行为对市场结构的影响,以及运作绩效通过厂商对市场结构的影响"反映出"企业自适应创新系统";"产业创新系统"创新的系统行为主要是企业、产业决策者预期函数,这样企业与产业的生产函数、市场需求函数就可作为内生变量输入到博弈研判模型去考量变化了。

之所以从中国磷化工"企业自适应创新系统模式"入手进行两个层面通用的"创新系统模式的市场效应研判系统"研究,是因为磷化工"企业自适应创新系统模式"的市场效应样本具有创新系统的典型理论与现实意义。并且解决了用仿真技术手段计量"复杂适应系统"研究的问题,不再是靠逻辑推理和直感去取得结论。如果按这个"行为←→结构←→绩效"双向思路走,可避开主流产业组织理论缺陷和被质疑的问题。同时,提炼出产业集团"企业自适应创新系统模式",当企业创新行为的集聚和创新系统链形成,企业自适应创新系统模式也逐渐上升到(区域)"产业创新系统模式"。用两个层面通用的"创新系统模式的市场效应研判系统"去实证研究"企业(产业)行为←→市场结构←→市场绩效的互动关联影响"。

本书并非是为了建立企业(产业)行为的另一种理论。对此理论,还需要在社会科学方面做更多的综合性的工作。本书意图指出任何理论都需包含的问题,即要说明企业(产业)对技术变革,以及对因素输入和产品市场中的价格变化作何种创新性及适应性反应。现在已经出现了种种令人鼓舞的迹象:包括经济学家在内的若干学科的社会科学家们正在着手开发更全面、更令人满意的"企业创新行为理论"(MacKenzie,1990;Stirling,1994)。

1.4 主要研究目标、内容和研究方法

1.4.1 研究目标

（1）从现代产业组织及管理理论的系统理论和权变理论、企业再造理论、复杂适应系统论、创新理论典型模型研究、企业创新系统范式研究、产业创新系统典型模型比较、创新的系统行为对市场结构—绩效的互动关联影响研判视角，以我国磷化工产业为例，作"企业创新系统模式构建及其市场效应的仿真研究"；"基于三类创新企业异质性、相似性实践考察"；"基于创新型、科技型企业异质性、相似性特征考察"，"德鲁克式"现象（案例）创新组合归因；"基于创新系统型企业考察——中国异质性企业典范：瓮福（集团）"，剖析瓮福（集团）在急剧变化的市场面前陷入死地而后生，如何建立了充满创造活力的复杂（自）适应创新系统，十年间创新、蜕变与成长，嬗变与发展，集中国企业（自）适应创新系统模式（创新型、科技型、创新系统型企业）内涵典范的内外成因，构建"企业自适应创新系统模式"及其运行机理的基础核心模型。

（2）在三种类型（创新型、科技型、创新系统型）创新企业相似性、异质性特征及其效应比较研究基础上，梳理出创新系统典范企业集团（小世界），研究其复杂（自）适应创新系统模式激发的创新产出和绩效，凸显异质型企业家的主导作用和人力资源管理绩效。

（3）进一步构建"产业创新系统模式"及其运行机理与两个层面通用的"创新的系统行为对市场结构与绩效影响的仿真研判系统"，并做实证研究验证磷化工寡头"企业自适应创新系统"及其运行机理；递进到"产业创新系统模式"及其运行机理对市场结构与绩效的互动关联正相关影响；寻求其他有市场势力的企业创新的系统行为对市场互动关联影响效应一致明确的研究结论。研究目的：体现理论研究依据的规范性和实证研究结论的统一性，有核心理论层面的一般意义上的研究框架，既形成一般意义上的理论，又形成一致明确的研究结论。

（4）构建：可用于垄断、寡头、垄断竞争的企业及产业两个层面通用的"创新的系统行为对市场结构与绩效影响的（拓展古诺三模型）博弈研判系统"数学模型。

（5）用新数据和新技术来更好地测算市场势力的程度及其市场绩效之间的关系。即用仿真技术和数据库技术来表示、存储、处理、输出和查询，为教学科研及经济方面的决策人员和管理人员提供一个简明实用的"行为—结构—绩效"（CSP）互动关联关系辅助分析软件系统。实现系统参数设置、研判指标输入、数据计算、报

告自动生成、数据字典管理等。

（6）建立"企业自适应创新系统模式"及其运行机理;递进到"产业创新系统模式"及其运行机理（分析）模式。

（7）构建两个层面通用的"创新系统模式的市场效应仿真研判系统",为现实的抉择提供一个直观和具体的参考。

1.4.2　主要研究内容

主要包括以下八个部分,具体结构如下:

第1章"绪论":问题的提出;创新理论典型模型研究;企业创新系统范式研究;产业创新系统典型模式比较;企业、产业创新的系统行为对市场结构—绩效的影响研究。目的是帮助读者把握上述相关研究主要内容文献综述,了解最新进展与成果,存在的问题及切入点,并为后面的分析提供一个借鉴和比较的框架。

第2章"相关理论":创新的微观经济学:企业理论;现代产业组织理论最新进展和主要内容;产业组织与产业创新相互关系;重要关联术语与争论;博弈论;复杂适应系统论;仿真理论与技术;本章小结。

第3章"企业创新系统模式构建":基于创新型、科技型企业异质性、相似性特征考察;"基于创新系统型企业考察——中国异质性企业典范:瓮福（集团）",完善并构建我国磷肥产业"企业自适应创新系统模式",剖析其运行机理,作实证分析,属于产业组织理论的"基础设施"的建造;三种类型企业创新相似性、异质性特征及其效应比较;企业创新系统模式构建;本章小结。

第4章"产业创新系统能力评价指标体系":产业创新系统能力评价指标体系构建的依据与权重及构建;技术创新子系统能力评价指标体系的应用;瓮福集团自适应创新系统能力评价实证;本章小结。

第5章"产业创新的系统行为对市场结构与绩效影响的仿真系统":创新的系统行为对市场结构与绩效影响博弈（CSP）研判模型;创新的系统行为对市场结构与绩效影响的数据处理;创新的系统行为对市场结构与绩效影响博弈模型研判动态效果分析;企业、产业创新的系统行为效应研判模板生成设计;本章小结。

第6章"研判系统软件开发":研判系统软件设计;系统软件功能;数据处理;运行环境;研判软件特点;本章小结。

第7章"产业创新的系统行为对市场结构与绩效影响的实证分析":样本选择;输入输出指标数据;评估实证分析案例;CSP研判模型动态结果分析;实证结果研判与启示;本章小结。

第8章"总结与展望":全文总结;主要创新点;研究展望。

1.4.3 拟解决的关键问题

(1)建立一种基于较大样本实证的普适性理论体系和简明实用的创新的市场效应研判系统。

(2)通过创新的系统行为引起寡头博弈研判模型的价格要素与边际成本变化来定量论证两个层面通用的"创新的系统行为对市场结构与绩效的互动关联影响";根据因创新而至使市场结构趋于合理、市场效率提高的假设,对"垄断、寡头、垄断竞争,这些有市场势力的企业会使市场结果无效率"的结论作学理性修正。

(3)从被质疑的"传统经典(SCP)理论的概念问题和问题解释"中解脱出来,用结构—绩效衡量的现代理论和方法来梳理并构建:"行为—结构—绩效"互动关联影响研判的一般性理论框架和方法,疏通与主流经济学在相同理论层面进行交流和共融的瓶颈,从一般性的理论和方法层面,对不同经验现象作一致明确的解释。

(4)利用这个"研判系统模型"对因创新而改变市场结构和提高市场效率方面的研究,提供实证回归分析。

(5)"研判系统模型"经验证后,可为政府支持企业创新,考量市场结构与绩效;可使政府按照社会福利最大化原则及消费者和生产者剩余均衡原则来判断市场势力的绝对大小,对市场势力进行科学性计算和制衡;可为企业、产业研判自己的市场定位,提供通过创新而获得且保持超额利润的抉择参考数据。

(6)探索技术系统、技术—经济系统、产业创新系统的演化规律及其运行机理:客观定量研判企业、产业创新的系统行为激发的经济增长效应,可据此提出完善企业、产业创新系统模式的措施和建议。

1.4.4 研究方法

研究方法:在文献综述研究的基础上,运用创新系统理论、产业创新的微观经济学理论、产业组织理论、产业创新与产业组织相互关系理论、博弈论、复杂适应系统论等相关理论,利用复杂性科学、系统仿真等相关领域理论工具多学科进行集成,疏通(理论分析与经验性分析之间难以沟通的缺陷)瓶颈,形成两个层面通用的"创新系统模式构建及其市场效应的仿真研究"体系。经过大量的研究用系统方法,并结合国情,客观定性、定量研判企业、产业创新的系统行为激发的经济增长效应。

具体方法如下:

（1）文献综述法与相关理论支撑：在新观点、最新研究成果、存在的问题、切入点、发展前景综述的基础上，归集梳理与课题相关的研究，为本课题的研究提供相应的研究借鉴；相关理论支撑，为后文进一步研究与模型的构建奠定理论基础。

（2）规范分析与实证分析相结合，通过定量与定性分析相结合的方法对典型创新企业样本相似性、异质性实践考察比较，作典型（案例）归集研究。基于三类（创新型、科技型、创新系统型）企业创新体系及其相似性、异质性特征及其效应考察比较，形成"企业自适应创新系统模式"及其运行机理；递进到"产业创新系统模式"及其运行机理，构建"产业创新系统能力评价指标体系"与两个层面通用的"创新系统模式的市场效应研判系统"，为现实的抉择提供一个直观和具体的参考。

（3）对拟形成的《企业创新系统模式构建及其市场效应的仿真研究》体系方法进行理论探讨、逻辑推理、实证检验。首先对研判方法创新进行描述，接下来运用构建的"创新系统模式的市场效应研判系统"建立的输入、输出指标体系，对创新的系统行为效应作实证分析，研判（CSP）模型动态结果。

（4）运用技术创新与现代产业组织的市场结构与绩效相互关系理论中，能量化反映"创新的系统行为的主要是企业或产业决策者预期函数组：是引起市场结构—绩效相互关系变化的指标和可以作为生产函数（创新和非创新的区别就是不同的生产函数通过边际成本的变化来体现的）、市场需求函数、利润函数输入、输出指标体系的指标，作为内生变量输入到博弈研判模型就可考量动态变化了。"通过这个创新的系统行为定量研判投入、产出的数理通道，在理论研究和实证分析数据的基础上，梳理出有操作性的创新的系统行为对市场结构与绩效影响研判体系，并加以论证，彰显课题的研究价值。

1.4.5　技术路线

本课题研究分为两部分：即规范分析和实证分析。

总体技术路线：先建立创新系统模式，博弈研判模型、开发研判软件，即规范分析；再用软件高效地进行实证分析、用系统数据反证推演结论。

具体过程为：由绪论引出课题原由，在国内外相关研究文献综述的基础上，寻找相关理论作为核心支撑；然后作企业创新系统模式构建：系统要素构成——基于三类创新企业相似性、异质性的实践考察："基于创新型、科技型企业相似性、异质性特征考察"；"基于创新系统型企业考察——中国异质性企业典范：瓮福（集团）"，对我国磷肥产业"企业自适应创新系统模式"运行机理及其效应作实证分析；利用三种类型企业创新相似性、异质性特征及其效应比较研究结论；作企业创新系统模式构建;用磷肥产业创新的系统行为构建出"企业自适应创新系统模式"及其运行机理,递进到"产业创新系统模式"及其运行机理;构建"产业创新系统能力评价指标体系"与两个层面通用的"创新系统模式的市场效应研判系统"对应的"系统仿真数学模型"和"系统研判"软件,最后利用"系统研判"软件对前面已建立的模型进行创新的系统行为对市场结构与绩效影响的实证分析,并归纳总结与展望。

其中软件开发经历了市场需求调研、系统仿真数学模型建立两个过程,评估软件开发、仿真软件开发、研判软件开发三个阶段。

技术路线结构如图1.1所示。

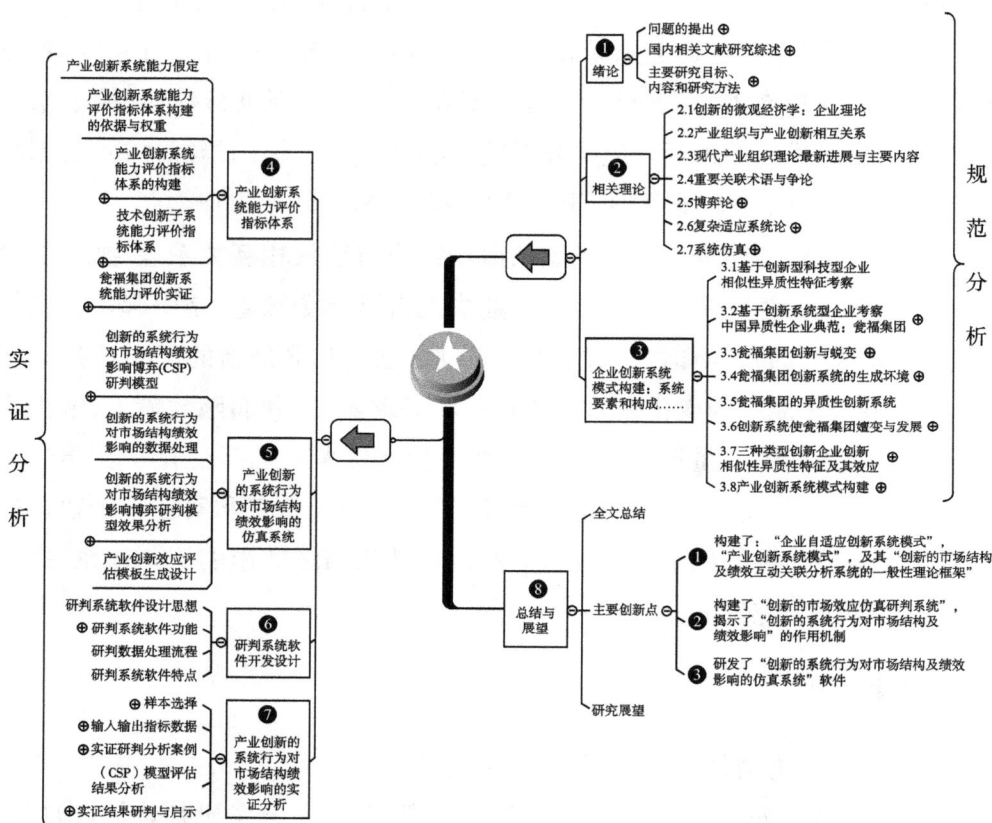

图 1.1　技术路线结构总图

第 2 章　相关理论

2.1　创新的微观经济学:企业理论

克利斯·弗里曼(2005)创新经济学的创始人之一,其论著的核心为"创新的微观经济学:企业理论"、"创新的宏观经济学:科学、技术、发展及全球化",产业组织理论没有关于企业创新的系统行为的专门理论,是"因为在很长的时间内,技术和创新并不是经济学家关注的对象"。而且存在通常的分析框架不能解决经济学理论与技术创新活动兼容的现象,弗里曼改进了经济学研究的方法,他从历史发展和进化理论中得到营养,建立一种更科学的分析框架,来分析与经济学理论不兼容的技术创新活动现象。

从创新与公司规模的研究可以看出:公司的规模肯定会影响公司根据技术复杂性和成本来决定主攻何种项目,但规模本身并不决定结果。在某些地区和某些工业,小公司在创新中发挥出很重要的作用,历史事实也确实证明了这一点,小公司决策快速灵活,开发工作成本常常很低,因此占有某些优势。我们再次发现历史环境的至关重要,因为技术和(或)工业的发展阶段是决定大公司和小公司的相对创新贡献以及能选择何种创新类型的主要因素之一。

从不确定性、项目评估和创新可以看出,尽管项目评估和决策时采用了大量尖端数学技术,各个公司一般仍然不能对未来开发费用和时间作出精确的预测。对未来市场规模和投资回报率的预测常出现更大的误差。各个公司一般会对成本估计不足,对开发速度估计过高,有时差额很大。对未来市场的估计既可能过高,也可能过低,常常很不精确。

预测重大的开创性创新误差最大。预测现有产品的小改进和新用途时,精确度可能大大提高,而且可以采用项目评估技术作为行之有效的管理手段。作为动员公司内部各种力量联合起来克服开发和投产各个阶段潜在困难的一种手段,项目评估技术学是非常有价值的。许多基础性研究和最重大开创性的发明的最大特点,正是其未来难以预料的不确定性。

但是，因为变化和风险很大，以致绝大多数公司不愿从事基础研究和更加开创性的创新。这意味着所有国家的绝大部分基础研究是由政府出资的，政府资金对生物技术等一般技术以及信息技术和各种开创性的创新工作作出了巨大贡献。

"创新与公司战略"讨论了各个公司参与技术创新面临各种危险和变化不定时采取的策略。其中既有公司本身采取的策略，也有竞争对手采取的策略。

公司采取的策略可以分类为进取型、保守型、模仿型、独创型、传统型或机遇型。采取进取策略的公司占极少数。它们试图进行根本创新，有时是以基础研究作为根据，但又并非总是如此。大多数公司采取保守策略，它们对其他公司的创新成果反应相当快，马上就推出了自己的新产品和新工艺。这种策略有时被称为"快速第二"策略。更多的公司采取简单的模仿策略，有时是通过从创新先进公司取得许可、专卖或订立转包合同，模仿型公司可以逐渐完全独立或开始独立发挥作用。发展中国家公司引进技术时就常是这样。

有些行业里极少有技术变革，或者是在采用早已成熟的技术生产传统产品方面占有实际上的竞争优势。在这种情况下，时尚和设计创新虽然重要，但却不一定需要技术创新。最后，市场和技术条件之变化是如此多种多样，以至于始终存在合适的产品脱颖而出的机会，以及让把握住机遇的企业家去掌握这些产品的机会。

采用上述方法将公司策略分类未免过于简单化。例如，生产多种产品的公司在不同的业务部门可能会采取不同的策略，而且可能（事实上几乎肯定）随着时间变化不断改变策略。但分类仍有价值，因为从中可以看出各个公司利用科研开发（R&D）和科技服务（STS）的不同方式。当然也有很多公司在这方面无所作为。对于"赶超"型国家，这种分类对于将公司在学习如何改进引进的技术，扩大自身科研开发机构科技服务能力，完善其策略方面的努力概念化等特别有用。

2.1.1 工业创新中的成功与失败

工业创新中的成功与失败涵盖产业创新中的成功与失败案例的基本属性。作者提炼成：创新是新技术与市场的结合；萨福（SAPPHO）项目；萨福（SAPPHO）各对中双方的相似点；与成功或失败无关的差别；成功的模式；创新的进一步研究；结束语（马建堂，1995）。其结语：在关于 20 世纪 70 年代和 80 年代项目成功与公司成功的著作中，罗斯威尔（Rothwell，1992，1994）试图将其研究结果与对 80 年代创新的其他实际证例研究综合起来。罗斯威尔除强调他的这本著作证实了萨福项目对其他公司和其他工业的调查结果外，他还着重强调管理计划和指挥程序的重要性，见表 2.1，但并没有提供有力的证据证明这种指挥程序是否有效。关于企业创新的系统行为的研究可以证明强调管理计划和指挥程序的重要性,他从公司角度出发强调高层管理责任和长期策略。罗斯威尔引用梅迪克和泽格(Maidique and Zirger,1985)、道奇森(Dodgson,1991)以及普拉哈拉德和哈默(Prahalad and Hamel,1990)的著作来支持自己的观点:创新不断成功取决于在相当长时期内关键性技术诀窍的积累。

表 2.1 成功因素

项目执行因素

- 内部和外部充分交流:获取外部技术诀窍
- 将创新作为全公司范围的任务:有效的内部职能协调,各种职能全面平衡
- 执行详细的计划和项目指挥程序:高质量的前期分析
- 开发工作效率高、生产质量好
- 强烈的市场导向:强调满足用户需求,研制着重于创造使用价值
- 为用户提供最佳技术服务:有效的用户培训
- 有力的产品主管和技术把关者
- 高质量开明的管理:旨在发掘利用优秀人才资源
- 争取项目间最佳协作效果和项目内互相学习

公司水平因素

- 高层管理信奉和明确的支持创新
- 长期公司战略及与之相关的技术对策
- 长期支持重大项目(提供专利费用)
- 公司对变革作出灵活反应
- 高层管理承担风险
- 形成接受创新,并使之与企业精神相容的文化

资料来源:Rothwell,1992。

巴兹尔·阿契拉德利斯(Basil Achilladelis)对萨福项目中的很多化学工业创新作过研究,接着他又对化学工业各个部门公司的创新进行了极其透彻的研究,尤其是农药、石油化学品和药品(Achilladelis et al.,1987,1990)。在他诸多颇有意义的研究结果中,最重要的是他证明了:借助突破性创新取得最初成功的化学公司接下来往往能在同一领域取得一系列更大的创新成功。

最后,罗斯威尔(Rothwell,1992,1994)研究了信息技术(ICT)对创新管理和创新成功的影响。这使得他更加强调被他称做"第五代"创新的各种形式"网络化"的重要性,见表2.2。对创新成功而言系统因素总是很重要,纺织、化学、电子工程和汽车的历史事实已经清楚地证明了这一点。促使这一转变有两个最重要的因素:

一是技术革新日益复杂,二是很多 ICT 创新本身具有系统性。

表 2.2　第五代创新过程:系统一体化和网络化(SIN)

基本策略要素

　　时间策略(更快更有效地开发产品)

　　研制重点在于质量及其他非价格因素

　　强调公司灵活性和责任感

　　用户至上策略

　　与主要供应商相结合的策略

　　横向技术合作策略

　　数据电子处理策略

　　全面质量管理政策

能够实现的主要特点

　　整个机构和系统一体化更完善

　　· 平行和集成(横向作用)开发方式

　　· 初期供应商参与产品开发

　　· 技术领先的用户参与产品开发

　　· 适当建立横向技术合作

　　组织结构更简单灵活,旨在快速有效地作出决策

　　· 授予基层管理者更大的权力

　　· 授予产品主管(项目主管)权力

　　全面开发的内部数据库

　　· 有效的数据分享系统

　　· 产品研制衡量标准、计算机探试、专家系统

　　· 采用三维—CAD 系统和仿真模型的计算机辅助产品开发

　　· 链接 CAD/CAE 系统以提高产品开发灵活性和产品生产能

　　有效链接外部数据

　　· 通过链接 CAD 系统与供应商合作开发

　　· 用户接口采用 CAD

　　· 与研究开发合作者有效的数据链接

　　资料来源:同表 2.1。

2.1.2　创新与公司规摸

　　在工业或技术发展的初期阶段与后期阶段,小公司的作用大不相同。要获得较好的创新成绩,集中程度是高好还是低好? 这个问题是不能用一个简单化的结

论来回答的,竞争压力是激发更多创新的原动力,这对谁都是一样的。这意味着竞争政策并不像某一时期看上去那样简单。西蒙尼迪斯(Symeonidis,1996)在一份OECD调查报告中对自己研究"熊彼特假设"后得出的结论作了极为简洁的概括:

> 目前文献调查表明,似乎很少有实际证据支持这一观点:即公司规模大或高度集中是促使创新活动水平提高的原动力。当然,一旦证实这些变量都是内源性,由内部因素决定的话,研究的重点将由对偶然事件转向对相互关系的考察。目前也没有证据表明创新与市场结构或公司规模存在着普遍的正比关系(本课题的研究算是一个重要的标本性证例)。虽然这种正向联系的环境肯定是存在的。这意味着在竞争政策和技术进步之间并不存在着对应关系。尽管在某些研究开发科研强化型的工业中不可避免地会存在高度集中……在某一行业中能有多大程度的集中,取决于该行业诸多特定因素……

最后值得一提的是:尽管有很多同一主题的文献引用了规模大对创新有利这一"熊彼特假说",熊彼特本人并未明确及系统地阐述过这一假说。事实上,熊彼特的确(1942)曾以相当引发争议的口气指出大公司的优势,但我们可以认为实际上他指的是只有大公司才能担负得起极其复杂的产品和工艺的开发。熊彼特(1912)在其早期著作中主要谈到的是发明家兼企业家和小公司的优势,而我们也在第1章指出了他的早期模式("标志1")与后期模式("标志2")之间的区别。虽然熊彼特明确指出研究开发集中于大公司,但他也指出了大机构官僚主义的危险。而且,他也缺少参考统计数据这一有利条件,因为统计数据是他去世后才开始出现的。因此,那些认为熊彼特的假说正被驳倒的判断通常是没有公正地用历史观点衡量他的学术思想,也没有合理地考虑各个工业部门和各种技术之间差异的复杂性。

2.1.3 不确定性,项目评估和创新

关于创新的不确定性和项目选择的评述为我们呈现的整体图景是倾向假定企业是托尔斯泰型而非新古典理论型。由于创新的不确定性,人的有限理性,信息不对称,或主客观因素,很少有企业对任何一个项目都能做出合理的估算。这就意味着发展常常是不确定的,并没有谁能非常清楚地预见到自己和竞争对手的行为的后果。克利斯·弗里曼(2005)用1950年至1990年间美国和欧洲计算机工业界的企业的所作所为,1900年至1930年间无线电工业界的情况证实了这一点。尽管如此,这种参差不齐的创新活动所造成的社会利益和代价也会是非常巨大的。

2.1.4 创新与公司战略构成

根据历史证据,产业创新演进的研究与开发(R&D)的专业化过程是 20 世纪工业中最重要的社会变化之一。"创新的微观经济学:企业理论"(克利斯·弗里曼、罗克·苏特,2005)则说明成功的创新的需要和工业内部出现研究开发机构都深刻地改变了公司行为的模式。这意味着只通过对外部环境中价格信号作出反应,通过调节实现平衡来解释公司行为不再令人满意了(如果曾经满意的话)。世界技术像世界市场一样是公司环境的一部分,而且公司对技术变化的适应性反应不能简化为对价格变化的可预测的反应。这给经济学家造成了困难,并意味着必须对工程师、对社会学、心理学和政治学给予更多的注意。经济学家有一套简洁的理论来面对这又杂又乱的现实。他们的理论在过去和现在都对说明和预报公司行为的许多方面作出了重要的贡献,但其不是也不想成为封闭和自我维护的理论,那只会扼杀今后的发展。

"创新的微观经济学:企业理论"(克利斯·弗里曼、罗克·苏特,2005)没有对假设公司具有完备的知识或最优的行为提供支持。对这些理论更完善、更新的辩解也不过是从"好像……"开始的说法。人们承认公司无法像新古典主义所假设的那样对未来作出分析判断,但是却认为竞争保证了那些存活并发展起来的公司是符合这一预测的,所以它们也就"好像"能够有这样的能力一样。但是,如郝奇逊(Hodgson,1992)和温特(Winter,1986)令人信服地说明的那样,这种说法并不比原来的说法更为可信。无论是生物的进化,还是公司和工业的进化,都不会达到最佳效果。

根椐产业创新演进和"创新的微观经济学:企业理论"(克利斯·弗里曼、罗克·苏特,2005)所提出的证据,像纳尔逊和温特(Nel-son and Winter,1974,1982)和道西等(Dosi,1988)所提出的那种公司理论,看来更有道理。这种理论全面地阐述了受限制的理论,不完善信息、市场和技术的不确定性等方面的问题。此外,好的公司理论也必须考虑到不同工业部门、不同历史时期行为的不同。

已故的艾迪思·彭鲁斯(Edith Penrose,1959)用她的"以资源为基础"的公司理论为经济学指明了新的方向。这种理论涉及"工作能力"及技能和知识积累的各种组合。最近的理论界在追随蒂斯(Teece,1986)发展的有关公司内部各种功能,如研究开发、制造和销售方面竞争能力的概念。如果这走向极端,就可能导致出现"空心公司",把制造工作部分或全部包出去。但是上面讨论过的一些例子并不表明情况一定会这样。甚至贝纳通(Benetton)公司也认识到有必要维持一定的最低制造能力,以便检查分包商的工作,并避免因突然出现的新技术而被赶超。

克里斯丁逊(Christensen,1995)提出了另一种有趣而且新颖的想法,他对创新资源的 4 种通用类别进行了概念性的区分,即:a. 科研资源;b. 工艺创新资源;c. 产品创新应用资源;d. 美学设计资源。最后一类在工作能力的理论化时经常被忽略,但是在许多工业和服务业中却是极为重要的。虽然有些时候,创新可能只依赖于这 4 项资源中的一两项,但更为通常的是需要把一批资源动用起来。这些资源存在于各种各样的、经常重组的组织机构环境之中。克里斯丁逊的理论指出许多可供经济学家、社会学家和组织理论学家研究的激动人心的途径。

2.2　产业组织与产业创新相互关系

关于产业组织与产业创新相互关系理论问题,溯源于克利斯·弗里曼和罗克·苏特所著的《工业创新经济学》,"当企业创新行为的集聚和创新系统链的形成,企业创新系统也逐渐上升到产业(区域)创新系统",形成了产业组织与产业创新的相互关系。正如"创新的微观经济学:企业理论"(克利斯·弗里曼和罗克·苏特,2005)分析,虽然在创新中有很多不确定因素,但作者仍在前人研究的基础上,通过大量的实证研究提炼出了很多有关企业创新的初步规律和事实。它由工业创新中的成功与失败案例、创新与公司规模、不确定性、项目评估和创新、创新与公司战略等内容构成。仔细研读梳理后发现,这些初步规律和事实实际上反映了产业组织创新的基础,即"企业创新与各产业创新相互关系理论的雏形"。

因为专著创新的微观经济学内容由工业的各产业构成,很难梳理成为一般化的理论归纳表述,故此处只作了内容构成脉络表述与结论性摘录归纳。以期为本书的研究主题,尤其是构建"产业创新系统"能力定性评价的指标提供十分重要的理论依托。

综上所述,可以对产业组织与产业创新相互关系作出表述:"当企业创新行为的集聚和创新系统链的形成,企业创新系统也逐渐上升到产业(区域)创新系统",形成了产业组织与产业创新相互关系。

产业创新中归集的这些典型(案例)构成了工业创新中的典型(案例),所以具有相同属性。但是,好的公司理论必须合理地考虑各个工业部门和各种技术之间差异的复杂性,考虑到不同工业部门、不同历史时期行为的不同。即要考量企业、产业、工业创新中的相似性、差异性(异质性)。尤其要考虑中国工业行业(产业)组织因具有行政管理职能的部委、厅局裁撤,工业行业(产业)组织已经虚似化的现实。故有柳卸林(2009)之针对我国工业行业(产业)组织已经虚拟化的现实性特点所作的研究。例如,要想获得某产业的生产函数和市场需求函数组用于研判"产业创新系统运行的绩效",俨然因部委、厅局裁撤,工业行业(产业)组织已经虚似化的现实而无法利用产业信息获得产业绩效的测算统计数据,而必须"建立合作创新的网络"。

2.3　现代产业组织理论最新进展与主要内容

产业组织理论,如果从 20 世纪 30 年代初张伯伦和琼·罗宾逊夫人分别发表关于垄断竞争理论和不完全竞争的理论算起,已有了近一个世纪的历史。它的成就是作为主流产业经济学学派的 SCP 分析框架和以案例、计量分析手段为其推论进行的验证,使这门应用经济科学获了阶段性地位,成为西方竞争和组织政策制定的依据。(马建堂,1995)

本节拟对现代产业组织理论的市场结构理论进展及争论和研究的主要问题作简述,使产业组织的市场结构理论研究有一个理论背景。

产业组织(Industrial Organization)理论(英国则称产业经济学,Industrial Economics),被比较普遍接受的定义是运用微观经济理论分析企业、市场和产业相互关系的一门学科。

2.3.1　研究框架

产业组织理论,如果不考虑理论基础的差异,只从研究框架看,主要分为结构主义和行为主义两大学派。[①]

1. 结构主义学派

关于结构主义学派其研究框架存在以下几个特点。

(1)基本上遵守 SCP 框架。首先分析市场结构(Structure)的状况,即市场份额、集中度、进入壁垒等,然后分析市场结构对企业行为(Conduct)的影响,包括:企业的生产行为、订价行为、合并行为、广告行为等;再分析如上各类企业行为的经济绩效(Performance),如企业的创新强度、利润率水平和资源配置状况。

(2)认为是市场结构决定企业行为,进而决定经济运作绩效的主要因素,即有

---

① "结构主义"(structurist)和"行为主义"(behabierist)提法见 W. G. Shepherd,1979,*Economics of Industrial Organization*. Pretice-Hall Press。

什么样的市场结构就有什么样的企业行为和经济运作绩效,产业间的市场结构不同、产业间的企业行为(如产量规模、价格水平、竞争方式、创新强度)就不同。结构主义的代表,在 20 世纪 50 年代前后是 J. S. 贝因[①],现在是 W. G. 谢佩德[②]。

结构主义学派对于创建产业组织理论做出了很大贡献,并以其 SCP 分析框架成为产业组织理论的正统学派。但结构主义(主要是古典结构主义)也存在着缺陷:

(1)过于执着 SCP 框架,忽视企业行为(C)对市场结构(S)以及运作绩效(P)通过企业行为对市场结构及绩效的影响;(2)忽视企业行为差异性的研究,只把企业行为看作内生于市场结构的东西,看不到即使是在同样的市场结构下,同一类型的企业也会因行为目标、公司偏好、经营者素质方面的差异,而在行为上表现出若干差异性;(3)在理论上是静态的,没有充分意识到本期市场结构的状况(St)不过是以前企业诸种创新行为(CTt-1)的结果。

鉴于古典结构主义学派的上述缺陷,后期结构主义(或新产业组织理论)在坚持 SCP 分析框架的基础上,将突出市场结构作用的单向的 S→C→P 分析框架拓展为双向分析框架 S←→C←→P,即不仅考虑市场结构对企业创新行为的影响,也考虑企业创新行为对市场结构的影响,以及运作绩效通过厂商对市场结构的影响。(马建堂,1995)

2. 行为主义学派

(1)企业行为是企业决策者基于自已组织结构和经营目标而作出反映出决策和实施决策的结果,与企业所处市场的结构状况并无太大关系。

(2)出于这种对企业行为内生于企业内部结构和决策人员自主预期的认识,行为主义的分析框架是以企业(firm)为重心的。与结构主义重在分析市场份额、集中程度、进入壁垒对企业行为的影响不同,行为主义重在分析企业内部产权结构、组织形式、经营目标和合理预期对企业行为的影响。这样,有些行为主义的产业组织理论包含了若干企业内部的管理、组织理论。归集来看,几乎大部分非正统的产业组织理论都可归入行为主义学派,如制度学派和芝加哥学派。制度学派的主要代表人物是贝利(A. Berle)与米恩斯(G. C. Means),芝加哥学派主要代表人物是芝加哥大学经济学教授 G. J. 斯蒂格勒。

---

① 贝因是美国产业组织理论创始人麦森(Mason)领导的哈佛大学产业组织研究小组的重要成员。对 SCP 框架的形成,特别是进入壁垒的研究做出了很大贡献。其代表作是《产业组织》(威利出版社 1959 年版)。
② 谢佩德是美国目前著述最丰、影响最大的产业组织理论权威之一。他的《市场势力及福利经济学导论》已由南开大学易梦虹教授译成中文。

2.3.2 企业、企业目标与行为差别

企业是产业组织理论研究的基本单位。对于步入市场经济国家路径演变中的中国而言,业主企业和合伙企业的产权关系是简单的,经营目标就是利润的最大化。然而随着与19世纪产业革命同等重要的组织革命的进展,以现代企业制度主导形式存在的组织形式变化,又引致企业行为—市场结构—市场绩效的互动关联影响,进而影响资源的配置和经济成长。正是由于这些变化,一些学者把研究视角转向这一领域,特别是所有者主导型(O—M)企业与经理主导型(M—M)企业在企业目标和企业行为方面的差别,通过笔者(2010)在实证中涉及的"三种类型企业创新体系及其相似性、异质性考察比较研究"可知。异质性表现的创新系统企业虽少,但它们的范式作用确实可成为中国创新系统型企业行为效应研究的标本。

2.3.3 企业行为

传统产业组织理论着重研究的企业包括两个方面:一是价格行为,二是非价格行为。前者包括订价行为与价格歧视问题,后者包括合并(纵向、横向和混合)和广告等(马建堂,1995)。通过对传统产业组织理论着重研究的企业行为的考察可知:传统产业组织理论没有对企业创新的系统行为的专门研究。对企业创新行为有开创性研究的是熊彼特经济学相关理论。本研究的目的是提炼出"企业自适应创新系统模式"及其运行机理,用模式创新的系统行为实证研究"创新的系统行为—市场结构—市场绩效"的互动关联影响,进而发展成为一种理论体系。这也是关于产业组织理论的最新研究。

实际上影响企业行为的因素是各种各样的:产权结构、市场结构,企业组织形式,企业行为目标约束条件和国家的政策等,这是一个完整的理论体系。

2.3.4 信息、创新与熊彼特经济学

信息创新与熊彼特经济学(克里斯托弗·弗里曼、卡洛塔·佩雷斯,1992)认为:经济理论往往倾向于将完全竞争美化成最有效率的市场结构。相反,不完全竞争者却把价格定得太高,赚取超额利润,并且不顾产品质量。这种关于垄断的观点受到约瑟夫·熊彼特的挑战。他指出:经济发展的本质在于创新,而实际上垄断是资本主义经济技术创新的源泉。

(1)信息经济学:保罗·罗默(Paul Romer)发展了熊彼特的理论。他将创新理

论补充到传统的新古典增长理论之中。对于熊彼特假说的现代解释,强调信息经济学(economics of information)中所存在的一系列特殊的经济问题。信息是一种与一般物品有本质区别的商品。因为信息的生产成本很高,而再生产的成本却极低,信息市场存在严重的知识产权问题。

(2)熊彼特经典作品《经济发展理论》,打破了传统的静态分析方法,强调企业家和创新者的重要性,是他们将"新组合"引入到新产品或新工艺中。创新在短期内会产生超额利润,在长期内却由于被模仿、这些利润最终会消失。

(3)熊彼特假说的现代意义:知识产权、互联网的两难境地的困境,导致了熊彼特假说的现代意义,即支持创新型垄断:公众生活的现代水平是由相对不受约束的"大企业"的时代派生出来的。如果我们列举进入现代工人家庭预算的项目,并观察1899年以来这些项目的价格变动过程……我们将不能不对技术进步之迅速感到惊讶。若再考虑到质量上的惊人的改良,则进步的速度看来不是小于而是大于有史以来的任何时代……事情还不止于此。只要我们……深入事情的细节,追踪那些进步最惊人的个别项目的来龙去脉,那么,我们则不会追溯到那些在自由竞争条件下发展的企业那里,而分明是会追踪到大企业的门前。许多竞争性产业所获得的进步,如农业机械等,都应该主要归功于大企业。于是,我们不免要惊奇地怀疑,大企业也许和创造现代生活标准,而不是和降低这种生活标准有更多的关联。

经过半个世纪的实证,熊彼特的大胆假说是成立的,虽然事实比假说要复杂。首先,这个观点适应现代经济发展的现实;其次,今天社区遍布的连锁店是不会去进行研究与开发的。然而,统计研究可知,个人与小企业在发明的过程中还是起着重要作用的。他们在主要的发明和创新中也占有一定比例。就IT业而言,人们每天都能听到一些闻所未闻的新兴企业和个人所做的新软件广告。

总而言之,创新与市场力量之间的关系是复杂的。由于大公司对于研究和创新做出了重大贡献,因此,我们要小心对待"大就准坏"的断言。与此同时,我们必须承认,小企业和个人也做出了某些最富有革命性的技术突破,在产业的研究与开发费用中也同样占有比较大的份额。为了加速创新,一个国家必须维持多元化的组织和机制。

我们可以根据创新的内涵来考量"产业创新的系统行为对市场结构与绩效的影响"并用经济信息处理的仿真系统来研判这种影响。

2.3.5　市场结构和绩效衡量的现代方法

美国学者丹尼尔·W.卡尔顿、杰弗里·M.佩洛夫(2009)所研究的"市场结构和绩效衡量的现代方法"为本书所要构建的产业创新系统能力评价指标体系中产业发展创新子系统能力评价指标提供了定量衡量的理论依据。

1.市场结构理论

市场结构包括那些决定市场竞争程度的因素。在产业结构衡量的现代方法中,竞争和非竞争市场理论认为企业面临的竞争越少,其市场势力就越大。市场势力表达了企业有利可图地把价格设定在高于边际成本和平均成本水平的能力。因此,具有大量进入壁垒的产业中市场势力(以及由此决定的价格和利润)将较大。因为这些壁垒降低了现实和潜在的竞争(丹尼尔·W.卡尔顿、杰弗里·M.佩洛夫,2009)。进行经验调查来检验上述理论的意义在于:

(1)特定企业(产业)行使的市场力量究竟有多大?

(2)决定市场势力的主要因素是什么?

(3)创新对市场结构与绩效的影响有多大? 这一点也是本书研究的主题之一。

几十年来,经济学家从事的"结构—行为—绩效"(SCP)研究集中于问题(2),这个问题关注的是市场绩效与市场结构的关系。而将产业绩效的测算和集中度、进入壁垒联系起来的跨产业研究遇到了一些概念问题。集中度和绩效之间统计上的显著关系并不一定能推出集中度导致价格高于竞争性水平。另一个解释是由于企业有效率而变大了,即集中度上升。如果这样,那么在一个产业中,最大企业的利润会高于最小企业的利润,即创新的影响。经验结果表明:集中度和进入壁垒要么对绩效没有影响,要么具有较小的正影响,而且这些效应通常是统计不显著的,市场结构通过企业行为或行动来影响市场绩效。就传统而言,SCP研究者假设市场势力或市场绩效的衡量要相对简单些,集中关注绩效与结构的关系,而对绩效测算关注较少。但因SCP的一些概念问题和解释问题不清楚,而使研究受到质疑。

萨顿和他的同事所做的研究对SCP方法提出了许多批评,同时利用产业信息对集中度做出了推测。尽管不能避免所有问题,但单个产业的研究可以避免许多传统SCP横截面研究的概念问题。这些研究通常发现集中度对产业绩效指标(如价格)的影响虽然很小,但却是统计显著的。

新产业组织理论研究者(NEIO)用新数据和新技术来更好地测算市场势力的

程度及其市场绩效之间的关系。该理论采用系统的统计证据对单一行业进行研究,而非行业横截面研究。它试图解释一个行业的厂商行为。

NEIO 的主要观点如下:(1)价格—边际成本是不能被观察到的。(2)由于制度细节不同,各个行业是独特的,因此研究者不可能通过宽泛的行业横截面研究得到有价值的结论。(3)NEIO 研究确定并估计市场控制力的程度。

从 NEIO 研究得到的实证案例迅速增加,研究方向主要集中于市场控制力测量而不是造成市场控制力的原因。当前的研究可概括为两点:第一,一些研究已经发现个别市场存在市场控制力的证据。第二,反竞争行为是高价格—边际成本的一个重要原因。一些研究已经找到了明显的共谋行为的证据。

NEIO 研究的成功之处在于它避免了针对 SCP 方法的概念与解释不清部分的批评,并对其进行修正。但继续对更多行业的研究仍然是必要而艰难的。

约翰·萨顿发展了一种新方法来研究决定市场价格的因素,即研究高内生沉没成本和市场集中度的关系。其理论可概括为:在高外生沉没成本的行业中,集中度随市场规模的扩大而降低;而在高内生成本的行业中,集中度并不随市场规模的扩大而降低。按照广告—销售额比率划分行业(高广告—销售额比率表明高内生沉没成本),萨顿用计量经济学证据和行业案例研究证实了他的理论。然而,萨顿也发现,相同的行业尽管有相似的成本,但它们的发展方式却不尽相同。这一发现提醒,沉没成本和市场结构的关系不能一概而论。

与 SCP 方法相比较,研究者使用静态和多阶段的模型来测算市场势力和绩效的现代方法主要有三大优势:第一,它们没有用会计指标来测算市场绩效。第二,它们使用了外生变量(工资、税收和需求增长)的变化来解释绩效的变化,而不是使用集中度和广告等内生变量。第三,它们是基于单个产业最大化模型的,因此有关行为的假设可以得到验证。它们的主要缺陷是许多这类模型都要求供给和需求曲线的形状及其函数关系的建立,以及垄断、寡头、垄断竞争企业模型做出详细的假设。而且,现代方法仍没有解决使用跨产业的横截面变量来进行预测,并由此得出哪些因素使得不同产业具有不同的竞争程度的问题。对这些因素的搜寻才是 SCP 方法和萨顿方法的核心。

现代研究利用统计方法来测算特定产业的价格——成本加成,而不是依靠会计指标。这些研究本身具有缺陷:研究者通常必须对需求、成本函数或是寡头垄断行为做出详细的假设。许多这样的产业研究发现存在大量的加成。这些方法仍未被用来详细探究市场结构与偏离完全竞争行为的程度之间的关系。静态研究分为关于直接测算边际成本的研究、关于测算一个市场整体模型(因此得到了对边际成本和价格加成的估算)的研究,以及关于观察价格和要素成本的变化之间的关系来检验产业是否具有竞争性的研究。

2. 市场绩效理论

市场绩效是指一个市场在为消费者提供利益方面的成功之处,例如市场价格接近生产的边际成本,则市场是运行良好的。绩效衡量的现代方法分类模型分为:

(1)静态模型。大多数基于静态模型的现代研究可分为:关于直接测算边际成本的研究、关于测算一个市场整体模型的研究,以及关于观察价格要素成本的变化之间的关系来检验产业是否具有竞争性的研究。创新组合对市场结构与绩效影响定量研究就是通过创新对寡头博弈模型价格要素与边际成本的变化来研判创新的影响。

我们在研究过程中使用成本数据测算边际成本。如果可以得到有关总成本的信息,就可以通过测算总成本和总产出之间的关系,而后计算出边际成本。于是可以较简单地得到价格—成本加成。

①企业边际成本。由企业总成本信息通过测算总成本和总产出的关系,而后计算出企业边际成本,而得到企业价格—成本加成。

②产业边际成本。由产业总成本信息通过测算产业总成本和总产出的关系,而后计算出产业边际成本而得到产业价格—成本加成。

使用产业模型测算加成,是使用关于需求和边际成本曲线 MC 的假设,通过观察均衡价格和产量在一段时间内如何变化来推导加成。这一方法被称为新经验产业组织学。

识别市场势力的勒纳指数。如果有边际成本 MC 和市场价格,就可以直接计算出市场势力的勒纳指数 $(P-MC)/P$。通常,研究使用参数 λ 来测算市场势力的程度,勒纳指数为 $(P-MC)/P=-\lambda/\varepsilon$。其中,$\varepsilon$ 为测算的市场需求弹性。如果市场是竞争性的,$\lambda=0$,价格和边际成本之间没有差距。如果市场是垄断的,$\lambda=1$。如果介于 0—1 之间,那么市场势力的程度在竞争性市场和垄断市场之间。

(2)多阶段模型。几乎所有市场经济国家或地区的市场都会延续多个时期。在下列情况下应该使用多阶段模型来测算市场势力。如果企业在制定策略时考量过去的行为;如果调整成本显著,以至于该阶段的成本依赖于先前阶段的决策;或者,如果今天的需求取决于过去的消费。可以使用至少两种类型的多阶段模型来测算市场势力:合谋行为模型和具有成本调整行为的模型。寡头博弈模型是典型的合谋行为,而企业创新的系统行为效应则是通过降低边际成本提高市场效率来体现的,而且只有这个通道可以定量衡量创新的系统行为激发的市场效应作用。

施蒂格勒(Stigler,1964)认为寡头企业合谋(至少是暗中的)的机会和愿望为解释所有寡头行为提供了基础。在这一理论中,价格低于垄断水平是因为没有完全实行卡特尔。在这一说法中,市场结构关系重大。例如,产业中的企业越多就越难发现任一企业的欺骗行为,因此会出现更多的欺骗,平均价格就会下降。因此,合谋和重复静态博弈是可以用来研究寡头行为的。

3. 市场结构、绩效指标

集中系数是某一产业前几位的企业集中度为平均的集中度的倍数。运用集中度(CRn)和集中系数(CIn)这两个指标,我们不仅可以反映某一产业的绝对集中程度,还可以反映这一产业的相对集中程度,体现产业中企业数量的影响和该产业大、小企业的规模差异,弥补上述产业组织理论计算方法的缺陷。

平均份额作为一项重要参数记为:$Cn=(100/行业企业数目)n$,其中,n 为所要计算的企业目,一般为 4 和 8;集中系数(CI)就是用 CRn 法计算的行业集中度与行业平均的比值,记为:$CIn=CRn/Cn$。

现代产业组织学的现代方法努力地在理论和经验依据之间达到平衡(我们的研究贯穿了这种方法)。现代经验和方法关注绩效和市场势力的测算,并用利润最大化行为的规范理论测算市场势力。我们的研究在继承传统有益经验和新理论的基础上着重用实证方法研究"创新对市场结构与绩效的影响有多大"。

传统绩效测算(诸如价格—成本加成一类)和市场结构(诸如集中度、进入壁垒一类)间的经验关系尚不明确。严重的度量问题困扰着(SCP)研究。但当单个产业构成相关经济市场时,人们可以准确测算单个产业的集中度。最后,通常进入壁垒的测算是主观的,同时无法区分长期进入壁垒和进入发生的速度。因为,动态模型随时间变化而变化,并且比静态模型更加倾向于反应技术的变化,相关研究见本书第 5、7 章。

2.3.6 价格加成和利润理论

市场结构和绩效衡量的"价格加成和利润理论"(丹尼尔·卡尔顿等,2009)表明的是价格 P 和边际成本 MC 之间的关系,以及经济利润的存在性和可维持性取决于市场结构,见表 2.3。

表 2.3　基于四种市场结构的估计

结构类型	$P-MC$	πSR	πLR
竞争	0	＋或－	0
垄断竞争	＋	＋或－	0
寡头	＋	＋或－	＋或－
垄断	＋	＋或－	＋或－

p＝价格、MC＝边际成本(短期)、πSR＝短期成本、πLR＝长期利润

基于表 2.3 所总结关系可得两个重要结论。首先,对长期利润是否为正的检验相当于对自由进入的检验,而不是对(完全)竞争的检验。自由进入保证了长期利润为零,但不能保证让价格等于边际成本:即使价格高于边际成本,垄断竞争产业中的企业也可能获得零利润。为了确定价格是否高于边际成本,我们必须检验价格数据而不是利润数据。其次,由于在所有的市场结构中,短期利润可能为正也可能为负,因此,短期利润对产业中竞争程度的揭示作用很小。

表 2.3 仅列出了 4 种市场结构,事实上存在多种市场结构,而且,对任何给定市场结构,产业间的差异也可能非常大。例如,具有 8 个企业的寡头与只有 4 个企业的寡头在定价上就存在差异。通常可以设想:价格—成本加成和利润会随着竞争对手的数量和进入壁垒的规模发生变化。正是这一概括为 SCP 方法奠定了研究基础。

2.4　重要关联术语与争论

本节试图将技术的实际范式纳入社会科学分析的总体框架结构,尤其是经济学分析的框架结构。

2.4.1　技术

技术(technology)在商业和管理中的重要性长期以来被人们所熟知,但是它是非工程背景的管理者和社会学家们的能力所不能及的一门学科,除非他们在继续教育中接受过工程方面的培训。一些社会学家曾经试图理解技术的演变过程,但是他们都受到了学科条件的限制(威廉·拉佐尼克,2006)。

首先,需要澄清的是,虽然一些经济学家常常把产品和技术等同起来,好像它们是互生关系,社会学家也经常把生产工艺和技术等同起来,但实际上,技术与产

品(包括商品和服务)和生产工艺是不同的。规范的企业里是把技术分为产品技术(product—oriented technologies)和工艺技术(process-oriented technologies),这样技术革新就相应地被分为产品革新(product innovations)和生产工艺革新(process innovations)。这就是说,技术进入了产品和工艺,但又与产品和生产工艺不一样。

其次,人工制品(artifacts)里同时存在知识和诀窍(know-how)。正如人们注意到的一样,一些经济学家也常常把技术和产品混淆起来,部分原因是因为他们把技术仅仅看作是人工制品(比如某种机器或设备);但是,技术一词的含义不仅包括知识,也包括技术革新的人为因素。这就是说,技术同时由"硬件"部份和"软件"部份组成。如果我们根据技术的本质特征来划分它们,就不会把技术的发展和传播简单化了。

这种区分具有很重要的实际意义,读者将会在本书技术创新能力评价指标里看到。技术革新的硬件部份通常是通过专利这样的指标来衡量的,而专利必须是人工制品。而其他的软件部份是通过在期刊上发表文章这样的指标来衡量的。这就意味着,把技术归类于人工制品的方法是建立在专利制度的组织上的,而把技术归类于知识的方法,是建立在科学和工程学学科的结构上的,两种方法截然不同。然而,蕴含有科技背景知识的人会在两种截然不同的方法里发现"点子",因为实际上它们是与人工制品的生产或使用捆绑在一起的。这些定义主要意味着,我们应该把技术的生产和技术的使用区分开来,这就成为区分技术的"发展"和"传播"的基础。过去,通过技术的传播而对技术的使用,在本质上常常被看作一种被动的采用(购买)人工制品的过程。现在还应加上对技术的主动的获取(包括不正当过程)。这里我们回到这样一个关键点:技术的发展通常是通过技术的生产者和使用者之间的连锁互动而产生的。

最后,人们通常把技术变革分为"激进式"(radical)和"渐进式"(incremental)两类。虽然长期以来人们一直认为,渐进式技术革新对整个经济的发展所作的贡献,至少与激进式技术革新所作的贡献一样多,但是激进式技术革新已经自然地成为更多研究的主题。这和我国政府积极倡导的建立创新型国家的主旨是相合的。然而,由于生产者和使用者之间错综复杂的相互作用过程,因此实际上很难区分两者。但不少技术革新都是在前人的研究成果的基础上,经历了长时间的失败和部分成功而得来的。比如,飞机的发展,由最初蒙特哥菲尔的热气球发展到美国小鹰市(Kittyhawk)的莫特兄弟的飞机,以及进一步的发展。一些创造性的天才发明成果使一些或多或少都有用的激进式技术革新得以出现。比如,托马斯·纽科门(Thomas Newcomen)发明并在很短的时间内设计和组装了蒸汽发动机。在这种演变中，人们常常很难准确地指出这种根本性的突破从哪里来，因为这么多的阶段都建立在之前的发展（和挫折）的基础上。此外，标准的熊彼特模型（Schumpeterian model）认为，在根本性的突破之后，会发生一系列渐进式的进步；但事实通常是，根本性的突破源自长期以来积累起来的表面上十分微小的进步。比如，互联网就是一个典型的例子。所以使技术发生"根本性"变化的是先前一些分散的进步的总和。这些以前零星的进步整合成一项新的技术，也随之产生一种新的思想方法，最后完成"根本性"的一步。与来自博弈论（game theory）和描述新技术开发"专利赛"的经济模型相反，这项对根本性突破的目的认知飞跃出现在新的人工制品产生之后，而未必产生在此之前。这再一次表明，考虑到产品和知识两个方面，即"硬件"方面和"软件"方面，是非常重要的。

2.4.2　创新与技术创新概念

（1）创新（innovation）就是新颖（novelty），即使用新方法做新事情（威廉·拉佐尼克，2006）。因此，新产品、新工艺、新的组织方法、新的服务都是创新的一部分。技术创新改变并且改进了产品和工艺的技术特点及性能特征，并通过这个过程，使经济制度得到动态的变化和生产率的提高。由于这个原因，所有的经济增长理论（theory of economic growth）都以这种或那种方式建立在技术创新和技术革新的理论基础上。

（2）技术创新理论，这是在美籍奥地利经济学家约琴夫·阿罗斯·熊彼特以技术创新理论为核心的经济发展理论基础上逐步发展和完善起来的。按照熊彼特的观点，技术创新就是引入一种新的生产函数，也就是把生产要素和生产条件的"新组合"引入生产体系，其目的是获得潜在利润。"新组合"包括5种情况：a. 引进一种新产品或产品的一种新特征；b. 引入一种新的生产方法；c. 开辟一个新市场；d. 获得原料或半成品的新的供给来源；e. 实行新的组织形式。企业家是这种新组合的推动者和实现者。经济活动中存在着潜在的利润，但并非是人人都能看到，更不是人人都能获得。只有通过创新即生产要素的重新组织才能获得。而企业家的职能就是引入新组合，实现创新。

具体来讲，企业家在技术创新中的作用主要有以下几个方面：a. 识辩与捕捉技术与市场方面的机会，作出推动技术创新的决策，并调集组织资源，启动创新项目；b. 承担创新风险；c. 协调创新过程中的各项活动，调动创新参与者的积极性统一行动目标，保证创新的顺畅进行。

熊彼特提出技术创新概念，至今已有70多年了，虽然定义形形色色，但较为一致的看法是：技术创新是把一种或若干种新设想（或新概念）发展到实际或成功应用的过程。事实上，熊彼特的技术创新概念包含了技术创新、市场创新和组织创新3种类型的创新。技术创新是一个从新产品、新服务、新工艺设想的生产到市场化应用的完整过程。它包括新设想（新概念）的产生、开发、生产组织、市场营销、技术扩散等一系活动。技术创新是一个技术经济概念。它受到科学技术与市场两方面因素的作用。实际中的创新是一个受理性与激情影响的人为因素、与个性关联的活动。一方面，它受市场对新产品和新方法的潜在需求刺激和企业追求利润而创新市场；另一方面，涉及能否获得创新的源泉和具备创新的条件（有关的技术知识）及创新的能力，创新的动力。

本书后续根据对创新系统型企业瓮福集团这个经济组织的创新组合与R&D活动的实证考察与分析，展开对技术创新概念的探讨。

（3）创新组合，分为产品创新、服务创新、工艺流程创新、原料或半成品来源创新、市场创新和组织形式创新几种形式。

产品是企业参与市场竞争的根本筹码，是企业借以收回投入并获得收益的最终载体。瓮福（集团）公司产品创新可理解为创新者的新设想、新概念，转化成能在市场上销售并能获得利润、有显著改进的产品的生产过程。如改生产重钙为生产磷酸一铵、磷酸二铵产品生产过程。

服务创新指的是企业为社会提供的全面商业性服务。瓮福（集团）公司创新者应用最新技术并大力提供新的或改进的服务方式（如农化服务、产品多样化），为公司带来可观的利润。

工艺创新是指研究和采用的或有重大改进的生产方法，这些方法包括设备和生产组织方面的重大变化。新工艺可以用来生产原方法无法生产的新的或改进的产品，也可以用来提高已有产品的生产效率、产品质量、或降低生产成本。瓮福（集团）公司创新者重造工艺流程，改生产重钙为生产磷铵，用原来的设备来生产新的和改进生产新产品暨改进生产组织形式，既是产品创新和服务创新的重要保证，又为公司带来巨额利润。

市场创新是指企业产品生产能够满足购买者或用户某种需求或愿望的有形产品和无形产品（服务）的前提下，创造出新的有形和无形市场。瓮福（集团）的创新者们不但满足了市场需求，更重要的是用诱人的储备式的研发、诱人的比较服务、诱人的比较利益创造市场需求和愿望。

原料或半成品创新来源是指企业在生产资料的供给上独辟蹊径，利用市场实际存在的资源比较优势组织原料或半成品的新来源。瓮福（集团）的创新者们吸引一批中小型企业、关联企业成为自己的上游企业,形成了生产资料新来源。使生产线成本大幅下降,尽量挖掘社会关联企业的存量、减少投入增量。在不增加配套设施投入,保障生产需要,获得巨大的利益的同时带活了一批中小型企业。

组织创新是技术创新的重要保障。企业组织创新是指形成新的共同目标认同体和原有认同体对其成员责、权、利关系的重构,其目的则在于取得对新目标的进一步共识。由于技术创新日益成为企业内制度化安排,对组织结构的依赖性逐步(减弱)使组织创新的重要性更为突出。瓮福(集团)的创新决策者把原来单一法人瓮福矿肥基地变成(集团)组织结构,使原来组织刚性的基地变成组织柔性的多法人经济组织,多法人治理结构对原组织结构依赖性减弱,一个积极性变成多个积极性,自主创新性增加组织创新的功能明显地表现出来。

(4)研究与开发(R&D)活动是技术创新的主要源泉。瓮福(集团)与川大组建的磷化工研究中心,研究的工作目标是对产品及工艺创新所需技术进行的应用研究;开发是利用基础研究和应用研究成果,为新产品、新服务、新工艺而进行的技术活动。

瓮福(集团)的研究开发成果转化成新产品、新服务、新工艺,并在市场上获得巨大成功是公司技术创新的重要组成部分,其研发活动是技术创新的主要源泉。

技术创新是一个过程概念。把新设想转变成新产品、新服务、新工艺需要一个过程,而这个过程的结果就是创新。完整的技术创新概念既包括结果也包括过程。技术创新的第一个阶段是新设想、新发明产生的阶段,主要是研究与开发;第二阶段是研究与开发成果的转化阶段,创新者对投入要素进行重新组合,使发明转化为创新成果;第三阶段是创新成果在市场中转化为企业的经济效益,这一阶段的完成标志着技术创新全过程的结束。需要指出的是技术创新中的各个阶段不是相互独立的,而是彼此间相互作用,有密切联系。因此,技术创新应该被理解为从新设想到获得创新收益,包括研究与开发、工艺设计、生产制造到市场销售等一系列活动的全过程。企业家在技术创新活动中发挥着至关重要的作用。根据技术创新过程的整体概念,对创新过程作出过重要贡献的人都应被看做是创新者。但是技术创新首先并主要是一个经济概念,在发明转变为创新的过程中,企业家发挥着至关重要的作用。没有企业家的组织与管理,这种转变便不可能实现。陷入"德鲁克式"困境的这个经济组织的创新、蜕变与成长、嬗变与发展就是很好的例证。

(5)关于创新企业(innovating enterprise)的争论和问题(威廉·拉佐尼克,2006),站在经济学的角度看,近年来,几乎所有的研究都对主流新古典经济学中占主导地位的基本支柱提出了质疑——包括代表性企业理论(idea of representative firm)、优化代理人理论(idea of optimizing agents)、明确的选择理论(idea of well-defined choices)等。研究者仍倾向于用新的理论来代替熊彼特理论的发展框架,或者企业和经济史的史实框架。这些非新古典经济学理论一般都强调了与决策有关的各种经验现象。它们包括企业决策的限制性特点、组织能力在企业中的作用、技术能力在企业中的发展,涉及创新的极度不确定性的影响(由此,还有经济动力的不可预知性)、企业间和机构间存在的合作(由此,还有知识生产和知识流动的集体性质)等。所有这些现象不仅削弱了主流经济学的企业理论的地位,并且否定了它的一些基本假设,这些假设是用新古典主义经济学(New-classical economics)的观点从整体上对经济过程进行解释的前提。然而,这并不意味着此时存在一种更好的创新企业理论。新古典经济学的企业理论的弱点是,它必须符合这样一个假设:企业是一个单独的、一元的经济人行为(unitary economic agent)——从根本上讲跟单独的个人没有什么区别。这个理论与明确的技术选择理论结合在一起,即使没有全部,至少也大部分解决了创新中的管理和战略问题。不幸的是,许多关于创新的发展观点或者非正统观点,虽然都重视不确定性和能力构建,但仍然都把企业看作是统一的决策机构。这样就导致这样一些问题遭到了忽视:企业控制的实质、战略的形成、创新资源的分配和作为企业运营一部分的创新管理。虽然伊迪丝·彭罗斯(Edith Penrose)这样的经济学家和阿尔弗雷德·钱德勒(Alfred Chandler)这样的历史学家都对企业成长的内部组织特点做过探索,但是只有拉佐尼克(Lazonick)和欧苏利文(O'Sullivan)的研究才把企业的内部能力与更广阔的经济发展过程联系起来了(参看 Penrose,1995;Chandler, 1990;Lazonick and O'Sullivan, 2000;O'Sullivan,2000)。这些研究,从一些新的角度,把企业看作是复杂的社会机构:使用不同的资源组合来履行不同的职能(市场营销、产品分销、产品开发、产品生产等)的人的不同集合或联合。被研究的主要内部能力,首先是组织和集合这些人群和职能的能力,然后是分配、引导和开发为更新和开发企业的产品和工艺而投资于有形及无形资产的资源的能力。后面的一种能力使企业得以发展壮大,也把企业内部事宜与更广泛的经济变革与发展的过程联系起来。

(6)现代创新研究(威廉·拉佐尼克,2006)的一个中心主题就是对这样一个观点的否认:创新简单地来自于科学或技术发现的早期过程——即所谓的创新"线性模型"(linear model of innovation)。线性模型的核心是,把技术革新分为一连串的阶段,新的知识(通常得自于科学研究)带来了发明过程,然后工程开发带来了创新(或者是新产品或新工艺的商业化)。这个观点就把创新看作是一种纯粹的技术行为:生产一种新的技术工具。在这种理论下,技术开发和工程通常被看作是应用科学的形式。创新的线性模型有两种基本形式：一种是创新的"基础科学"模型（basic scioncemodel of innovation），一种是"企业层次上的线性模型"（firm-level linear model）。"基础科学"模型的核心观点是，创新来自于基础科学中的一些发现，企业把基础科学带来的一系列成果转化为工业创新。

"企业层"（firm-level）的线性模型的主要来源，是熊彼特的著作，他采用了这一创新"阶段"理论的一个微观模型。一方面，他认为，企业对它的运行环境的形成起着积极的影响，而不是简单对一系列给定的价格作出反应。在熊彼特的理论中，企业在创新能力方面相互竞争，这可能包括技术（包括产品及工艺）、组织、金融和市场上的创新。这种非均衡环境竞争创新理论直接导致了综合的内部创新理论。

另一方面，在这种企业行为理论、竞争过程理论和增长理论中，熊彼特提出了自己的技术革新模型，并且这个模型明显是线性的，它把创新分为明确的三个阶段：发明（一个新技术原理的发现和它的可行性的展示）、创新（这项新发明的首次商业化）和传播（使用者的使用过程）。

从某种角度来看，现代创新理论否定了这些创新"阶段"论。从企业层次看，企业的创新是多种因素相互作用的结果，这些因素包括市场营销战略、设计过程、员工的技能发展、新资本和中间产品的获得（以及学习如何使用它们）等。

然而，虽然熊彼特的具体观点遭到了质疑，他对现代创新研究还是产生了深远的影响，宽泛一点说，我们可以从他的影响中概括出两大主题：一个主题是试图发展有关创新过程本身的理论——研究企业是怎样创新的，这也是本书的研究目的之一，以及企业是怎样为有关的问题找到一个合理的解释；另一个主题是研究企业的创新是如何影响产业结构的发展和变化，以及是如何影响整个经济的表现的，这也是本书的研究目的之一。

现代创新理论提出了更宽泛的技术概念，它不再从技术工程的角度来定义技术，而是从一个社会及经济的角度来定义技术。这为我们的研究提供了理论支撑。

现代创新理论首先从动态的社会和经济环境的角度来看待技术的"硬件"部分。什么是技术？首先，技术包括与生产有关的知识，即与材料革新有关的认识能力。这一知识包括关于本质特性的抽象科学知识——成文的并且可大量获得的知识，以及工程"诀窍"或操作技术，后者通常是默认的，不成文的规范。第二，技术包括组织技术：它的最直接的意思是管理系统和协调系统。这些系统将个人活动融合在一起，生产是通过他们得以进行的，或者公共部门活动是通过他们来组织的。第三，技术包括专门技术：即机器、工具或其他设备，包括使用规则和操作程序，也包括他们的辅助服务，比如维护、维修、培训等。因此，技术可以被看成是知识、组织和专门技术的综合体。然而,还有一个更重要的方面:技术在社会框架中产生,也在社会框架中存在。社会制度做出经济和政治选择,这些选择影响了技术的发展和传播,并且通过教育和共同文化,开发应用技术所需的技能。这样,社会价值观和决定促成了技术发展的路径。这也是目前人们关注的企业的社会责任问题。从表面看来,技术在不同的社会里的不同表现,至少部分地源自于社会结构和文化形式的差异,虽然这些差异是怎样产生的我们还不清楚。

因此,技术可以被看作一般的或者具体的。现代创新分析的一个关键点就是区分企业的技术知识基础和一般知识集合。前者注重研究特定的产品,因此是高度具体的;后者更宽泛,它为企业的运作提供一个大环境。与一般知识概念紧密联系的是"技术范式"(technological paradigm)概念,这一概念是现代创新理论发展过程中一个质的飞跃。它不把技术看作一个单独的技术解决方案,而是一整套各种因素的联合体。这些因素包括科学知识、工程实践、工艺技术、基础设施、产品特点、技能和程序。因此,从企业的角度看,技术是一整套的技术和能力,以具体的生产环境和产品为核心;但是这些技术和能力存在于一个更广阔的技术框架下,这个技术框架随着时间的推移而发展,并且构成企业的内部活动。在为企业的创新表现进行研究过程中,我们应当认为技术是由内部因素和外部因素共同构成的,而创新包括这二者之间的相互作用。

在理解技术创新的过程时,现代创新理论,从熊彼特的观点出发,认为竞争主要是一种技术现象。竞争的基础是质量、设计特点和产品的性能特点。企业一方面通过开发具有技术差异的产品来寻求竞争优势,另一方面通过改变工艺来为这些产品创造成本优势。在通常情况下,企业在拥有特殊技术和经验的领域中创新,采取的是渐进式革新的方式。这就是说,企业试图在一个确定的技术范式中建立一个具有技术差异性的产品系统。换句话说,企业可以通过改变技术范式本身来创新,这种情况很少见,但是确实存在。

创新过程本身包括哪些方面呢？近年来的研究认为:第一,创新是一个交互式的社会过程,它把企业的设计能力、开发能力、财务能力和工程能力与市场机会联系在一起;第二,它体现为上述一些活动的连续反馈,而不是线性转换的过程;第三,它体现为企业和其所在外部环境之间的复杂的相互作用的过程;第四,它是一个积累的过程,一个需要时间的过程,因为它部分地依赖于过去的成就和从过去的成就中得出的经验,也依赖企业在过去成就的基础上进行质量改进和发展的能力。

企业创新的主要问题,就是建立一整套技术能力,这些能力使企业能够创造在不同领域的竞争优势。通过市场开发和与客户及产品使用者的一般关系,企业尝试着寻找创新机会,但是这只能在企业拥有一整套技术能力和基础知识的情况下才能实现。科学研究——在寻找创新技术方案的时候,通常在企业面临一个已有的知识基础不能解决的问题时,才被人们所采用。换句话说,科学研究并不一定是产生创新点子的过程。更确切的说,它是在进行的创新活动中的解决问题的活动。关键点就在于,企业能够通过各种方式将创新过程中的不同组成部分结合起来。企业不仅生产差异化产品(differentiated products),它们也用不同的方式创新。

首先,差异化过程在企业之间产生出了高度的差异性、多样性。创新过程有多种模型,企业的创新方法可以有很大的不同。

其次,企业在它们已有的能力基础上实现专业化,这一事实就意味着它们的技术能力和技术意识受到了限制。当企业尝试着解决与创新有关的问题的时候,它们必须经常考虑,企业外部因素才能找到解决方案:它们引入外部信息,专门技术和建议。知识的外部来源通常是其他的企业——尤其是顾客和供应商。当然这些资源也有可能直接或间接地来自公共机构——大学、咨询机构和研究所等。所以,创新被看作是综合研究和学习过程的结果,这个过程受到竞争战略(competitive strategies)的严重影响,并且与其他企业和组织的知识创造过程相互作用。

为创新的解释从线性模型到"相互作用"(interactive)可用对创新性质的理论和实现分析的一个最系统的研究来概括。这个项目被称为明尼苏达创新研究课题(minnesota innovation research programme),在为十四种创新进行了长达十年的研究后,它与我们表1.1中提到的传统理论的观点形成了鲜明的对比。

表 2.4　明尼苏达创新研究课题的结论与传统理论的对比

要素	传统理论	明尼苏达创新研究课题的结论
点子	一项发明,可以投入使用	再发明、扩散、再使用、废弃、终止
人员	一个企业家,再加一批固定员工	许多企业家,并且在各种角色上不断地改变
交易	找出点子细节的员工/企业的固定网络	意见相同或相左的利益相关者的不断延伸或收缩的网络
环境	环境为创新过程提供机会和限制	创新过程创造多元环境并受环境控制
结果	最终结果方向;一种稳定的新秩序得以产生	最终结果是不确定的;在过程中的许多分析和放弃;新秩序与旧秩序的结合
过程	分阶段的简单积累过程	从简单到趋异、平行和趋同的路径;有些路径有联系,另一些则无联系

资源来源:范·德·韦恩(Van der Ven),1999年8月。

054

2.5 博弈论

博弈论(game theory)研究决策者如何在相互依赖的决定中做出选择(唐·E.
沃德曼、伊丽莎白·J. 詹森,2009)。在产业组织理论中,博弈论为理解寡头竞争者
的相互作用提了有用的框架。

博弈要素必须有:参与者、行动、信息、策略、收益、结果和均衡。行动和结果共
同决定了博弈的规则。

简单定义有利于分析:(1)参与者是决策者。寡头竞争中,参与者是两个或更
多的对称寡头竞争厂商;(2)行动包括参与者所能作出的所有行为;(3)信息根据模
型定义为在博弈的过程中是连续且对称的;(4)策略是在拟博弈的每一点上决定参
与者采用何种行动的规则;(5)收益指利润或者所有参与者选取策略、博弈结束后
参与者所期望获得的利润;(6)博弈的结果是指当博弈结束后,模型设计者或使用
者从行动、收益和其他变量的值中选取的一组有用的结果;(7)均衡是指包含每个
参与者在博弈过程中做出的最优策略选择的集合。例如,长期利润最大化策略。

博弈论的信息结构分四种:a. 完全信息(complete information)博弈,每一个参
与者知道其他参与者在采取行动前所决定的行为。b. 非完全信息(imperfect
information)博弈,参与者无法知道另一个参与者的同时行动选择。c. 对称信息
(symmetric information),当每个参与者行动时,所有参与者拥有完全相同的信息。
e. 非对称信息(asymmetric information)博弈,一些参与者知道与其他参与者不同
的信息,是非对称信息环境与微观信息经济学重要的研究内容。

2.5.1 博弈论:理解寡头行为的框架

博弈论,已经成为将不同的寡头竞争行为模型连起来的纽带。所有的寡头模
型都可以看作非合作博弈论(Von Neuman and Morgenstern,1944)的特例。寡头
市场的均衡价格在竞争与垄断的均衡价格之间。各种寡头模型的差异体现在面对
的剩余需求曲线的差异上。

三个著名的寡头模型是古诺模型、伯川德模型和斯坦克尔博格模型。在古诺
模型和斯坦克尔博格模型中,企业战略在于设定产出水平,而在伯川德模型中,企
业设定价格。在古诺模型和伯川德模型中,所有企业同时行动,而在斯坦克尔博格
模型中,一个企业先于其他企业设定产量水平。这些企业所采取的行动以及行动
次序上的差异导致了不同均衡的产生。寡头模型分静态或单阶段博弈模型(适用

于仅持续一个较短时期的市场)和动态多阶段博弈模型(用来分析 n＞2 家)企业长期的重复竞争。在多阶段博弈中,可能会出现比阶段博弈更为复杂的可置信战略(credible strategy);企业可能采用根据前期产出而对本期行为进行调整的复杂战略。参与者知道竞争对手的前期行动,并以此调整自已本期行为的博弈,称为超级博弈(supergames)。

寡头模型的经验性证据:由于不同寡头模型对企业的行为方式、企业的数目、博弈的规则(市场性质)以及博弈的时间长度做出了不同的假设,因此人们无法在纯理论的基础上进行选择。这就涉及人们所做的假设是否合理,或者他们所得出的预测结果是否和实际市场中的结果相一致? 这正是我们在市场结构与绩效衡量的现代方法理论假设与实证统计研究要解决的问题。影响卡特尔成功与否的因素也会影响寡头竞争者的相互行为。

2.5.2　寡头古诺三模型

1. 古诺模型

奥古斯都·古诺(Augustin Cournot)1838 年(的推测变化模型)最早尝试构建寡头行为的正式模型。两个相同企业的双寡头竞争市场问题模型:两个企业面对相同成本,而且产品没有差别。价格是两个企业生产的总产量的函数。

假设产业的需求曲线是线性的:

$$p = a - bQ$$

其中:P 是价格,Q 是产业的总产量。$Q = q_1 + q_2$。假设两个企业具有相同的、不变的边际成本和平均成本,即 $MC = AC$,而且每个企业都认为或推测,他的竞争对手总是保持其当前产量不变(产量不变是古诺结论的关键假设)。

2. 古诺—纳什均衡

古诺—纳什均衡是个同时行动博弈,因此,它是个不完全信息博弈。两个企业的利润产量方程:$\pi A = f(q_b - q_a)$ 和 $\pi B = f(q_a - q_b)$,这里 πA 和 πB 表示企业 A 和企业 B 的利润,q_a 和 q_b 分别表示两企业的产量。设定产业需求曲线 $p = a - bQ$ 和两企业 $MC = AC$,每个企业的利润将是:

$$\pi B = TRB - TCB$$
$$= PqB$$

3. 多于两个厂商的古诺和纳什均衡模型

古诺—纳什均衡模型能扩展到任意数量的相同性质厂商研究中。假设有 N 个相同厂商,每个厂商具有相同的反映方程。在此假设下,证明古诺—纳什均衡的简单手段是计算它的有代表性的第 i(一般取 4 或 8)个厂商的反映方程。

2.6　复杂适应系统论

复杂适应系统(complex adaptive systems,简称 CAS),也称复杂性科学(complexity science),是 20 世纪末叶兴起的前沿科学阵地。对复杂适应系统的定义也是"复杂"的,至今尚无统一的公认定义。但对复杂适应系统的研究越为深入,则越能感受到这是对现有科学理论,甚至哲学思想的一大冲击。与复杂适应系统表现出来的不确定性、不可预测性、非线性等特点相比,长期以来占统治地位的经典科学方法显得过于确定,过于简化。可以说,对复杂适应系统的研究将实现人类在了解自然和自身的过程中在认知上的飞跃。

复杂适应系统的共同特征是:它们能够通过处理信息从经验中提取有关客观世界的规律性的东西作为自己行为的参照,并通过实践活动中的反馈来改进对世界规律性的认识从而改善自己的行为方式。这反映了生物、社会等高级系统的能动的自组织的机制。有人认为复杂性理论研究复杂系统的问题,因此它还是属于系统论范畴的一种方法。其实霍兰认为,系统论超越了还原论,复杂性理论又超越了系统论,它们代表着科学方法论依次达到的三个梯级。

2.6.1　CAS 理论的核心思想——适应性造就复杂性

霍兰 CAS 理论的核心思想有 4 个要点:(1)复杂性,围绕"复杂适应系统"研究;(2)"适应性造就复杂性",突出了其 CAS 理论的核心思想;(3)适应性仅是产生复杂性的机制之一,并不排除还会有其他产生复杂性的机制;(4)对它们缺乏研究会"极大地阻碍我们去解决当今世界存在的一些重大问题"。基于此,CAS 理论无疑是复杂系统研究中的一个重要理论。

2.6.2　CAS 理论的核心概念——适应性主体或行为主体

霍兰 CAS 理论的核心概念有 3 个要点:(1)"适应性",尽管不同的 CAS 过程具有不同的时间尺度,但适应的概念可以应用于所有的 CAS 主体。所谓适应,就是个体与环境之间主动的、反复的交互作用;(2)任何系统包括 CAS 都是由大量元素组成的;(3)"在 CAS 中,任何特定的适应性主体所处环境的主要部分,都由其他适应性主体组成,所以任何主体在适应上所作的努力,就是要去适应别的适应性主体"。因此,主体与主体之间的相互作用、相互适应成为 CAS 生成复杂动态模式的主要根源。

复杂适应系统的基本思想:复杂适应系统理论的核心是适应产生复杂性。复杂系统中的成员被称为有适应性的主体。所谓具有适应性是指它能够与环境以及其他主体进行交互作用。主体在这种持续不断的交互作用的过程中,不断地"学习"或者"积累经验",并且根据学习到的经验改变自身结构和行为方式。整个宏观系统的演变或进化,包括新层次的产生、分化和多样性的出现,新的、聚合而成的、更大的主体的出现等等,都是在这个基础上逐步派生出来的。

复杂适应系统理论的主要特点是:(1)主体是主动的、活的实体;(2)个体与环境相互影响、相互作用,是系统演变和进化主要动力;(3)把宏观和微观有机地联系起来;(4)引进了随机因素的作用,使它具有更强的描述和表达能力。

2.7　系统仿真

李永周、刘日江(2011)指出:"利用复杂性科学、模拟仿真、系统工程等相关领域理论工具深入研究技术系统或产业创新系统的演化规律和运行机制"(特别是社会经济和管理系统)是创新系统范式研究的发展趋势,见表 1.1。本书的实证应用表明:系统仿真理论与技术是完成"发展趋势"实证的最好方法,(张津源,2011;李云峰,2004;孙世霞,2005;霍慎涛,顾健,2011)它也为本书的研究提供了十分重要的系统计量手段。

2.7.1　基本概念

所谓系统仿真(system simulation),就是根据系统分析的目的,在分析系统各要素性质及其相互关系的基础上,建立能描述系统结构或行为过程的、且具有一定逻辑关系或数量关系的仿真模型,据此进行试验或定量分析,以获得正确决策所需的各种信息。

2.7.2　系统仿真

(1)它是一种对系统问题求数值解的计算技术。尤其当系统无法通过建立数学模型求解时,仿真技术能有效地来处理。

(2)仿真是一种人为的试验手段。它和现实系统实验的差别在于,仿真实验不是依据实际环境,而是作为实际系统映象的系统模型以及相应的"人造"环境下进行的。这是仿真的主要功能。

（3）仿真可以比较真实地描述系统的运行、演变及其发展过程。

（4）中国学者认为：系统仿真就是在计算机上或实体上建立系统的有效模型（数字的、物理效应的或数字物理效应混合的模型），并在模型上进行系统试验。

2.7.3　仿真作用

（1）仿真的过程也是实验的过程，而且还是系统地收集和积累信息的过程。尤其是对一些复杂的随机问题，应用仿真技术是提供所需信息的唯一令人满意的方法。

（2）对一些难以建立物理模型和数学模型的对象系统，可通过仿真模型来顺利地解决预测、分析和评价等系统问题。

（3）通过系统仿真，可以把一个复杂系统降阶成若干子系统以便于分析。

（4）通过系统仿真，能启发新的思想或产生新的策略，还能暴露出原系统中隐藏着的一些问题，以便及时解决。

2.7.4　仿真方法

系统仿真的基本方法是建立系统的结构模型和量化分析模型，并将其转换为适合在计算机上编程的仿真模型，然后对模型进行仿真实验。由于连续系统和离散（事件）系统的数学模型有很大差别，所以系统仿真方法基本上分为两大类，即连续系统仿真方法和离散系统仿真方法，本书采用前者。

在本研究中，我们利用自行组织研发的 EISCP 仿真计算软件，即"企业创新对市场结构及绩效的评估仿真计算系统"，对真实系统进行了仿真实验，仿真结果与事实基本相符。

当然还有一些用于系统（特别是社会经济和管理系统）仿真的特殊而有效的方法，如蒙特卡洛法、系统动力学方法、马尔柯夫链模型、层次分析法等。

第3章 企业创新系统模式构建

　　本章在文献综述的基础上,运用上一章梳理的创新的微观经济学:企业理论,产业组织与产业创新相互关系理论,产业组织理论最新进展与主要内容,复杂适应系统论和动态能力理论等相关理论,在系统考察和总结我国磷肥产业创新企业行为和三种类型创新企业相似性、异质性实践考察的基础上,梳理并构建了企业创新系统模式的系统要素和构成机理。主要内容包括:基于创新型、科技型企业相似性和异质性特征考察;基于创新系统型企业的考察,中国异质性企业的典范——瓮福集团;瓮福集团的创新与蜕变;瓮福集团创新系统的生存环境;瓮福集团的异质性创新系统;创新系统使瓮福集团嬗变与发展;三种类型创新企业相似性、异质性特征及其效应;企业创新系统模式构建与评价设计等。

3.1 基于创新型科技型企业相似性和异质性特征的考察

3.1.1 研究对象、背景和范围

　　本节作创新型、科技型企业相似性、异质性特征考察,以贵州企业史话为主要资料依傍,以改革开放30年为脉络,解析贵州省出类拔萃具有代表性的化工企业在经济转轨的变化过程中陷入困境而复兴,在急剧变化的市场面前创新、蜕变,嬗变,快速发展的原因;从"德鲁克式"困境入手,归集了陷入困境与复兴(创新)的企业案例,在系统考察和总结创新型、科技型企业"创新行为及其相似性、异质性比较"的基础上,提炼出创新型、科技型企业的相似性;为考量"创新系统模式"型企业异质性特征变量标本效应及其推扩的普适性,归纳出内在机理,抽象出创新系统的系统要素和构成,为构建"企业自适应创新系统模式"再递进到"产业创新系统模式",供类似经济组织和产业适用援引。主要内容包括:研究的对象、背景和范围;"德鲁克式"现象创新组合归因;创新型、科技型企业创新相似性和异质性特征。

　　李金顺在《贵州企业史话》中有这样的表达:"贵州企业从无到有,从弱到强,从单体分散到自成体系,从原始状态到高新科技,经过萌芽产生、艰难成长、健康发展几个阶段,出了多少企业家,凝聚了多少仁人志士的心血,流传着多少苦辣酸甜的

故事,应该写部史书,传及后世。"他认为:贵州企业发展的基本特点是:融入性、二元性、机遇性和跨越性。融入性是指在历史上不少企业都是从省外迁进并融入贵州的,他们为贵州奠定了完整的工业体系;二元性是指具有先进生产力的企业和具有原始生产力的企业并存,一方面是原始生产力的大量存在,另一方面具有先进生产力的企业可以和全国的先进水平媲美,即"墙外刀耕火种,墙内导弹升天";机遇性,贵州企业发展的机遇性很强,特有的机遇有抗日战争、三线建设、尤其是西部大开发更是为贵州提供了千载难逢的大好机遇;跨越性是指历史的机遇必然带来发展的跨越性,体现在:第一,企业规模迅速扩大,企业数量大幅增加;第二,企业实力明显增强,布局更加合理;第三,技术力量迅速增强,管理水平显著提高。改革开放和西部大开发,比历史上任何一次机遇都更为难得。国家的建设靠企业,建设需要又为企业搭建平台;以经济发展为中心的观念等软环境为企业的发展提供了良好的外部大环境;现代企业制度的"16 字"方针(产权清晰、政企分开、权责明确、管理科学)使企业家有了充分发挥才干的可能。贵州的一些企业尤其是笔者所了解的化工企业在这样的大环境下脱困、新生、复兴、可持续发展,成为创新型、科技型企业,其成就可圈可点。

党的十一届三中全会以后,企业复兴的大环境形成,1982 年 3 月贵州省委省政府发出《关于贯彻中共中央、国务院〈关于国营工业企业进行全面整顿的决定〉的通知》,并依据通知作了几大部署:第一步,企业全面整顿;第二步,增强企业活力,后来又提出了 5 个方面 25 条措施;第三步,企业转换经营机制;第四步,建立现代企业制度。这些部署的实施落实,使绝大多数企业获得了新生而复兴。

改革开放的好环境,使贵州企业迅速发展并逐步成熟。这种发展和成熟,体现在以下十个方面。[①]

(1)产权制度明显进步。出现了一批按现代企业制度建设的企业。南方汇通、振华科技、赤天化、黔轮胎、贵州茅台、盘江股份、贵州益佰等十八家股份公司组建并成功上市。

(2)法人治理结构明显进步。股份制企业普遍建立了董事会、监事会和以经理为首的执行层。

(3)民营企业明显进步。出现了像贵州神奇、老干妈风味食品公司、益佰制药公司等全国知名的民营企业。

(4)经营机制明显进步。企业普遍推行了岗位工资制度、聘用合同制度、竞争

① 《贵州企业史话》,第 255—256 页。

上岗制度。

（5）企业管理明显进步。赤天化的"11863"管理模式和"621"管理手段、茅台酒厂的6R法、风华冰箱的模特排时法、建工集团的流程再造等都很有创新性。

（6）科技含量明显进步。出现了一批努力走新型工业化道路的企业。南方汇通微硬盘科技有限公司、宏福公司（后更名为瓮福集团）、振华集团、黎阳公司等努力走科技含量高、经济效益好、资源消耗低、环境污染少、人力资源优势得到充分发挥的新型工业化路子，取得了可喜的成就。

（7）企业文化建设明显进步。水钢的企业文化建设、六枝工矿集团的"三立文化"等在企业管理中发挥了巨大作用。

（8）品牌知名度明显进步。在保持传统名牌茅台酒、华光铝锭、赤牌尿素等基础上新增了磷酸二铵、贵轮子午胎等全国名牌。

（9）经营规模和效益明显进步。高等级公路开发公司等企业拥有超过万亿以上的资产，水城钢铁公司等企业年销售额在40亿元以上，茅台酒厂等企业每年税利超过10亿元。

（10）领导人员和职工素质明显进步。

在改革开放、企业振兴平台形成的大环境下，出现了一批异质型企业家，使陷入困境的企业获得新生。这些企业家大都是集科研、经济、管理、核心知识于一身，理性与激情、素养与人文精神皆有的异质型领导人及其决策层，使他们在风云际会时能因势而动、因动而变、因变而立，起于精于业，成于敏于事。运用现代管理思想，在不断急剧变化的市场面前，建立起一个充满创造活力的"复杂自适应创新系统"。

3.1.2 "德鲁克式"现象创新组合归因梳理——七家企业案例

国家创新制度的确立使企业家们有了自主创新的权利，我们从贵州化工代表性企业资料中解析"德鲁克式"现象，归纳出内在逻辑，抽象出创新内涵与外延规律，以期对企业的创新有指导意义，供类似经济组织适用援引。

1. 瓮福（集团）有限责任公司（国有）

瓮福（集团）公司，一个特大型国有企业曾陷入死地而后生，在急剧变化的市场面前创新、蜕变与成长，嬗变与发展，建立了充满活力的"复杂自适应创新系统"，其原因值得考量。

1990年11月瓮福磷矿开工，1995年建成投产，总投资21.38亿元；1997年瓮福肥厂开工,1999年建成,总投资37.12亿元。十年建设,主要领导人身心疲惫,大企业病弊端丛生,外部市场很不景气。产品重钙改磷胺的企业产品和工艺的创新决策国家迟迟不批,企业陷入深重困境。

2001年1月20日,年已花甲退居二线的原化工厅厅长涂兴昭临危受命,一身三任,不负众望,集科研、经济、管理、核心知识于一身,以其理性与激情、素养与人文精神皆有的异质型领导人范式,运用现代管理思想,在不断急剧变化的市场面前,建立起一个充满创造活力的"复杂自适应创新系统"。带领整个班子和全体员工一起,大力弘扬爱国主义精神、务实创新精神和决战决胜的挑战者精神,使企业陷死地而后生,走上了一条新型工业化道路。

(1)发展原因:创新组合。

创新组合是指:a. 引进新产品或产品具有新特征;b. 新的生产方法;c. 开辟新市场;d. 获得原料或半成品新来源;e. 实行新的组织形式;f. 资本运作;g. 机会成本;h. 文化软实力。

我们按照创新组合定义的内涵和外延编排,对创新型企业的创新践行进行梳理归纳创新组合主要体现在:

a. 技术创新,引进消化、吸收、再创新技术产品:如:新建的磷酸装置,净增产能50%,获贵州省优秀技术创新项目特等奖的磷酸快速萃取结晶技术,获贵州省优秀技术创新项目一等奖的磷铵高新技术产业化等。引进智力,与四川大学联合开发新技术,组建了国家级企业技术中心,构筑了产学研平台。

b. 新的生产方法工艺流程再造:重钙改磷铵、碳酸盐型磷块岩反浮选新工艺开发及产业化,建成世界上最大湿法磷酸生产净化装置。

c. 开辟新市场:进行营销策略创新,其产品营销的"宏福村"模式使其找到了农化服务的最佳结合点,创新了服务方式,很好地解决了产品市场的定位。突出重点客户,实行有限制的弹性价格。用电子商务手段组建网络化销售系统,拓展国际市场,如:沙特阿拉伯国家矿业公司MAADEN磷酸盐工程1 200万吨选矿项目。

d. "搭车理论"获得了原料或半成品的新来源:为宏福配套年40万吨硫磺制酸项目解决了硫酸自供不足的问题。

e. 实行新的组织形式:进行内部体制改革。把直线式管理改为分层分块的矩阵式管理。管理创新,推行"一制一法",即"目标管理责任制"和"倒推成本否决法"。机制创新,全面实行"三项制度"改革,即人事制度、分配制度和工资制度。

f. 机会成本:在各种有效的决策中,宏福在项目上决策的机会成本总是同另一种可得到的最好决策的价值来考量的,他们在竞争的市场上,形成的价格总是最好的一种价格和不在市场上买卖的软实力价值考量。

g. 资产运作:获得了巨额资金。

创新组合效应是企业可持续发展的主要原因,主要表现在以下几个方面:

a. 新的生产方法:推进产品结构升级,转变经济增长方式。

b. 开辟新市场:发展循环经济,培育新的经济增长点。积极开拓国际市场,形成了公司技术创新的系统内生环境。

c. 新组织形式升级:公司创造的自适应创新系统突破了"企业成长极限"对组织扩张的约束,形成了消化吸收引进技术并加以创新,提升了行业技术装备水平。

d. 异质性系统特征:公司是一个整合的系统,有产权约束机制。

e. 市场约束机制:外部市场和内部市场。宏福公司系统与环境相互渗透,边界面积增大,开放度增加。

f. 公司各子系统之间边界明确,层次清晰,具有典型的分型特征。

g. 公司成员之间存在着较为激烈的竞争,组织内外平衡诱因较大。以上这些社会系统特征构成了公司内外平衡的内在机能与可持续发展方式。

h. 文化软实力:是以公司独具的在急剧变化的市场面前建立起一个充满创造活力的自适应创新系统,跃变成一个能对瞬息万变的外部环境迅速作出反应的有机体。

i. 公司定位、流程和路径,公司的动态能力与协调能力构成。

公司技术创新"新组合"是获得成功的关键(基核)。技术创新生成环境的三要素(协作的意愿、共同目标、健全信息联系)是可持续的基石。实现了组织的对内和对外动态平衡是可持续发展的保证。异质型决策者的认知与践行使技术创新优势来源于公司制度,公司制度的刚性与锁住效应保持提升了公司的优势并成为重要的可持续发展因素。

(3)评价。

管理创新推倒成本,"旗舰"出海勇夺名牌。中国磷化工的领军企业正确决策带来了跨越式发展,也产生了巨大的社会效益,产生了极有考量价值的创新效应,如自催化、低成本技术扩散与收益放大、风险分散、技术导向、协同整合等。五种效应奠定了瓮福(集团)公司在技术创新活动中的优势地位,"复杂自适应创新系统"能力是可持续发展的生命之源。

2. 贵州开磷(集团)有限责任公司(国有)

开磷(集团)公司企业改革的深化,使其发展不断加快,主要经济指标每年都以两位数字增长。之前,企业也曾陷入困境。1982年前建厂强调"先生产,后生活",忽视矿区设施建设,矿区像民工棚,脏乱差,全局800多人书面调离。1983年开始,姚继元带领领导班子,三年迈出三大步,三年三个好消息。1983年成为贵州省和化工部首批验收合格单位;1984年建成"无泄漏矿山";1985建成"清洁文明矿山"。三年中,连续创25个历史最高水平。

(1)发展原因:创新组合。

创新组合主要体现在:

①引进新技术产品:引进国外先进设备。

②新的生产方法:革新采矿方法,进行洪峰式采矿试验。

③实行新的组织形式:成为我国最早建立起的现代企业制度的典型。进行了领导制度改革、干部人事制度改革、分配制度改革,实行经济责任制,实行"三包十保"指标体系。

④文化软实力:塑造企业文化,"抓职工生活就是抓生产力,就是抓经济效益"。思想政治工作创造了"五必谈"、"四必访"、"三必到"、"两视察"的人文关怀。抓领导班子建设,坚持四项基本原则;抓改革,坚持职工主人翁地位;抓发展,坚持依靠科技进步;抓管理,坚持严字当头常抓不懈。以人为本,切实关心职工生活。

企业实现可持续发展的原因主要在于:2000年底,开磷集团领导班子审时度势,结合企业实际制定了"三步走"发展战略目标,决定用三个五年的时间,使企业销售收入分别达到20亿元、50亿元和100亿元,把开磷建成现代化大型企业集团。其"三步走"目标已于2005年和2008年分别突破,应该说是得益于创新组合效应和成功经验。

关于创新组合效应主要体现在:

①引进智力:先后与江西理工大学、中南大学等科研院校合作,推进矿山数字化工程和充填法采矿实验及人工矿柱项目研究,解决复杂矿体开采问题,提高矿石回收率。

②采用新的生产方法:借鉴和采用国内外先进的生产工艺技术,稳步推进磷煤化工基地建设,不断加大技改力度。加大矿产资源保护力度,走循环经济发展之路,较大限度地节约能源,减少废气物排放。

③开辟新市场:建设大水工业园区,完善息烽循环磷复肥基地,形成除传统矿业、磷化工之外的煤化工、贸易物流、建设建材物业四大产业,呈现出主业突出,多元发展的蓬勃生机与良好格局。集团房地产开发能力3万平方米,物业服务规模132万平方米,年出口创汇1.5亿美元,塑料编织袋5 000万条的年

生产能力。

④变废为宝,获得原料新来源:与重庆大学联合攻关,建成国内首条具有自主知识产权、年产1亿块高强度耐水石膏标砖生产线。

⑤实行新的组织形式:改革用工制度,形成职工能进能出机制;改革人事制度,形成干部能上能下机制;改革分配制度,形成收入能增能减机制;改革管理制度,探索公有制有效实现形式。

⑥资本运作:把优质资产单位与两家工业投资公司组合,通过资本运作,引进资金1.86亿元加速企业发展。

(2)评价。

1989年12月化工部提出在全国化学矿山开展"学吉化赶开磷"活动,"开磷改革力求实效,渡船理论推进有方",开磷经验在系统内推广,"五十年开发矿业负重攀越勇往直前,二十年发展化工转化资源创造效益"。

3. 赤天化(国有)

一个能够连续29年盈利,连续27年无死亡事故,产品、企业和领导人都获得业内最高奖励的奇迹企业,也曾陷入困境。1984年前,按计划经济模式在深山沟建设的企业地处偏僻交通不便,建设期间多种因素导致投产后人心不稳,生活艰难。其后解困有三个主要因素:有一个好的企业家群体、有一种符合实际的经营思路、有一套有效的管理办法。以李大学为首的领导班子不仅有艰苦奋斗的精神,而且充满了智慧和才干,充满了坚忍不拔的毅力和意志。坚持以人为本,紧紧围绕提高经济效益为中心,大力推进科技进步和管理进步两个轮子。坚持以人为本、育人为先,着力建设高素质的职工队伍。重点抓好选择、培训、实践,营造健康环境,做好思想政治工作五个环节。

企业发展原因在于创新组合,创新组合主要体现在:

①引进新产品:1987年引进安装美国大机组诊断监测系统DDM和ADRE;1988年又引进意大利长萨公司的技术,为氨合成塔内件进行了改造等等。其中,CENTUM集散控制系统的引进解决了氨合成塔系统要靠控制人员从万余块表盘中识别2 000多种信息的高强度劳作、不能精确化稳定运行的落后状况。

②新的生产方法:推进科技进步下硬功夫。从工厂建成投产第一天起,赤天化就以国际最先进水平为目标,不断进行技术改造;1979年改造了燃料系统;1983年自行设计安装投产了国内最大的烟道气CO_2回收装置;1984年使用国产节能电机改造了水汽循环泵。

③实行新的组织形式:建立现代企业制度。赤天化是全国化肥业中唯一一家被国务院确立为"全国100家建立现代企业制度的试点单位"。

④文化软实力:在管理上是贵州企业的代表。坚持人人都是管理者、人人都是被管理者的管理理念,笃信"管理也是生产力,管理能够出高效益"。在实践中创造出运行有效的"11863"管理模式和"621"管理经验。

"11863"管理模式,即为:"1条路子"、"1个关系"、"8个字"、"6个不断"、"3个一步"。

"1条路子"是指在企业管理中走自己的路子,抓住一个根本,围绕一个中心,推动两个轮子,达到一个目标。"根本"是以人为本,育人为本;"中心"是紧紧围绕提高企业经济效益;"两个轮子"是科技进步和管理进步;"目标"则是把赤天化建设成中国特色的适应社会主义市场经济的一流企业。"1个关系"是指要正确认识和处理管理与人的关系。"8个字"是指"上下、左右、大小、内外",它既是管理的原则,也是管理的辩证法。"上下"是指上下级关系,下级要服从上级,局部要服从整体,要有全局观念。"左右"是指既要正确认识自己,也要正确认识别人。"大小"是指大气候与小气候的关系,就是要营造并保持好自己的小气候,为形成大气候作贡献。"内外"是指要处理好内因与外因的关系,不等靠外部条件的改善,要眼睛向内,以我为主,在自己身上使劲,坚持练内功(苦功、硬功、细功),鼓三劲(狠劲、韧劲、创劲)。"6个不断"、"3个一步"是指赤天化管理的方法和手段,也是赤天化管理的保证体系。"6个不断"就是不断检查、不断整改、不断巩固、不断提高、不断创新、不断发展。"3个一步"就是一步一个回顾——认真总结昨天;一步一个脚印——踏实干好今天;一步一个台阶——规划与开创美好明天。

"621"管理经验,即为:6全、2建、1现场。

"6全"即强化全面质量管理,走质量效益型道路,全员安全管理,强化员工的安全意识,把安全放在高、大、重、先的位置;全员设备管理,强化预知维修,突出抓好纵横交叉的过筛式巡回检查;全员目标管理,形成向下层层展开分解,向上层层确保的目标管理体系;全面经济核算,双增双节,降低成本,增强员工当家理财的意识;全员培训,进一步提高全体员工的素质。"2建"即抓好班组建设和文明家庭建设,使两个细胞充满生机活力。"1现场"就是保持生产现场的文明整洁,做到窗明几净、沟见底、轴见光、设备见本色。

该企业的成功经验主要体现在七个方面:抓住提高员工素质这一核心,抓住企业文化精品生产这一重要载体,抓住企业文化创新这一重要动力,抓住企业公共文化服务建设这一基础,抓住企业文化提升这一新领域,抓住企业文化精神'走出去'

这一重要途径",抓住人才培养引进这一关键。

金融危机之后,享有"国字号"风采、"黔北一枝花"的赤天化在郑才有"有力推动企业第二次创业"的目标指引下,承受了金融海啸的影响,使断气78天、停产两个多月的赤天化恢复生产。

从创新组合的内涵和外延看,企业可持续发展的原因主要体现在:

a. 新的生产方法升级:实行企业产业升级换代和产业结构调整,自我超越,获得更大的发展空间。

b. 开辟新市场:即在保持主导产业的同时,实施多元化战略,各子公司采取专业化经营,向人类健康及绿色环保产业进军,寻找新的经济增长点,与贵州宏福总公司合作,投资26亿元在宏福基地建设年产50万吨氨醇醚煤化工项目,成为国家重点项目。2002年总投资31亿元的"黔北20万吨/年竹浆林纸一体化项目"获准立项,该项目2004年被省委列为贵州十大重点工程,2008年建成投产。在建项目天福煤化工进展顺利。

c. 获得原料新来源:充分利用赤水及周边竹资源和贵州丰富的煤资源,积极涉足造纸业,大力发展煤化工,一业为主,相关发展,优势经营。

d. 实行新的组织形式:与国内多家知名民营企业合作,成功组建并控股的贵州赤天化纸业股份公司。

e. 文化软实力:承袭独特的企业文化催生先进的生产力,构建企业在新世纪健康大战的战略平台。

(2)评价。

"员工企业一起成长,管理效益共同提高。"高素质的职工队伍、先进的技术装备、科学的管理方法使赤天化取得了高水平的经济和社会效益。截止到2003年底,赤夫化实现利税20亿元,相当于国家当年投资总额的6倍多。可持续发展前景引人瞩目。

4. 贵州西洋肥业有限公司(民营)

西洋肥业挺进贵州令人赞叹,其骄人的业绩也来之不易。2000年,中国核工业集团贵州化工冶金公司的宏泰化工总厂破产,被民营企业西洋肥业公司兼并,职工思想波动,出现过激行为。贵阳市委书记、市长亲赴现场处理,市、县两级有关部门联合工作组驻厂。西洋肥业主要领导周伟主动配合工作组向职工宣传国企改革的有关法律、法规和政策,稳定了人心。他提倡职工"舍小家顾大家",用事实抹去了职工心中的疑虑。组织了几十名优秀的工程技术人员及专业人员成立了"工程指挥部"，统一规划、分工负责。全体员工日夜奋战，克服了气候、地质复杂、开工条件不足等困难，一年多时间就顺利完成了工程建设。周伟年少德厚，奉行"道义为先，信誉至上，以人为本，奉献社会"的企业宗旨。他坚持"以人为本，有能人就有一切"的理念，不惜重金，广纳贤才，重用能人，并且实施"借脑工程"，特别邀请WTO首席谈判代表龙永图到企业视察和指导工作。

（1）企业的发展与可持续。

主要体现在：

①采用先进的生产工艺设备：转化器采用"3＋2"系统，转化率达到99.95％以上。焚硫炉采用芯式结构，增加产汽量。配套1.5KW余热发电系统，每年可节约电费1 500万元。

②新的生产方法：硫酸、磷酸、复合肥、发电全部采用DGS电脑监控操作，所有数据电算化。

③文化软实力：有境界的企业文化，惠及职工，利于社会。西洋肥业迅速发展的时候，不忘回报社会，奉献社会。设立"周伟助学金"捐资助学，扶助息烽县一中、二中和永生私立中学，并且向一些小学捐赠电脑、教学用具及体育器材。

（2）评价。

西洋肥业挺进贵州，崛起息烽。2003年销售额13.6亿元，交纳税金950万元，实现利润1.065亿元的好业绩，其成功令人赞叹。

5. 贵州益佰制药有限责任公司

贵州益佰制药有限责任公司的成功更加令人佩服。民营企业发展的历史上，夫妻作坊的案例不少，但像益佰叶湘武和妻子窦启玲那样不到9年时间，从56万元发展到7亿元资产，不能不说是一个奇迹，这奇迹包含着多少艰辛与智慧。叶湘武在成功创办自己的企业之前，曾经在贵阳制药厂和贵阳市药材公司就职，打杂、搬运工、锅炉工、保管员和采购员干了近五年时间，艰难困苦使他的认知不同于他人。1990年，叶湘武和夫人窦启玲历尽艰辛成立了妙灵医健新技术有限公司做保健品，获取了经营经验。1995年6月注销旧公司，成立了贵州妙灵制药有限责任公司，注册资本56万元。

（1）发展与可持续：创新（组合）归集。

贵州妙灵制药公司的建立给企业带来了快速发展的机遇，形成了多门类、多品种的多元化产品结构，完成了第一次资本增值，56万变成500万，更名为"益佰制药"，再次实现资本扩张，注册资本增加到3 490万。短短三年，几乎每年翻一番，这主要得益于：

①不断开发新产品,扩大市场占有率。止咳化痰类的克咳胶囊、抗肿瘤类的艾迪注射液和康赛迪胶囊、心血管类的银杏达莫注射液和丹羚心舒胶囊市场占有率分别为 4.5%、18.8%、6%和 23.44%。

②获得原料的新来源:培植的银杏、天麻市场。

③实行高效灵活的组织形式:益佰公司走的是一条安全、高效、快速的发展道路,2000 年进行股份制改造。

④资本运作:上市后从市场上筹集巨额资金,2003 年注册资金 1.79 亿元。

⑤机会成本:改革开放大环境形成的民营企业发展的机会,使其企业运作的机会成本降低,收益增高。

⑥文化软实力:体现在管理理念上,第一是以人为本,员工间是兄弟姐妹般的亲情;第二是团队观念,凝聚产生团结的力量,大家愉快地工作;第三是学习的观念,学习出智慧、出才干。企业每年出资 200 万元为员工进行培训;第四是制度观念,亲情不排斥制度,亲情同样需要纪律;第五是进取的观念,自信产生动力,产生一种做足益佰的源源不断的动力。

把所有管理人员和员工凝聚在一起,形成一个"灵性管理团队"。最安全、最愉快的企业是建立在"兄弟姐妹"的人本观念和"灵性的管理团队"基础之上,亲情与制度的融合是其成功的要素。

(2)评价。

"灵性团队做足益佰":永远追求、永不满足、团队精神第一、公司利益第一、追求效率第一、要求"以 99%的努力抓住 1%的机会,为股东贡献 100%的财富"的企业理念值得考量。

6. 贵州镇宁红蝶钡业公司

"世界的钡盐有中国,中国的钡盐在红星,红星的钡盐在镇宁。全球近 30%的钡盐市场是红星的,用于生产彩电玻壳、磁性材料的磁酸钡 1998 年就出口 5 万多吨,而全球的年需求量不过 25 万吨到 26 万吨。"红蝶钡业的成功也曾经历了困境。1991 年,青岛红星化工厂因市场原因和内部原因,内外交困。支柱产品之一的铬盐系列产品因环保问题被迫停产,上千万的设备闲置,300 多名职工下岗。胶南、即墨这些多年的原料地资源已近枯竭。从广西、福建、陕西等地进原料得不偿失,仅此一项,年成本就要增加 2 000 多万元。原料和市场的困境,使姜志光和领导班子做出"以老产品向原料产地迁移,重在扩大规模;老厂区发展精细化工产品,重在培植新的增长点"的"西进战略"。据此,红星化工集团1992年3月在山西平利开办了利红有限责任公司,获得了稳定充足的原料,利税大增。1993年7月,他们又在重庆铜梁组建了重庆铜梁红蝶锶业有限公司,成为新的经济增长点。在中央扩大对内帮扶政策中,贵州也正是青岛的帮扶对象之一,天时、地利、人和三者皆俱,1995年6月,贵州镇宁红蝶钡业公司应机缘而生。

(1)发展与可持续:创新组合。

新生的红蝶钡业公司快速发展的外因是:

①开辟新市场,形成东西合作实体,进入国际市场。其碳酸钡的产量和出口量均占国内总产量、出口量的40%,占世界同类产品需求量的1/3。

②获得原料的新来源:镇宁储藏了2 000万吨重晶石。

③资本运作。1999年,贵州省政府批准,由青岛红星化工集团公司、镇宁红蝶钡业公司联合贵州省安顺地区国有资产投资营运有限责任公司,通过改制和重组建立了贵州红星发展股份有限公司。

④文化软实力:其成功除西进的创新组合外,还得益于坚强的班子、高素质的队伍、科学的管理。红蝶有一个好的领导班子,一个好班长,一支学习型的队伍,严格的管理制度,高度的环保和社会效益意识。其余热、尾气回收利用、绿化工作都做得很好。

⑤机会成本。比较优势使红星集团与镇宁双赢的东西合作获得了巨大的机会成本。1999年,东南亚金融风暴使得钡盐市场跌入低谷,价格下降了近30%。青岛老厂年产3万吨钡盐,成本高于镇宁40%,处于亏损状态。镇宁新厂由于成本较低,万吨的产量使其盈利能力大增。

(2)评价。

"红蝶钡业镇宁崛起,东西合作贵州功成。"企业对镇宁的贡献是"造血扶贫",增加地方财政收入,带动地方经济发展,使1997年镇宁全县人均收入首次突破1 000元。

7. 久联企业集团

(1)发展原因。

①实行新的组织形式:原经营业绩都很好的贵州两个著名化工厂:贵州涟江化工厂(9844厂)和贵州化工厂(9855厂),1993年由周天爵和吴成滨组建的"新联爆破"公司在省国防工业办公室优势互补、聚集力量、形成规模求发展的思路下,由鲁智云努力,以上述三个企业为核心,经省政府批准,省国防工办副主任周天爵出任

公司董事长、党委书记。

②文化软实力：建立两个体制、健全五个机制、打好三个基础、实施三大战略、实现一个确保、完成一个必争的思路，即建立母公司和子公司、总公司和分公司两个体制；健全"创新、竞争、激励、约束和考核评价"五个机制；打好"班子建设、组织建设和制度建设"三个基础；实施"一体化经营、低成本扩张、科技兴业"三大战略；确保全面和超额完成全年的各项经济技术指标；争取创建股份制公司并成功上市。有"以追逐资本扩张和利润增长为动力，以振兴贵州工业为己任，以实现富民兴黔为使命。求实创新、追求卓越、敏锐坚毅、勇攀高峰"的经营理念；有"发挥集团优势，持续推进企业体制、管理、科技创新，资产经营和产品经营协调发展，追逐资本扩张和利润最大化，确保国有资产保值增值，为富民兴黔做贡献"的企业宗旨。

久联集团认真地践行了自己的发展思路，是企业成功的必要条件。重体制创新，采取了国有控股90％，职工控股10％，使员工兼有经营者所有者身份。将优良资产、优势产品和优势技术剥离，与南京大学重组股份有限公司，获得更大的发展空间；重人才合理开发和使用；重科技兴企，致力于控制爆破技术的创新、交流和应用。

（2）评价。

"久联化工互补优势，新联爆破震高原。"公司核心企业2002年在全国同行业421家企业中实现工业总产值排名第一，利税总额排名第一。"中国环保第一爆"、"国内首创"、"国际领先水平"为公司发展提供了广阔前景。"安全可靠，优质高效"，"干一个工程，交一个朋友，培育一方市场"的理念值得考量。

3.1.3　结论

依据创新型、科技型企业创新行为归集可知，其相似性特征体现在企业创新行为或多或少包含"相似性五要素"（技术创新、管理创新、制度创新、文化创新、环境创新）；而创新系统型企业"异质性五要素"特征虽然很明显，但不是创新型、科技型企业都具有的特征，即：不具有特征的一般性。

3.2　基于创新系统型企业考察——中国异质性企业典范：瓮福集团

本节在已完成对前两类创新企业相似性、异质性实践考察的基础上，系统地深入剖析、梳理"企业自适应创新系统模式"的异质性特征，以期为完善构建企业创新系统模式的系统要素和构成机理,提供模式标本佐证。

3.2.1 瓮福集团概况

首先介绍一下瓮福(集团)概况(龚晓宽、何浩明,2012)。瓮福(集团)有限责任公司的前身是贵州宏福实业开发有限总公司,其主体贵州省瓮福矿肥基地是国家"八五""九五"期间建设的五大磷肥基地之一。瓮福矿肥基地1990年开工建设,2000年建成投产。2008年,宏福总公司更名为瓮福(集团)有限责任公司,注册资本40.88亿元人民币。公司现已成为集磷矿采选,磷复肥、磷硫煤化工、氟碘化工生产、科研、国际国内贸易、行业技术与营运服务、国际工程总承包于一体的国有大型企业。

至2011年,公司总资产达149亿元,形成年产500万吨磷矿石,150万吨磷酸、200万吨硫酸、350万吨磷复肥、16万吨工业及食品磷酸、15万吨三聚磷酸钠、100吨碘、2万吨无水氟化氢的生产能力,自备铁路专用线年运输能力超过500万吨。投产以来,瓮福以年均超过30%的速度发展。2011年实现销售收入超过244亿元人民币,人均劳动生产率超过300万元。2013年实现销售收入超过375.1亿元人民币,同比增加收入59.1亿元人民币,增长18.7%。

集团现已形成以贵州为核心,甘肃金昌、四川达州、福建上杭为支撑的四大生产和研发基地。贵州黔南基地是磷矿石采选,高浓度磷复肥、磷化工、氟碘化学品、废弃物资源化利用的加工和技术研发基地,也是瓮福对外提供技术、工程建设及营运管理服务的样板工厂。甘肃金昌、四川达州、福建上杭以优势互补、资源优化配置为原则,充分利用瓮福的磷资源和当地原料、区位等优势,分别建设化工化肥基地,形成了完整的产业布局。

(1)产学研结合。2003年12月,瓮福集团博士后科研工作站成立。2004年10月,瓮福集团省级企业技术中心被认定为国家级企业技术中心,并成为磷化工行业第一家、排名第一的国家级企业技术中心。2004年11月28日,瓮福集团国家企业技术中心暨博士后科研工作站正式揭牌,瓮福集团将其作为技术创新的重要载体以及产学研的结合平台,年均投入3亿元以上的研发费用,进行磷化工行业及相关领域前沿性、公共性和关键性技术开发及智力创新活动,并长期与清华大学、四川大学、天津大学、中南大学、北京科技大学、华东理工大学、贵州大学等多所院校及中科院、北京矿冶研究总院、浙江省化工研究院、贵州省化工研究院等科研院所合作,为企业发展提供技术支撑。截至2011年底,完成了40余项国家及省部级科研项目,"磷矿资源精细产品关键技术研究"等7个项目进入国家科技支撑计划,获得

785万元的国家财政支持。

（2）技术创新。2001年底，瓮福集团仅有1项专利申请。到2011年底，累计申请专利540余件，多项技术创新成果成为可以向国外输出的先进技术。在磷矿采选与深加工、湿法磷酸生产与净化、资源综合利用、环境保护、节能减排等方面申报发明专利上百项。拥有十多项国际国内领先的行业关键核心技术。瓮福集团自主研发的WF-01号浮选剂达到世界先进水平，专利评估价值2.8亿元，使磷矿入选品位五氧化二磷由设计的30.72%降低为25%，矿山开采损失率由设计的3.75%降低为1.6%，开采贫化率由设计的4.77%降低为2.1%，精矿回收率超过95%，资源回收率超过90%。"磷酸二铵与磷酸一铵联产成套技术与装备"、"磷酸二铵尾气净化联产磷酸一铵清洁生产工艺"等技术，使我国的磷酸一铵单套装置产能从3万吨提升到24万吨。湿法磷酸微乳净化等多项国际领先技术，使我国由磷化工大国向磷化工强国转变。"磷铵高新技术产业化"、"磷酸快速萃取结晶技术"分别获得国家科技进步二等奖、省科技成果特等奖。"磷酸快速萃取结晶技术"基本上未花投资，就实现磷酸扩能30%，大幅降低生产成本，年增利润5 000万元。2009年12月，瓮福集团被认定为"高新技术企业"。

（3）产品更新。瓮福集团现已形成"研究、储备、生产、销售"的技术创新和产品更新格局，自主知识产权及知名品牌在瓮福集团销售收入增长中的贡献率已达到50%以上。瓮福集团的主要产品磷酸一铵、磷酸二铵被评为"国家免检产品"和"中国名牌产品"。磷酸二铵获得中国磷肥行业首枚"中国名牌产品"，实现贵州省"中国名牌产品"零的突破。此外，瓮福集团"宏福牌"成为"中国驰名商标"，并被国家商务部授予"最具市场竞争力品牌"。"宏福"产品成功销往了东南亚、澳洲等地，出口量占全国同类产品出口量的30%。

（4）智力国际化获得丰硕成果。目前，瓮福集团已形成产品输出、资本输出、智力输出齐头并进的国际化发展态势。在不断研发新产品的同时，重视自主知识产权在提高核心竞争力方面的重要作用，瞄准国外市场，推行国际化战略，将先进的技术、装备和工程"打包"输出国外，将知识产权资本化，提高了瓮福集团应对市场风险的能力和国际竞争力。2007年12月17日，中标世界上一次性建设和投资规模最大的磷肥工业项目——沙特阿拉伯国家矿业公司磷酸盐工程1 200万吨/年选矿工程总承包项目。

2010年2月21日，瓮福集团与澳大利亚LEGEND国际控股公司签订了昆士兰州磷矿开采、选矿、磷加工等项目可行性研究报告的技术服务协议，并于2010年底顺利完成。2011年，瓮福集团与伊朗液化天然气公司签署了含硫磷酸二铵项目研发的可行性研究报告技术服务协议,并已顺利完成交付。瓮福集团继续积极在沙特、突尼斯、摩洛哥、南非、澳大利亚、伊朗等地拓展新国际项目工程总承包业务。目前,瓮福集团的海外智力服务项目正在投标、洽谈的有十余个。

(5)从矿肥生产到精细化工,实现制造业从低端到高端的相关多元化发展。瓮福集团建成了世界最大的、中国第一套湿法磷酸净化装置;建成了世界首套无水氟化氢工业装置;建成了世界首批从磷矿石中回收碘资源的装置。

(6)循环经济发展创造多个世界和中国第一。新型工业化是以信息化来指导产业化,产业化促进企业化,实现"科技含量高,环境保护好,经济效益高,物质消耗低,人力资源得到充分利用"。瓮福集团始终以科学合理开采资源、提高资源综合利用率为目标,大力发展循环经济,并被列为国家首批循环经济试点单位和贵州省重点循环经济试点单位。瓮福集团通过技术研发与引进,加大了磷矿资源利用、"三废"可资源化利用和磷矿伴生资源回收利用。

3.2.2 瓮福集团的飞跃性发展

瓮福集团的飞跃性发展以其经济标变化(龚晓宽、何浩明,2012)彰显。

1. 资 产

(1)总资产。瓮福集团的总资产从 2000 年的 53.09 亿元增加到 2011 年的204.81 亿元,11 年增长了近 4 倍,2009 年受金融危机影响,略有下降,为 111.56 亿元。参见图 3.1、图 3.2、图 3.3。

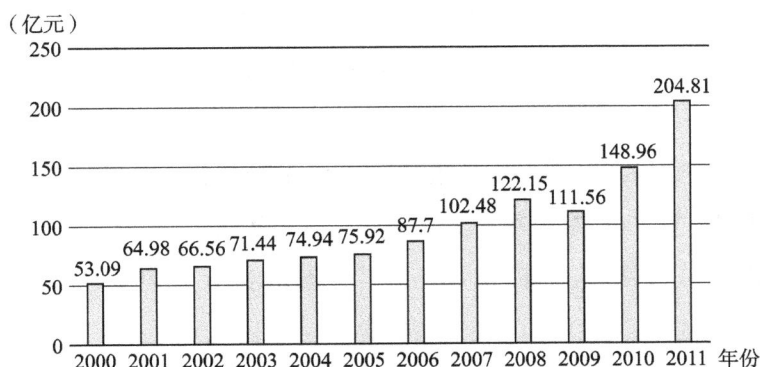

图 3.1 2001—2011 年总资产

(2)资产负债率。由于拨改贷的原因,2000 年瓮福磷肥厂建成后,瓮福集团的资产负债率高达 98%。通过债转股,国家投资建设磷肥基地的财政拨款都划给了国家开发投资公司,其余的是银行贷款,划给了中国信达资产管理公司。2000 年

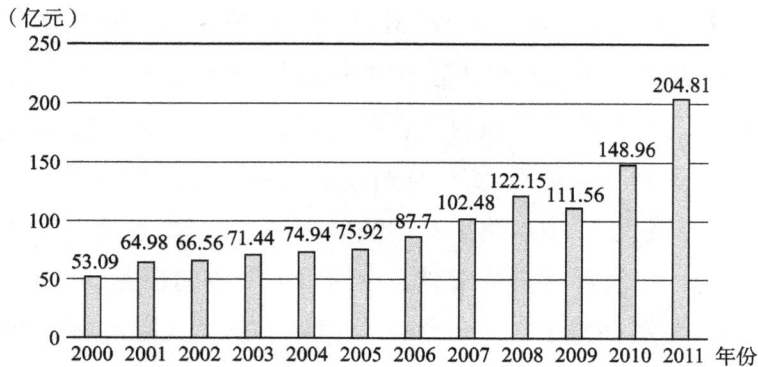

图 3.2　瓮福集团 2000—2011 年总资产变化情况

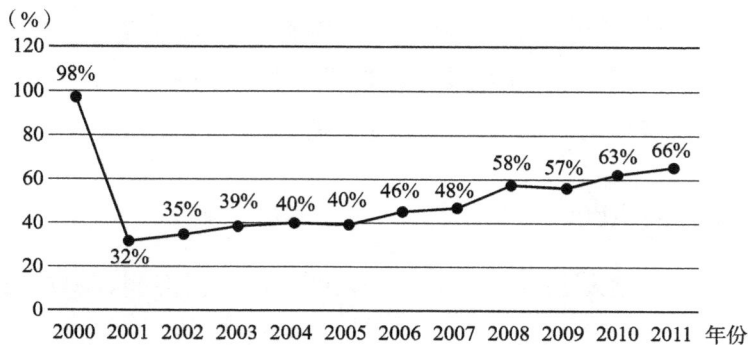

图 3.3　瓮福集团 2000—2011 年资产负债率变化情况

12 月 27 日,宏福公司债转股方案经国务院同意和原国家经贸委批复,其债转股金额中国信达资产管理公司为 302 163 万元,停息日为 2000 年 4 月 1 日。中国信达资产管理公司的 30.2 亿元主要是由国家开发银行与建设银行两家贷款资金组成。30 多亿元由债权转为股本,每年减少了 1 亿左右的财务费用。2001 年,瓮福集团资产负债率由 98％下降到 34％。

(3)资产报酬率。2000 年,瓮福集团的资产报酬率极低,只有 0.1％,到 2011 年已上升为 5.15％,资产利用效率明显提升。2007 年瓮福集团智力国际化开启,中标沙特曼阿顿项目,利润大幅提升,2008 年金融危机导致利润缩减。2007 年的资产报酬率明显凸出,为 6.91％。

2.产量

2000—2011 年,瓮福集团磷肥产量呈现不断上升的态势,但在 2008 年有所下降。针对金融危机时期国家限制化肥出口,瓮福集团调整了产品结构,加大了化工产品的生产力度,工业 MAP 装置改产磷酸脲,预处理酸生产 MDCP。2009 年磷化工产量凸显,为 2000—2011 年最高。

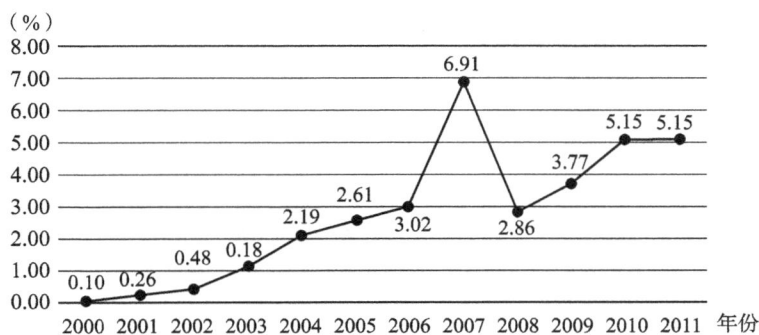

图 3.4 瓮福集团 2000—2011 年资产报酬率变化情况

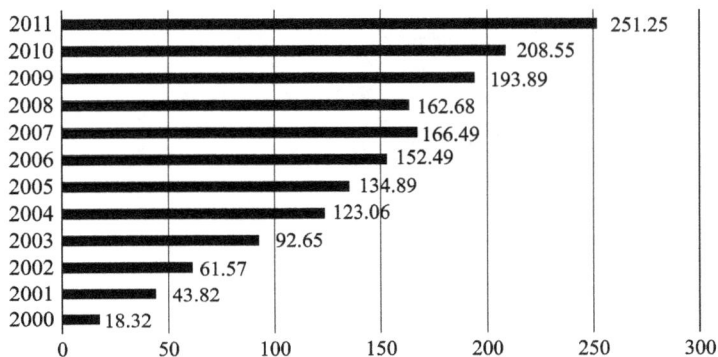

图 3.5 瓮福集团 2000—2011 年磷肥产量变化情况（万吨）

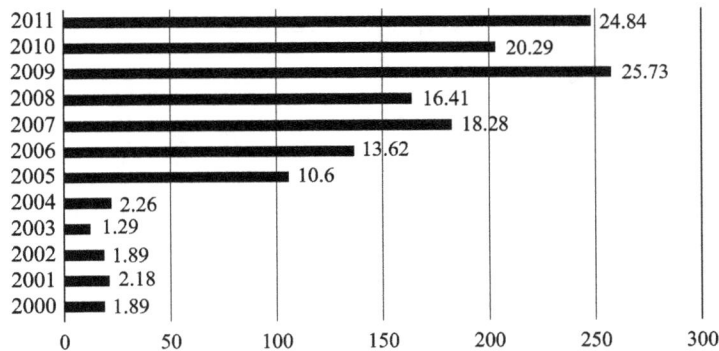

图 3.6 瓮福集团 2000—2011 年磷化工产量变化情况

3. 工业总产值

2001—2008 年，瓮福集团工业总产值不断攀升。受金融危机的影响，2009 年工业总产值比 2008 年下降了 26%，但仍略高于 2007 年的工业产值。2011 年，瓮福集团工业总产值达到 84.54 亿元，参见图 3.7。

4. 销售收入

(1)销售收入的变化特点。2001 年至 2006 年瓮福集团销售收入年均增长

（亿元）

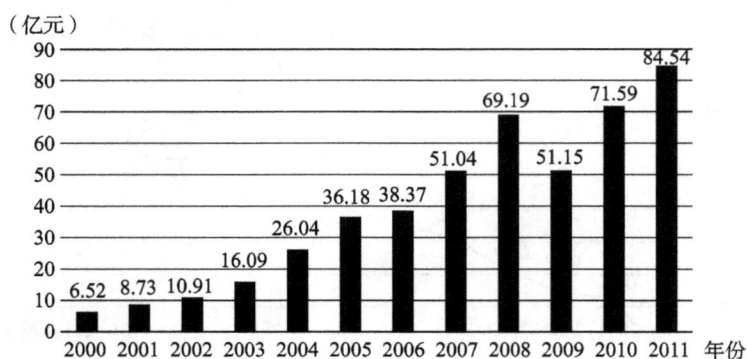

图 3.7　瓮福集团 2000—2011 年工业总产值变化情况

40.93％,2007 年、2008 年增长速度加快,年均增长 53.76％。2008 年,在全球金融危机的情况下,瓮福集团销售收入不减反增,并且突破 100 亿元。2009 年,瓮福集团在磷化工企业大面积停产、减产的态势下,依然坐稳了"百亿集团"的宝座,销售收入 114.16 亿元,同比增长 11.03％。2010 年,销售收入增长到 150.75 亿元,增速为 32.05％。2011 年,销售收入增速较快,为 61.67％,销售收入已达到 242.96 亿元。

（亿元）

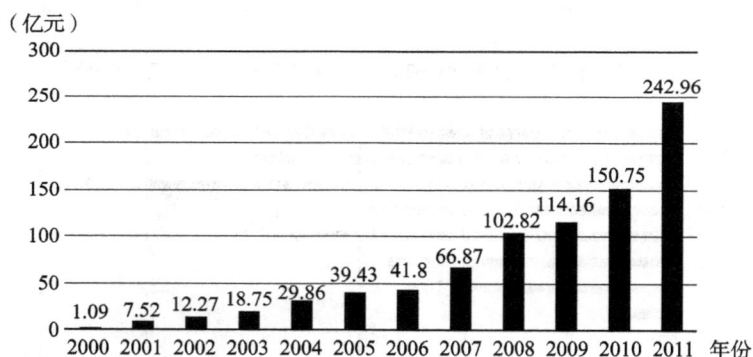

图 3.8　瓮福集团 2000—2011 年销售收入变化情况

　　（2）工业总产值与销售收入变化情况比较。2000 年至 2006 年,瓮福集团的工业总产值与销售收入基本在一条线上,差距不大。2007 年,差距开始拉大。到 2011 年,销售收入高于工业总产值 158.42 亿元,占销售收入的 65.2％,见图 3.9。

　　（3）销售收入构成的变化。2007 年,工业总产值与销售收入的差距开始拉大,2008 年金融危机、2009 年工业总产值下降,销售收入仍保持上扬,这些都要归功于产业结构调整。2008、2009 年,瓮福集团在制造、贸易和服务三大板块上全面开花,取得了骄人的业绩。瓮福集团的发展已由单一依靠制造业向制造业、贸易与智力服务并举转变,见图 3.12。

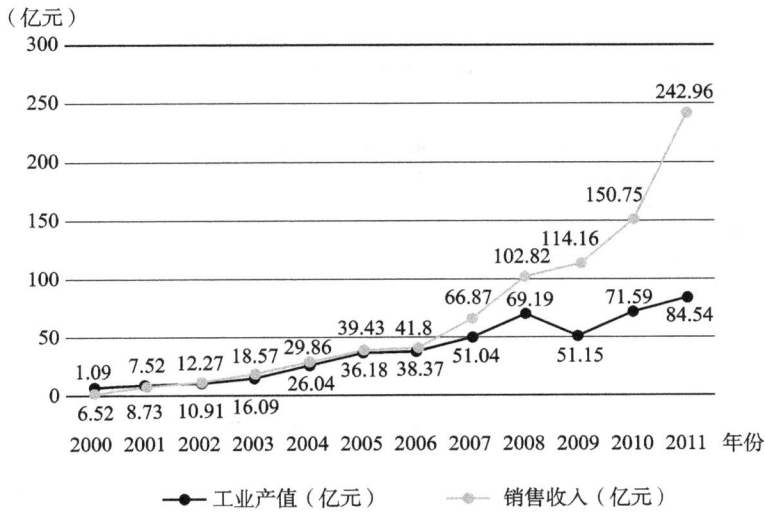

图 3.9　瓮福集团 2000—2011 年工业总产值与销售收入变化情况比较

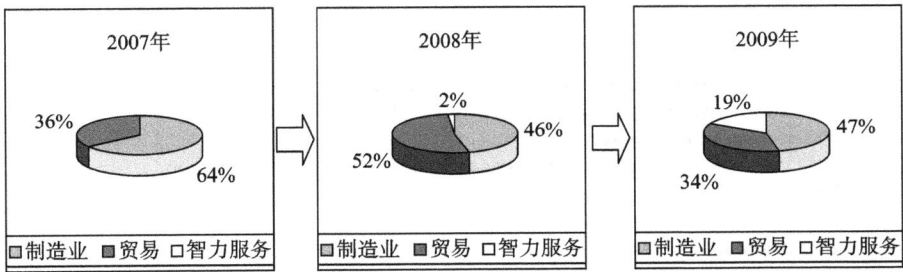

图 3.10　瓮福集团 2007—2009 年销售收入构成变化情况

5. 净利润

2000 年,瓮福集团的净利润只有 42.28 万元。2001 年,净利润大幅增长,实现 334.41 万元。2001 年 1 月,瓮福集团新的领导班子就任,9 月,矿肥基地工程建设指挥部撤销,瓮福集团基本建设结束,进入了生产阶段。经过了债转股、重钙改磷铵等一系列措施的实施和多方努力,瓮福集团 2002 年至 2006 年,利润平稳增加。2007 年,由于瓮福集团智力国际化的开启,净利润有大幅度的攀升。

2008 年,净利润下降。年初的雪凝灾害使瓮福集团停产 38 天,化肥产量损失了近 20 万吨,并错过了最佳销售时间,直接的损失达 3 千万元,间接损失近 10 亿元。随后全球金融危机爆发,瓮福集团利润大幅降低。2009 年,磷肥市场持续萎缩,但是瓮福集团净利润仍达到 14 447.9 万元,比 2008 年增长 139.1%,成功度过金融危机。

6. 税收

2001—2007 年,瓮福集团税收都呈现平稳增长的态势。2008 年陡增至 13.43

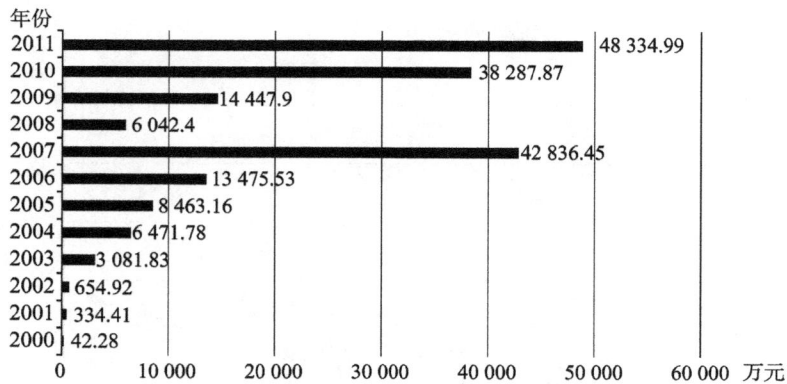

图 3.11 瓮福集团 2000—2011 年净利润变化情况

亿元,增长 169.55%,2009 年又回落到 5.15 亿元。金融危机时期,磷肥特别关税税率从 35% 增至 135%。2008 年,瓮福集团缴纳的 13 多亿元税收中,关税就超过了 9 亿元,占到整个税收的 70%。

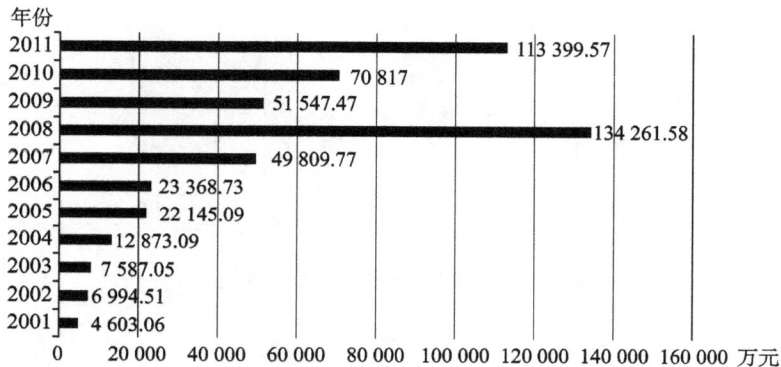

图 3.12 瓮福集团 2001—2011 年税收变化情况

7. 出口创汇

2001 年,瓮福集团出口创汇达 0.54 亿美元,成为贵州省第一出口创汇大户。2006 年,瓮福集团出口创汇已达 2.38 亿美元,成为中国磷化工行业最大的出口贸易商。2007 年,瓮福集团因国际化出口创汇有大幅增加,达到 4.62 亿元,同比增长了 93.87%。2008 年,通过产业结构调整和技术研发投入,在金融危机中,高端磷化工产品市场基本没受影响。此外,又成功中标沙特合同总金额达 9 000 万美元另一项目。因此,在生产经营成本上涨、磷肥出口关税提高和美元贬值等情况下,瓮福集团出口创汇 7.04 亿美元。2009—2011 年,出口创汇节节攀升。

8. 结论

瓮福集团的主要成就(龚晓宽、何浩明,2012)蕴含着其成功的经验;飞跃性发

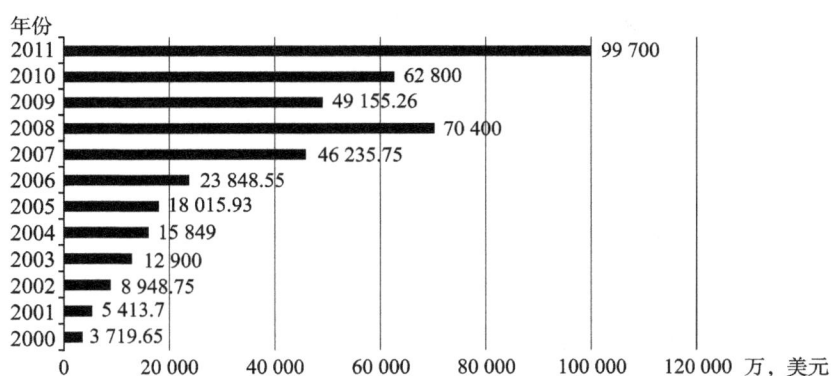

图 3.13 瓮福集团 2000—2011 年出口创汇变化情况

展经济指标变化彰显了集团继任者及其决策层,在风云际会时能因势而动,因动而变,因变而立,起于精于业,成于敏于事。运用复杂适应系统理念和现代管理思想,任凭市场如何不断急剧变化,依靠建立起的充满创造活力的"复杂自适应创新系统"。带领整个管理层和全体员工一起,完成了产业结构调整和技术创新的研发(R&D)投入,适应性地应对全球性金融危机,有别于磷肥业其他企业的不良境况,持续嬗变与发展,高效运行,既是有"效率"的又是有"效力"的。

3.2.3 瓮福矿肥基地的"德鲁克式"困境

瓮福矿肥基地包括瓮福磷矿和瓮福磷肥厂,是国家"八五"、"九五"期间规划建设的五个大型磷化工基地之一。建成投产后,公司所属企业能生产以磷铵肥料为主导产品的二十多种与工农业关联性强的磷化工产品。基地集中采用了 20 世纪末国外的先进技术和装备,是按计划经济理念建设的大型企业。

然而几年前,经过十年建设的企业其主要产品投产时,情景并不乐观:装置开开停停,产量低,消耗高,企业亏损 1 亿多元。2000 年底账面资金只有 180 万元,职工只发 70% 的工资,几十家单位上门催债。企业日亏损从几百万达到一千多万元,从上到下可以听到"宏福投产之日就是停产之时"的悲观、无奈之叹。宏福公司陷入了"德鲁克式"困境①。

安福公司陷入困境的原因经过分析,主要有以下几点:

(1)从生产经营的角度看:宏福公司截至 2000 年 11 月 30 日完成国家借贷转企业借贷,这个政府控制的企业完成的重点建设项目投资 58.5 亿元,形成固定资产

---

① 因美国学者彼德 F. 德鲁克曾系统地描述过这种发展现象而得名。他认为企业陷入经营困境一筹莫展时,可能会出现某些意想不到的事情或遇到新的发展机遇。

51.48亿元,资金虽然全部是国家借贷(转企业借贷)的资金,投产之前已经背上巨大的债务包袱,资产负债率86.97%[1],超过国际警戒线,企业面临市场的多变性而承担极大的风险。由于瓮福磷肥厂生产的重钙产品产销不对路,市场需求小,投产就意味亏损。

(2)从现代企业法人治理结构看:从基地改造成大型公营企业,企业内部组织构建不符合现代企业制度的特殊法人治理结构。基地建设过程中,赶在1994年7月1日《公司法》正式颁布实施之前几天,草草完成公司化改造。上了企业集团名单和国务院确定的国有大中型重点企业名单,享受大型企业集团试点规定的各项政策和国务院对重点企业的有关政策,但是没有由政府完成企业的内部组织机构的建设。包括组建董事会、监事会、批准企业经理人选、审核企业中层管理人员、支持企业员工身份改变(合同制用工)等等。

国家对公营企业的管理,政府对公营企业的控制,是从公营企业设立开始的,但是基地在建立现代企业制度时留下了一些严重问题。比如宏福公司是从瓮福矿肥基地在特殊时间从形式上完成公司制转型而来的,没有一个相对复杂的发展过程。从规范的角度讲,没有完备的立法组建程序,而立法组建的不严肃性又使得这一组建程序轻易完成。公司化改造前过分注重融资,而忽视机制转变。法人治理结构的缺位,随意行为[2](discretionary)和官僚行为[3](bureaucratic)也自觉或不自觉产生了。由于企业拥有特定的几十亿资产,就高层管理而言,经理层虽然没有持有企业的所有权,但在经营和战略上也不受所有者完全控制。

(3)就市场外部环境看:企业产品的需求非常明确,并且可以由企业的营销支出改变(这种改变为市场的内部化形成有利因素)。当时磷矿生产发展较快,生产已具规模。"截至1999年底,我国已形成磷矿生产能力2 026万t/a(标准P_2O_5 30%下同)。经过多年的努力,我国建成了六大磷矿生产基地,形成了大、中、小矿山并举,国有及集体和个体矿山共同发展的局面。大中型矿山企业成为磷矿生产的中坚力量,保证了我国磷矿产需基本平衡和重点化肥生产企业原料的供给[4]"。从生产情况看,"我国磷矿开采因资源条件不同和矿业开发程度不一,主要开采省份是云南、贵州和湖北三省,四川和湖南次之,上述五省磷矿产量约占全国产量的97%,是我国为磷肥和磷化工生产提供原料的主要省份。"这是典型的垄断

---

[1] 国际公认的警戒线60%—70%。

[2] 随意行为理论的创始人是威廉·鲍莫尔和奥利弗·威廉姆森(Banmol,1959;Willamson,1964、1970)。

[3] 官僚行为理论则是孟森(Joseph Monson)和安东尼·唐斯(Anthony Downs)提出的(Monsen and Downs,1965)。

[4] http://www.zhidao.baidu.com/question/>>45007.htm/?=qr13。

竞争市场(monopolistic competitive market)。这种情况必然导致随意行为。

（4）从内部组织的重要性来看：宏福公司是一个股权集中的企业，虽然不是所有者(国家)自己经营管理的企业，但仍是"所有者控制型(Owner-Controlled)企业"。由于没有受到控股所有者全职管理，可以认为是经理型企业[①]。从内部组织的重要性来看，作为一个经理型大型企业，它是从金字塔的层级形式组织起来的，指挥链的长度(金字塔的高度)随着底层规模的扩大而增加，也就是说，随着最底层人数的增加而增加，该经济组织的经营规模很大。不排除下属的待遇和晋升机会都依靠讨好上级等因素，所以通过指挥链的信息传送会出现偏差，官僚行为也就自然产生了，这两个效应结合起来，这个大型企业缺乏效率是自然而然的。

其次，原班人马组成的高层经理人实际上丧失了对企业的控制权，加之所有权与经营权的分离形成的委托代理关系，也会产生逆向选择和道德风险。作为一个经理型企业的经理，他不是所有者控制型企业的经理，多年打拼之后，可能不再喜欢风险。因为他会为失败(失误)而受到指责，而当企业获得利润时，付出与回报相比，他得到的奖励又是不足的(当时是工资制)，企业成功所产生的利润大部分必须归于股东(国家)。更为特别的是，他会自觉地尽力为股东提供稳定的资本收益率的增长，而不是寻求虽然会波动性很大，但总体上更加有利于企业的机会成本的可能性。当时的内外环境使他倾向于风险小的研发类型。

（5）从市场和层级组织的角度看[②]，当时重钙市场的需求在特定的市场和特定的时期内，所有消费者在各种可能性的价格下将购买的数量小，其交易的单位也少；行为人(human agents)拥有有限理性(bounded rationality)，并且利己、机会主义倾向以及我国现阶段期货市场风险特征，使其不愿做重钙期货；交易的频率低，不确定性和交易专用性投资(transactio-specific investments)或流动资金不足；要想保持交易成本最小化缔约模式的考虑因素，因重钙市场需求不足不能实现；通过对交易成本差异的评估来比较各种销售收益的有效方法当时尚无人掌握。由于行人为[③]的两个重要因素，即行为的"有限理性"和广义行为人的利己主义考虑，使之可以有选择地进行信息披露，并可歪曲信息或故意误导。"机会主义"(opportunism)以及从上至下的"代理问题"(agenoy)也叫"道德风险"(moral

---

[①] 孟森和唐斯把经理型企业(managerial firm)定义为股权分散的企业。而股权集中的企业，无论是否属于所有者自己经营管理的企业，都被称为"所有者控制型企业"。相反，马里斯则把任何没有受到控股所有者全职管理的企业都定义为经理型企业。

[②] 威廉姆森关于市场和层级组织的观点，参见《交易成本经济学》(Transaction cost economics)，《经济学手册》第356—357页。

[③] 威廉姆森的行为人概念包括两个重要因素："有限理性"、"不择手段的利己主义"。

hazard)产生了。资产专用性、有限理性和机会主义的共同存在使市场交易成本非常高,这也为用企业内部交易来取代市场,并在企业内部组织资源配置对企业更有利埋下有利因素。

按照威廉姆森的观点:三种因素的共同存在是普遍的,也就暗示了层级组织代替市场的可能性即内部化。由于上述原因,虽然层级组织看起来有可取的一面,但因为市场的高效激励作用可能会由于层级组织而减弱或丧失,其中一个相关问题就是公司内部的高交易成本或"管理成本"(management costs)(Demsetz,1988),因此存在高效激励与双边适应性之间的平衡。而当时,公司内部与外部市场既不存在高效激励,也不存在供需双方之间的平衡。

综上所述,这些诱因形成了瓮福矿肥基地在经历了十年建设,草草转为公司后积累下的不利因素,导致其陷入"德鲁克式"困境。

几年后的今天,瓮福基地这个大型国有企业终于形成了完善的技术开发、营销管理和售后服务体系,公司的资产规模、生产能力、利税总额等多项指标均居全国同行业之首位,名副其实地成为我国最大的磷复肥生产基地、最大的磷铵生产企业。基地蜕变的重要因素在于有一个集科研、经济、管理、核心知识于一身,理性与激情、素养与人文精神皆有的异质型领导人及其决策层,他们运用复杂适应系统理念和现代管理思想,在不断急剧变化的市场面前,建立起一个充满创造活力的"复杂自适应创新系统"。

3.2.4 产业组织创新活力环境比较

经济管理理论认为数量的扩张和经济系统运行质量的提高,是经济发展的两大要素。由于资源的稀缺性,经济发展总是要受到资源投入总量的制约,解决的办法是通过提高投入要素的产出能力来促使经济的持续发展。提高生产要素的产出的能力,既靠改进投入要素的质量,又靠改进转换系统的功能和效率。而两个"改进"的实现,归根结底,靠人力资源素质的提高和技术(包括产品及工艺)、组织、管理、金融和市场等方面的不断创新。其中,技术创新是提高经济运行质量的关键因素,这已是不争的事实。但应当注意的是,在对影响企业经济增长的各种创新中,那些"大"变革、根本性变革,比如,企业创新建立的一整套技术能力使企业能够创造在不同领域的竞争优势。正是它们改变了企业经济的整个技术基础,并且对企业经济增长过程起着关键的作用。即是说,企业要能够通过各种方式将创新过程中的不同部分结合起来,这才是关键。要完成这种创新组合,就必须形成内外环境,利于竞争。正是这种非均衡的环境,利于竞争的新激情直接导致综合的内部创新体系的形成。好环境也是生产力,是需要认知的。

技术创新是现代经济运行过程中企业成长与发展的重要活动。比较地看,原瓮福矿肥基地的技术创新活动及其技术创新体系未形成,是因受到企业成长相关环境的影响和企业发展阶段的多因素阻碍的必然。相关环境因素包括:当时磷肥业的技术发展水平、磷肥市场的完善程度,在国民产出中工业、农业以及其他行业的构成比例,国家对农业的支持力度,资源的利用程度,其管理、服务的地域,企业文化的逐渐形成及随着企业规模扩大经营管理的国际化程度等。所有这些因素在不同的地域、不同的企业之间都是不同的。

大体来说,按计划经济模式建设,在市场经济中成长的瓮福矿肥基地受两种主要环境因素的影响而未走出困境。一种是市场交易成本(market transaction cost)对企业成长影响,主要涉及当时的特定决策,有很大影响的具体经济因素(例如,前面提到的重钙改磷铵改产问题、债转股问题);另一种是与企业当时拥有资源的性质有关的,特别是知识、企业家精神以及能力的增加,这些通常体现在核心人物和企业员工身上。

就交易成本与企业成长因素看,交易成本对基地内部的行政组织有重要的影响。如基地的组织模式,当时是一种U型单一部门组织形式,其控制权下放的程度不适应市场高效运作的要求,对企业成长有重要作用的纵向整合(vertical integration),即企业直接或者通过收购的企业、其他协作企业来承担中间产品或服务的问题没有解决。另外,还有很多不容易被观察到的重要成本,例如,消极作用的机会主义或者由不确定性引发的成本。如果在瓮福基地寻找可观察到的个案的人而进行研究,这些个案,似乎与可分析的相关成本的重要性是密切相关的。就企业成长的资源基础或知识基础[①]看:从前面的讨论我们看到了企业成长的资源或知识基础(resource or Knowledge-based theory of the growth of the firm)的作用,特别是企业管理的核心人物提供的无形服务的作用是十分重要的。其中,无形生产服务中最重要的是企业员工的服务。在瓮福基地的成长过程中,由于前种资源因素的无形制约和后种知识因素的不彰显,出现了暂时的停滞不前或发展不均衡。事实上,在所有单个企业的生命过程中,任何事情都可能发生,它是随机事件。我们研究瓮福基地企业的成长与发展,了解企业持续发展的必要条件以及在其性质中是否存在限制发展的因素是很重要的。简言之,原瓮福矿肥基地的技术创新活动因受到上述两大环境

---

① 企业成长的资源基础或知识基础理论,参见见伊迪斯·彭罗斯(Edith Penrose)经济合作与开发组织(DECD)的《企业成长与网络》。

因素的影响,核心人物理性的受挫、激情的耗尽和其他因素,加之十年的基本建设、企业人的激情疲惫、计划经济模式的大企业病等使基地陷入了既无力创新也无心创新的困境,像经济运行的周期规律一样,不可避免地走入低谷。在当时的情况下,未能超出这种局限而走向了困境,这些因素对技术创新活动的负面影响是明显的。而这个先天良好企业的又一个核心人物及其决策层和后继者,通过抢占和利用环境存量与增量及管理变量,成功地完成了技术创新的"新组合"。

他们有效地发挥了已经在企业工作并对企业很熟悉的有经验的员工的积极性,激发他们为企业提供了不可或缺的服务,这是企业成长资源或知识基础出发点。在企业收购过程中又形成一些现成资源,使企业的现有员工能够提出不少关于生产技术、产品改进、新市场以及市场进入之类的新方法。这样,为新产品创造新需求的可能性就增加了,这些对现有资源利用的新方法,使我们看到了可以考量知识、新的扩张观点、关于交易成本比较的评判、企业"物力论"观点、源泉的挖掘等资源与知识的存量和增量利用的绩效。换句话说,环境对企业成长的发展的确很重要。

现代经济中,企业间竞争的主要特征就是创新竞争,不论从企业的角度看,还是从整体经济来看,创新就是引入新东西。知识可以分为两种,第一种来自个人的经历和活动,不轻易传授给别人,并且可使拥有它的人相对别人具有优势的"诀窍"(Know-how)。第二种是可以传播的知识。原则上它对所有人来说都是可以利用的,但是由于作为无形的企业专有性资产,企业会通过内部规制或设置其他障碍来限制人们对它的使用,随着企业展开其业务,这两种类型的知识都增加了,并且在该过程中为企业的成长创造更多的动机。那些有能力、精力旺盛的人看到不仅可以增加工资和收入,增加其责任,并且有扩大其权力的机会,他们会利用其察觉到的机会,这方面的企业家精神是一种积极的机会主义。企业知识和企业并不仅仅是被金钱所激励的。另外,他们还通过积极地增加知识来扩大其活动范围,例如各种学习型的组织间交流。

所有这些都对企业施加了强有力的开展创新活动的内部压力,比较地看,企业现有的员工不断增加的知识和经验创造了一些"企业专有"的能力,从而使企业能够做比过去更多的事情,它对发展中所需的人力和物力资源、市场和技术的了解比过去更多。对于外面世界正在发生什么变化,其他企业正在做什么以及在企业自己的活动中可能存在什么样的额外机会,企业也比过去了解得更多。这中间包括宏福公司收购其他企业或其对有益部分的收购;宏福公司收购其他企业,并将其作为最廉价、最快速地获取该企业拥有的企业专有资产的方式。宏福公司收购其他企业的方式,应当被看成是宏福公司的成长或是新宏福公司的诞生,这取决于宏福公司的实力与规模。从整个经济的角度看,可能看法会不一致,这是因为人们仅能注意到企业规模的分布发生了变化。

3.2.5 好环境使瓮福集团与创新系统共生

创新概念的创造者熊彼特曾提出过一个著名的论题:"谁在技术创新中的作用更大——大企业还是小企业?"拉开了一场旷日持久的"熊彼特论战"。论战中观点各异、众说纷纭,不过,到目前为止,至少以下几点结论得到了共识:

(1)竞争是技术创新最根本的能力,尤其是当一个新市场刚打开时,竞争对创新的推动优于垄断情形。

(2)完全垄断市场结构由于缺少对手的威胁和对垄断利润的满足感不利于技术创新。

(3)在相对成熟的产业中,过度竞争使企业难以获取保障技术创新的持续收益,不利于诱发根本性技术创新。

(4)垄断竞争型市场结构是技术创新比较适宜的市场结构。在这类市场结构中会引发两类技术创新:一是垄断前景诱导的创新,即企业预期可能获得某些垄断利润而进行的技术创新;二是竞争压力推动的创新,即企业担心竞争对手通过模仿或创新使自己丧失竞争优势,而进行的创新,获取垄断利润的主观愿望和竞争对手的客观压力共同作用,可以促使企业持续创新。

(5)在创新效率方面,从动态角度来看,小企业或许多于大企业,此外小企业对非连续性技术创新的捕捉能力要强于大企业。

从著名论题引发论战的共识中,我们捕捉到好环境(天时、地利、人和)对宏福公司创新生成的影响,分析好环境使宏福公司与技术创新的共生关系。

从环境的影响因素看:天时,陷入了"德鲁克式"困境的基地,形成了摆脱困境的内动力;宏福公司的诞生,形成了国内磷肥业竞争的强劲态势。地利,国内尚未形成成熟的磷铵新市场,竞争的空间很大,完全的垄断市场结构未形成,潜在的竞争对手不少,垄断利益空间大;宏福公司是一个新生企业,国内磷铵产业不成熟,利于诱发根本性技术创新;垄断竞争型市场结构适应垄断前景诱导的创新愿望和竞争压力推动的创新。人和,企业人心思变,所有者高度重视,有一位优秀核心人物及后继者的领导,他们作为能够对企业内部的发展加以利用的企业家,具备了三种共性品质:第一,具有先见之明与想象能力(可能这是同一素质的两个方面);第二,愿意承担风险;第三,有雄心壮志。理论上讲,企业成长决策指的是将来。将来是一个未知数,所以才需要对其加以判断,有些判断可能会成为企业或外部世界产生重大影响的创新。动态发展的进取心使企业常常会按照长期规划和高度不确定性的企业家判断来行动,虽然它看起来既模糊又不具有现实的可学性和操作性。企业家之间的风险胆量是不一样的,但是,要人们在不同的情况下,为不同类型的风险进行合理的量化并不总是可能的,在这里,没有可能对交易成本进行"理性"比较,它是一个随环境而变化的动态过程,如果努力这样做是要付出高昂代价的,这种决定必须要由董事会中相关企业家的"动物精神"(animal spirizs)来决定。

宏福公司收购企业和重大内部扩张,尤其是对投资增量的决策由愿意承担风险的最高决策者亲自来做。这种决策除了决策层参与外,外人是不会对此加以评判的。正如我们注意到的,每个企业在某些至关重要的方面都是独特的,这就是其难以评判和模仿的一个原因。以后我们可以看到"动态发展企业"是指其决策者愿意承担大量风险而超越局限迅速成长的企业。

从这个典型案例可以知道,可以计量的、客观的交易成本并不一定是估价某一扩张可能性时都是决定性的因素。这与"环境很重要"的事实一起,使宏福公司具有了独特性,并且限制了对企业行为进行概括的可能性。尤其是激发了企业内部能力,即组织和集合人群和职能的能力,分配、引导和开发为更新的产品和工艺而投资于有形及无形资产的资源的能力。运作资本获取巨额机会成本收益,实现新产品研发;工艺流程的重组再造,实现新市场的开辟;获得生产资料供给的新来源;企业再造实行了新的组织形式。这种能使企业得以发展壮大,也把企业内部事宜与更广阔的经济变革与发展的过程联系起来,因而,这个经济组织前后跃变,创新活力环境,使宏福公司与技术创新共生,形成宏福公司的内外新平衡契机。

这些因素孕育了宏福公司的创新环境,使宏福公司与技术创新共生成为可能。

创新环境因素的比较使我们看到,这个经济组织之前虽陷入困境,但其潜在的环境存量与增量和管理变量形成的有利因素被充分转化,使这个经济组织摆脱困境而与技术创新共生。

3.3　瓮福集团创新系统的生成环境

本节将从"社会系统"特征"复杂适应系统"理论的角度,分析这个经济组织的技术创新生成环境,论述这个经济组织平衡、跃变的基本成因。提出组织三要素是技术创新生成环境的基石,组织内外平衡是组织存续发展的条件。继后研究这个经济组织的多法人治理结构及其与环境相渗透的非均衡系统特征,如何在稳定过程中处于内外平衡状态的组织内部为技术创新提供一种适宜的生成环境,从而揭示这个经济组织技术创新系统活动的基本规律。

3.3.1 创新系统生成环境的基石与经济组织存续和发展条件

1. 正式组织的三个基本要素

社会系统理论认为,作为协作系统的正式组织,不论其级别高低、规模大小,都包含有三个基本要素(李兴山、刘潮,1999),即协作的意愿、共同的目标、信息联系。这三个基本要素对于一切正式组织来说都是必须的。每一个正式组织的产生和存续只有通过这三个要素的结合才能实现。

2. 组织平衡论

组织一旦建立,组织的存续就成了组织的最终目标。这方面巴纳德提出了一个组织必须保证对内平衡和对外平衡的思想,并认为这是组织能否存续的条件。

据此提出,组织三要素是宏福公司技术创新生成环境的基石;组织的内外平衡是组织存续发展的条件。宏福公司技术创新系统生成环境的典型案例事实,将证明这一观点。

从社会系统理论中组织平衡论的观点来看,技术创新"新组合"是宏福公司技术经济系统生成的内部诱因,是获得成功的关键:一是这种诱因能够得以放大,从而形成系统突变的"基核"[①](曹国屏,1996);二是这种诱因经过放大后能够带来最大的经济收益,并推动公司的产业升级。

我们知道,"诱因"和"牺牲"的平衡实质上就是组织的对内平衡,其关系式可表示为:

$$牺牲 \leqslant 诱因(经济的、非经济的) \longrightarrow 组织存续和发展$$

从巴纳德"一个组织是有'效率'的,它就是有'效力'"的思想来看,我们可认为,对一个开放的组织系统来说,"效率"和"效力"的作用是内部诱因自我放大乃至最终突破的先决条件。可表达为:

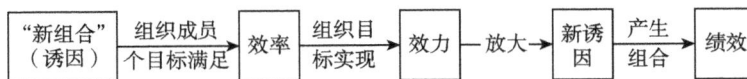

图 3.14

一个经济组织,无论是单一法人组织,还是多法人组织,按照社会系统理论,他

---

① 这种可能得到放大的诱因就是组织系统的最初的核心——系统的"基核"。

们是作为协作系统的正式组织而存在的,正式组织的三个要素对于一切正式组织来说都是必须的。每一个正式组织的产生和存续只有通过这三个要素的结合才能实现。

三个基本要素的结合,成员个人目标和组织目标的实现应是经济组织技术创新的基石和生成源泉,研究表明,结合的有机程度和诱因(经济的、非经济的)的产生正相关,影响技术创新的组合绩效。

作为计划经济典型产物的基地企业,三要素结合不好。就协作意愿而言,基地典型的金字塔式组织结构轮廓分明、线条清晰。从上至下,直线控制。企业经济活动不是同时进行的,在时间序列上是前后相继的。这种结构使企业内部包括生产布局、人事安排、资金使用等各种制度僵化,整体结构缺乏弹性。分工越细,专业化程度越高,管理环节就越多,协调监督就越困难,从而导致企业整体"效力"降低,组织的存续出现了危机,个人目标也无法实现,因而也无"效率"。企业不能随着外界环境的变化而表现灵活性。作为正式组织的基地的规模越大,其成员的协作意愿愈弱。

加之其作为一个子经济系统,当时环境使其顾不上也跟不上技术变化率的提高,其企业经济系统中充满着越来越多的不确定性,经济活动呈现出越来越明显的非线性特征。对初始条件的敏感依赖[①]使企业的最高决策显得更加重要和异常困难,决策延误及其他突发事件对企业整体造成损害就在所难免了。

社会系统理论研究表明,对一个组织的成员来说,协作的意愿,就是个人由于协作而得到的"诱因"同协作所付出的"牺牲"二者相比较后诱因的净效果,同时又是个人参加这一组织同不参加这一组织或参加其他组织二者相比较后诱因的净效果。这一研究结果是相对于一个协作系统中起作用的核心组织而言的,协作系统以组织为核心把物质子系统、人员子系统、社会子系统连结成一个复合的整体。协作系统归根到底是指组织本身。一切取决于人、一切归结到人,人是技术创新生成环境的内生因数。

当基地诱因的净效果趋于零甚至成为负数时,基地成员的协作意愿也将趋于零,人心涣散了。作为技术创新生成环境内生因素的人心都散了,哪来技术创新生成环境。

因此,为了获得组织成员的协作意愿,保证实现组织目标,组织必须采取两个

---

① "那时候,重钙市场很不景气,投产就意味着亏损,更不要说还贷了,反反复复跑了多少趟,还是没有结果。2000 年事情有了转机。那一年,国家经贸委主任盛华仁来到贵阳。在省长钱运录的陪同下深夜一点来到瓮福。在瓮福他进行了严厉的批评,同时也扎扎实实地解决了问题。他同意改生产磷铵,并为此做了大量工作,使后来宏福公司的崛起有了基础条件"。李金顺《贵州企业史话》,贵州人民出版社 2005 年版,第 402—403 页。

方面的措施：一方面对组织成员提供充分的诱因（经济的、非经济的）来满足成员的需要；另一方面通过型塑企业核心价值观来逐渐改变成员的主观态度。就共同目标而言，它是协作意愿的必要前提。没有共同目标的组织是发展不起来的；没有共同目标，组织成员就不知道组织要求他们干什么，以及从协作的结果中他们能得到一些什么满足，这样就无法从组织成员那里诱导出协作的意愿来。所以必须有一个共同目标，共同目标对于组织来说是不可或缺的要素。

基地的最高领导人及其次决策层形成的协作系统在完成基本建设后共同目标也就完成了，诱因的净效果趋于零，甚至成为负数，该企业没有了新的共同目标，存续危机显现了。国家借贷投入的建设资金变成了企业巨大的经济负担，使企业陷入了深重的困境，于是两难间技术创新生成环境孕育了，新的共同目标呼之欲出了。

就信息联系而言，社会系统理论的研究表明，组织的一端是共同目标，另一端是参与组织的具有协作意愿的成员，因而只有通过信息联系把这两端联接起来，才能成为有机的整体。在基地只有一个声音或被曲解了的声音在各层级之间进行信息联系，正确地使用权力的体系被歪曲了，对称的信息联系窒息了。

综上所述，基地作为一个正式经济组织，国家借贷投资形成的由企业承担的深重的资本金债务、初始条件敏感依赖的重钙改磷铵决策的曲折和存续的三要素不能有机地结合，组织目标和个人目标不能实现，陷入困境就是必然的了。

然而，"唯物辩证法的宇宙观主张从事物的内部，从一事物对他事物的关系去研究事物的发展，即把事物的发展看作是事物内部必然的、自己的运动，而每一事物的运动都和它的周围及其他事物互相联系着和互相影响着。事物的发展的根本原因不在事物的外部而是在事物的内部，在于事物内部的矛盾性"。

辩证地说，基地的起落是这个经济组织发展、演化的诱因和契机，这个随机起落可能导致对这个经济组织前途大相径庭的选择：可能是在某一路径上的进化，也可能是这个经济组织走向崩溃，成为中国企业国有体制弊端积重难返的又一反面案例。

有幸的是，基地从"德鲁克式"困境中获得了发展。一个异质型企业家和他的后继者及其企业家队伍成为正式组织的三要素暨组织内外平衡的主导者，诱因是内生变量。因为，无论什么样的自适应系统都是由人创造的，由优秀的人带动而建立的。

就宏福公司技术创新"新组合"的生成环境研究而言，我们看到，宏福公司新的领导人营造了正式组织三要素和使组织系统内外平衡，并在这样的运作机理下诱发了技术创新"新组合"。诱因激发的"新组合"经放大后使这个经济系统发生突变，就是常说的嬗变。

在这里正式组织工商企业似乎面临这样一种可怕的境地,即"三要素"暨组织内外平衡是组织存续发展的先决条件。实际上,宏福公司确实是以基地的失衡为先决条件而后产生技术创新"新组合"及企业嬗变的,而失衡状态下的突变又是一种随机事件,既可能使系统得以演化和发展,也可能使系统解体或消失。后一种结局是企业的所有者和管理者所不愿发生和极力避免的,这至少是这二十多年我国政府对国有工商企业"欲管不行、欲放不行"的矛盾心路历程。

宏福公司领导人较好地解决了系统失衡过程中技术创新的生成环境问题。

(1)有了协作的意愿。

新成立的宏福公司成员为了摆脱生存困境有了协作愿意、为组织目标作出贡献的意愿。公司领导人为了获得组织成员的协作意愿,保证实现组织目标,一方面为组织成员提供经济的或非经济的充分的诱因这个内生源,满足组织成员的需要,使组织成员形成了新的需要层次;另一方面通过企业核心价值观来逐渐改变组织成员的主观态度,如培养组织成员的协作精神,号召他们忠诚于团体、发扬团结精神、相信组织的目标等,以保证组织的存续与发展。

(2)有了共同的目标。

使陷入困境的基地走出困境,营造公司技术创新的生成环境,实现创新,完成嬗变。"走新型工业化道路",把宏福公司建设成世界一流的磷化工企业集团,是公司的共同新目标。为了实现这个共同目标,宏福公司领导人和决策层特别注意几个方面的理念引导使之成为一种企业共同价值观和信念(企业文化的内核)。

①使共同目标被成员接受,形成了协作的活动。

②认同组织成员的双重人格。营造使个人为了实现组织目标而作出合乎理性行为和使个人为了实现个人目标而作出行为的氛围,使组织的共同目标这个外在的、非个人的、客观的目标与个人的目标这个内在的、个人的、主观的目标有机地结合。个人之所以对组织共同目标作出贡献,是因为他觉得实现了组织的共同目标有利于他个人目标的实现。

③认识组织成员对组织共同目标的协作性理解和个人性理解的区别。要求组织中的管理人员努力消除对复杂组织目标的两种不同理解的矛盾,使组织目标与个人目标一致。

④使组织的共同目标与外部大环境平衡,使组织适应环境变化,实现可持续发展。

(3)健全信息联系。

宏福公司把信息化建设放在重要位置,把信息技术作为提高劳动生产力、管理效率和管理质量的重要措施加以应用。用健全的信息联系始终把共同目标与具有协作意愿的成员紧密联系起来,合理高效地协作行动,提高劳动生产力、管理效率和管理质量。

宏福公司信息化建设注重以下原则:

- 信息联系的渠道被组织成员所了解和渠道惯例化。
- 公司的每一个人同公司组织有明确的正式关系渠道。
- 利用现代办公手段使信息联系的路线尽可能直接或短捷。
- 新的组织形式建立后,强调信息联系按新体制运行,以避免产生矛盾和误解。
- 作为信息联系中的各级管理人员必须称职,具备在复杂情况下处理工作的综合能力。
- 确保信息联系的畅通。
- 每一个信息联系都必须是有相应权威的。

宏福公司的信息化建设在上述原则下的运行取得了以下几方面的成果:

- 实现了生产控制和生产调度的信息化。
- 建成了公司内部网络系统。
- 建成了公司应用系统。
- 外部信息资源系统。

(4)实现了组织的对内和对外动态平衡。

对内平衡,是把公司组建后创造出的经济的和非经济的诱因,按诱因分配的经济原则,有效地分配给各个成员,保持各个成员的"诱因"和"牺牲"的平衡,从而确保成员协作过程中的积极性,并不断地把诱因的放大置于组织发展和扩大基础之上。

对外平衡,尤其是在改善与地方政府关系和争取上级支持方面做了卓有成效的工作,使公司整体不断适应外部(经济、政治、文化、社会和技术等)环境,不断地修正目标实现内外的动态平衡。

(5)异质型决策者的认知与践行。

宏福公司的领导人作为异质型企业家,知道并不是所有的个体都可抽象为"同质理性人"[①],即认为人人都是绝顶聪明的自利者,人与人之间完全没有区别,是具有完全可替代性的"经济原子"。他们知道,"异质行为人"[②]才是人真实的德性显

[①] "同质理性人"的内涵有两层含义:第一,每个个体在他所处的环境中都能根据自身的利益原则理智地行为;第二,每个个体都具有完全自利的偏好。

[②] "异质行为人"的概念内涵粗略概括为两点:第一,个体是有限理性的,可能为外部事件与他人行为形成完全正确的信念,或无法做出与信念相一致的正确选择,而将导致不同个体形成异质的外部信念和能力;第二,个体不是完全自利的,可能还具有其他偏好,在一定程度上对他人的行为与行为结果进行评估。但不同个体会对他人行为产生异质的价值判断。参见贺京同、那艺:《行为经济学对个体异质行为的研究与启示》,《光明日报》2007年8月7日。

现,而且不同的个体在空间与时间上的认知与情感是有差异的。各种复杂的经济关系、政治关系、社会关系、文化关系,不能简单地处理为非人格的关系。尤其在我国当前的经济转轨—转型条件下,经济体制改革给社会生活带来的全方位冲击,使得各社会主体的利益诉求及价值观念多元化。如果再认为个体具有同质的偏好和行为能力,因而只要使每个个体都能实现利益最大化,就达到了所有个体都能接受的利益的均衡就错了。因为在现实中,各群体争取自身利益的能力不同,这种异质性导致仍按利益最大化原则无法达成各方都能接受的均衡结果,必须重塑公平、公正、正义等社会目标,这些问题用传统经济理论是不能很好地解释的。

在这种认知水平下的宏福公司领导人一改过去服从与权威的管理方式为理念式管理方式,对人和生产经营两者都非常关心为先决条件,努力使职工个人的需求与公司的目标最有效地结合,营造了技术创新(新组合)的生成环境。

生成环境问题解决后,宏福公司在突变式发展过程中,迅速完成了技术创新的"新组合",并以新组合为"基核",在中国磷肥业中逐步形成了相对固定的技术模式,建立了核心技术优势,处于一种新的平衡状态。这样,在保持整个系统处于平衡状态,摆脱困境压力,稳定发展的同时,在内部"营造"许多非平衡区域诱因,为技术创新提供一个比较适宜的生成环境,是这个经济组织领导人独具特色的一种技术创新制度安排。

对于公司内部涌现的创新成果和外部环境中的技术扰动,宏福公司具有很强的自催化作用。雄厚的经济实力和独具的动态能力使其能够为创新成果的放大和进一步修正调集充足的资源。"三升两降"工程提高了公司的地位,使具有巨大市场潜力的根本型创新项目成为新的核心业务。这时,宏福公司进入了新技术轨道,整个公司也自动完成嬗变过程。

从上面的分析中可以看出,宏福公司技术创新能力是公司嬗变的关键,但从其发展演进的角度看,我们所观察到的成功者或幸存者并不是那些保持最佳技术结构的经济组织,而是一些善于学习和动态能力强的经济组织。动态发展过程并不要求经济组织的行为一定是最佳的。为了保持对外部经营环境的适应性,经济组织内部必须保留一些随机的具有冒险性的行为。这一点作为经济组织最高领导人,对内要理解并支持那些随机的具有冒险性的行为,对外则要承担个人为其经济组织的发展随机的具有冒险性的行为后果。这些行为有时是要为上级领导者的个人认知水平和个性付出个人的沉重代价的,并可能对经济组织的发展造成一些暂时的阻碍或无法弥补的巨大损失。

但是恰恰是这些内部的微观差异和个体可变性构成了这个经济组织发展的机

会成本离散事件。因为相同的因素对不同个性的人可能产生不同的作法,冒险精神不是离散事件。

在瓮福集团的发展过程中,变化和不平衡也许比平衡和稳定显得更为"自然"。整个集团发展的关键因素恰恰是其成员企业的差异性、冒险精神和创造能力,而集团的任务则是把创新的收益最大化。因此,灵活而富有活力的学习型组织是高效的。宏福公司有许多富有想象力的人组成独立的(QC)行动小组,并进行质量攻关,他们避开甚至"破坏"那种可能会限制他们创新的正式体制和所谓程序,虽然有一些违反企业规章制度的机会主义做法,但干了他们想干的事并且干成了事。比如,瓮福集团决策者为了给成员企业提供一个比较适宜的创新环境,在保证成员企业能充分分享集团核心技术能力(技术创新"新组合"形成的能力)的前提下,注意鼓励他们增加在最终产品中"非公司标准"技术的含量,试图在国际化市场中创造出标准。同时,在促进内部交易市场化方面作出努力,即内部技术交易条件接近外部市场的高水平并企图以此增强成员企业的经营压力。

- 提高功能并降低成本,提升价值;
- 在保持功能前提下,降低成本、提升价值;
- 在成本不变前提下,提高功能,提升价值;
- 功能少许下降,提取成本大幅下降,提升价值;
- 以成本适当上升提取功能大幅提高,提升价值。

对企业的创新活动,在政策上予以鼓励,采取利润返还,承担研究开发经费和失败项目损失,减少直接而详尽的经营计划干预等手段来提高成员企业的创新安全感,促使他们保证技术创新的基本投入。

瓮福集团的技术创新优势来源于集团的制度,是制度的刚性与锁住效应保持并提升了集团的优势并成为重要的制约因素。瓮福集团并没有消除集团内各主体机会主义行为因素,多元化,即管理+组织流程+核心价值观的理念治理是瓮福集团形成长期竞争优势的制度基础,也是瓮福集团独具的治理机制。

3.3.2 创新系统与瓮福集团的平衡与突变

按照社会系统理论的组织定义,组织的本质表现为进行协作活动的人组成的系统。在这个系统中,存在着个人目标和组织目标,往往员工个人目标和正式组织的目标是不一致的。因此,需要用"效力"和"效率"这两条原则将它们联结起来。"效力"原则是说,当正式组织运行正常且取得成功时,它的目标就能够实现,这时,这个正式组织是有"效力"的。反之,它就是"没有效力"的,这个组织将崩溃或瓦解。因此,组织的"效力"是组织存在的必要条件;而组织的"效率"原则是组织中成员个人目标的实现程度。如果组织成员的个人目标得到满足,他们将参加组织,为组织作出贡献。当满足的程度与他们为组织的贡献成正比时,他们就会认为这个组织是有效率的。反之,他们就不会支持甚至退出这个组织。因此,一个组织是有"效率"的,它就是有"效力"的,即成功的。如果一个组织是无效率的,它就不可能是有效力的,因而也就不可能鲜活地存在。这样,巴纳德就把正式组织的目标与员工个人目标连结起来。从局部的角度看,瓮福集团是瓮福矿肥基地实现组织创新后蜕变而成的经济组织,这个新经济组织的形成,为个人目标和组织目标的实现提供了新的诱因,集团的决策者们在组织系统的设计上充分兼顾个人目标与组织目标,使这个蜕变后的经济组织既是有"效率"的,又是有"效力"的。他们成功地驾驭着这个庞大的经济组织,实现了内外的新平衡①,为经济组织的突变创造了良好的人为环境这个先决条件。

熊彼特的技术创新理论和经济发展理论强调了造成经济演进和性质变化的内生力量,"经济生活中的变化不是外面强加的,而是由它本身的创造精神从内部产生的。……发展的每一个具体过程最终以上一次发展为基础……每一个发展过程都为下一个发展过程创造了先决条件"。他认为,创新是打破经济生活中"循环流转"的"均衡"状态,促进经济演变的根本力量,而经济演变则是"由于创新及其所有效果产生的经济过程的变化和经济系统对于变化的响应"。(G. 多西等,1992)

在熊彼特看来,创新是一种创造性的破坏。这种创新理论形成了非均衡分析的起点。他把不断从内部创新的经济结构,即公然地破坏旧的、不断地创造新的结构的过程称为"商业突变"或"创造性的破坏"过程。破坏使一些企业在创新浪潮中被淘汰。在对原有生产要素进行重新组合的基础上,设立出一批新的有活力的企业,从而促进整个经济的发展。而经济演变则是由创新及其所有效果产生的经济过程的变化和经济系统对变化的响应。创新是打破旧的均衡状态,使经济从一个均衡向另一个均衡移动的根本力量。

3.3.3 创新系统的高"效率"与有"效力"转化

瓮福集团的前身是国家投资建设的大型磷化工基地,从设计角度看,基地肥料、磷矿生产技术和装置设备、资本的集约度、生产专业化程度、期望的规模经济收益值不可谓不高。其生产流程是纵向的,经营业务企划是横向扩张的。但是,基地

---

① 在现实世界中,所谓平衡都是相对的,是指非平衡过程中的相对稳定状态。

建设规模过大、时间过长引起组织运行成本的增加。当其超过市场交易成本时,基地的进一步投资建设便失去了必要性和可能性。投入变成了冲抵成本,再投入又没钱,陷入了高组织运行成本的困境。戴维斯和诺思(1994)认为,"当在现在的制度结构下,由外部性、规模经济、风险和交易费用所引起的收入的潜在增加不能内在化时,一种新制度的创新可能允许获取这些潜在收入的增加"。

瓮福集团的创造的自适应创新系统突破了"企业成长极限"对组织扩张的约束。首先向不利于企业运作的管理体制开刀,重造业务流程,把原来高度集中的直线式管理改为分层分块的矩阵式管理,按生产经营性质和所在地方,成立了宏福磷矿、宏福磷肥厂、供销公司和多种经营公司,初步形成了集团的核心企业和协作企业。虚拟的外围企业集团机制,完成了组织结构从纵向控制型转向横向网络型结构,通过资本、技术等纽带,用较低的组织成本把多个独立法人资格的企业联系在一起,在一定程度上享有虚拟要素投入、边际效应递增收益和一体组织的规模经济收益,范围扩张和分散风险的经济性。从本质上讲,集团公司体制是一种高级形态的经济组织形式和制度安排。这种从计划经济体制的企业制度向现代企业制度变迁的结果,使同样的企业因制度变迁而从低"效率"与无"效力"向高"效率"与有"效力"转化,实现了经济增长。就瓮福集团而言:它与过去的单一法人基地不同,瓮福集团并不是完全以内部组织代替市场交易,而是追求组织安排与市场交易之间的一种动态平衡。通过对两种制度的成本比较,我们看到,瓮福集团这个经济组织可以灵活地选择不同的手段或新组合来协调其内部的生产经营活动,借此最大限度地排除外部交易不确定性,减少有限理性与机会的谋利倾向所导致的企业间市场交易复杂、交易成本过高的问题。多角化经营策略思想、企业间不完全联合使其建立起有效的风险防范机制。信息化、自动化技术和高度专业化分工、大规模生产也使产品成本大为降低。尤其是坚持走科学发展观指导下的新型工业化道路思想,使他们形成了消化吸收引进技术并加以创新,提升行业技术装备水平;推进产品结构升级,转变经济增长方式;发展循环经济,培育新的经济增长点;积极向国际化迈进,形塑了公司技术创新的系统内生环境。

3.4 瓮福集团的异质性创新系统

我们知道,"复杂适应系统"的共同特征是,它们能够通过处理信息从经验中提取有关客观世界的规律性的东西作为自己行为的参照,并通过实践活动中的反馈来改进对世界规律性的认识从而改善自己的行为方式。

"复杂适应系统"理论的主要特点是：(1)主体是主动的、活的实体。(2)个体与环境相互影响、相互作用，是系统演变和进化的主要动力。(3)把宏观和微观有机地联系起来。(4)引进了随机因素的作用，使它具有更强的描述和表达能力。

3.4.1 瓮福集团的异质性系统特征

本节考察瓮福集团异质性系统的特征和特点：即，作为技术创新主体的企业创新体系及其差异性（异质性），以及这些差异性（异质性）在哪种程度、以何种方式直接、间接影响了区域（产业）乃至国家经济绩效；弥补现代产业组织领域理论与教科书没有"复杂自适应创新系统模式"专门研究的现状。

1. 瓮福集团是一个整合的系统

整合是一切组织的重要属性，它是指把分化所产生的各个分化单位的活动协调一致，组成统一的整体，使各分化单位的活动成为组织整体活动的一个环节，保证整个组织有序运转的机制。

整合是组织得以存在的必要手段，组织如果缺乏整合过程，各分化单位及其成员各行其是，各自追求自身利益，必然使组织处于一种无序的松散状态；整合也是实现组织目标的基本手段，对于一个组织来讲，要实现其组织整体目标，必须在进行目标分解的同时，使这些分解出来的各单位协调一致，服从统一的高度指挥，围绕着整体目标的实现展开各种活动。没有整合，就没有整体目标的实现可能。建立适当的整合机制是组织运转的基本要求。

相对于单一法人的基地来说，原矿肥基地行政组织是典型的科层制而经济单位组织较为松散，在当时整合的难度很大。而新生的宏福公司①却通过一系列约束机制和利益共同体来实现整合嬗变。

(1)产权约束机制——新生的宏福公司的核心层成员是通过产权、技术、生产经营协议等多种纽带联系在一起的。这是宏福公司区别于松散契约联合体的主要标志。公司内部的产权关系主要有公司成员企业之间的水平方向的环形持股和自上而下的纵向股权两种形式。环形股权减少了股权分散性和流动性，核心成员企业成为其他成员企业的稳定股东，既可以有效地防止被恶意收购，又能使产权集中在公司内部。具有这种股权结构的宏福公司，其成员企业的经理联席会实际上成了股东大会，从产权形成上有力地保证了宏福公司的整合性。宏福公司纵向股权具有上大下小的矩型等级控制模式。

---

① 2008年，宏福总公司更名为瓮福（集团）有限责任公司。

宏福公司在建立现代企业制度的过程中,道德风险的案例是值得考量的。从实证的角度看,宏福公司董事会与经理层重叠的集权运作模式,确实因人而异,削弱了委托代理的层级道德风险。也就是说,所有权与经营权相分离伴随而生的委托—代理关系,造成了投资方(国家)及决策者、经营者在企业目标上的不同,进而伴随道德风险。尤其是中石化作为主要债转股持股者,关心的是持股收益率的高低,又实际上给经营者留下了很宽的运作空间;两职能(决策职能与经营职能)合一的集权模式,已经没有了权力制衡和牵制的语境。在这样一种语境中,是两职能主要核心人物的良好政治素养使他们一致关心公司规模的扩大和长期发展目标的实现及利税责任,并摆脱单纯追求业绩、年薪、社会地位、管理大企业的经历及与此相关的短期业绩的怪圈,以利于社会、惠及职工的境界经营企业。宏福公司决策者及决策层借助产权和行政手段来规范子公司及其经营者的行为方式,并通过对子公司的经营绩效,如产量、产值、利润、成本、销售额、市场占有率、增长速度、技术、进步率、产品质量等指标来考核制定奖惩方案;这种分层分块的矩阵式管理方式在单一法人的基地变成准多法人的宏福集团公司的过程中曾是一个难以突破的运作模式,但宏福公司突破了。应该说,原瓮福矿肥基地的那种层级管理方式,在未造成监督成本大幅度上升,加之信息对称及渠道畅通时,是不会对协调整合的效果造成太大影响的,因而不是异质型的企业家是不会认知并勇于整合的。

(2)市场约束机制——宏福公司对成员企业(协作企业)的市场约束包括内部市场和外部市场两种约束手段。

①外部市场约束机制。宏福公司核心成员之外的协作和关联企业作为经济社会的独立法人,都具有自主经营、自负盈亏、自我约束、自我发展的经营机制。在公司外,有适当利润的空间。每一个关联企业、协作企业都因成为宏福公司的虚拟企业,有宏福公司支持,规避了很多不利因素而获得比较利益,个体的鲜活成就了整个宏福公司的鲜活。

外部市场约束机制是竞争使资源向最优化配置的必然。宏福公司的决策者充分地利用了外部市场的约束机制来约束协作、关联企业的行为。

②内部市场约束机制。宏福公司的体制创新获得了过去基地所不具备的优势——内部市场。内部市场是宏福公司成员企业之间资金、技术、产品、半成品、原料等交换的场所。在宏福公司最终产品生产过程中包括多级生产工序,专业化分工十分明确,关联单位企业间的交易量很大。大量的企业间交易存在于从事纵向一体化生产的公司中。

与外部市场交易不同,在宏福公司内部市场中,企业之间的交易是一种双边交易,而不是像一般市场交易那样在不稳定多数的卖者和买者之间进行的交易,卖者将产品卖给出价最高的买主,而买者将从最低卖价的人那里买入。双边贸易则是一对一决定了交易对象之后的交易。因此,是首先有交易对象,然而才有价格、质量、服务等交易条件(奥村宏,1996)。宏福公司内部原料交易对象大多是较为固定的上游中小型企业。但这种内部双边交易并不是完全排除竞争的。当交易条件不合适时,交易双方都可以重新选择交易对象,包括各种外部选择。这样,对成员企业就产生了一种市场的约束作用。宏福公司内部的这种双边交易一般是长期交易。从社会福利角度看,救活了一批中小型企业,从资源配置角度看,实现了社会资源的有效配置。

为了获得长久利益,保证宏福公司合理的资金结构和生产布局及整体利润目标的实现,宏福公司的内部交易是一种不同于纯粹市场的转移价格。这是一种以市价或以成本为基础制定的调整价格。

2. 宏福集团系统与环境相互渗透,边界、面积增大、开放度增加

(1)宏福集团公司成员企业是母公司的控股企业。

公司成员企业目前的准法人地位使其成为市场经济中自主经营、自负盈亏的、相对独立的经济实体。因此,这些成员企业除在重大人事、核心技术、系统管理、流通等方面受控于母公司外,直接与公司所处的环境进行物质、信息和能量交流。

(2)宏福集团公司与环境之间并没有明显边界。

作为系统,公司与环境之间并没有明显边界,它们之间是相互渗透的,见图3.15。公司与环境之间的边界可以看作是各个成员企业(子系统)与环境之间界面之和。公司的前身是一个大型企业,假若我们把这个很大的单一法人企业分化为 N 个与原企业具有相似组织结构均等的独立法人企业,这些企业与环境之间的界面面积之和为原有大企业与环境之间界面面积的 $N^{1/3}$ 倍(例如,$N=10$,界面面积将扩大为原来的 2 倍)。因此,公司的开放度普遍高于同等规模的大企业,并且偏离核心企业越远,成员企业受环境压力越大,与环境交流越多。系统中成员企业与外界交流增多,使公司的整体开放度得以明显提高,从外界获益的机会增多,从而使整个系统保持足够的发展动力。

此外,公司成员结构是一个动态结构。当某些成员企业不具备发展潜力造成功能严重衰竭时,公司可以通过股权转让、合同变更、企业再造等手段随时调整成员企业的构成或它们在公司中的地位,以保证公司的资产不受重大损失;当某成员企业的创新取得重大突破时,公司将及时提高该企业的地位,使其跃升为核心企

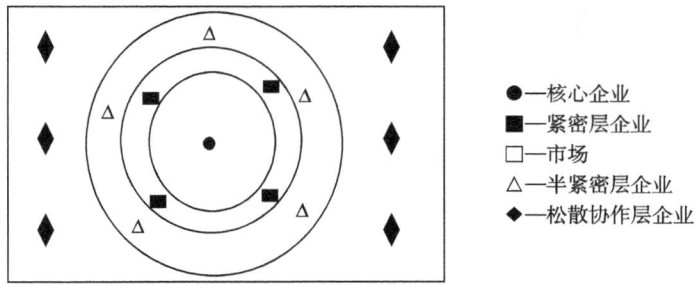

●—核心企业
■—紧密层企业
□—市场
△—半紧密层企业
◆—松散协作层企业

图 3.15 宏福公司与市场相互渗透的程度

业;核心企业的比较利益使协作和关联企业具有很强的趋同性。公司还可通过兼并、收购、提供技术支持、签订长期业务合同等手段吸收一些独立企业加入公司,增加公司的活力。成员企业持久进入,升级和降级,也是公司与环境进行物质和能量交换的有效手段。

(3)宏福集团公司各子系统之间边界明确。

集团公司各子系统之间边界明确,层次清晰,具有典型的分形特征。集团公司是由核心公司、子公司等构成的子系统。

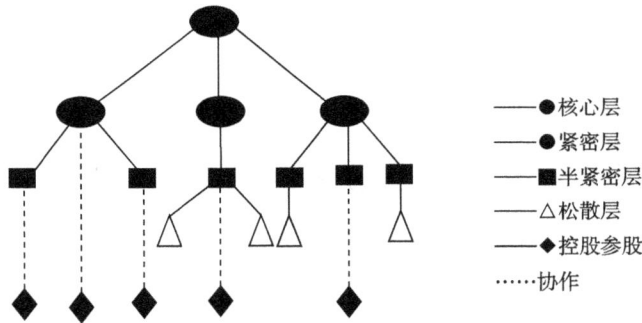

——●核心层
——●紧密层
——■半紧密层
——△松散层
——◆控股参股
……协作

图 3.16 控股型公司的层级结构示意图

公司中的这些成员企业都有明确的产权边界,且众多的成员企业按照产权、技术、销售、原料供给等方面的差异分属于不同的层次。图 3.16 是集团公司控股型企业的组织结构,其中每一个子系统与公司及其他成员企业在组织结构、管理手段、协调方式等方面都具有相似性和差异性。每个企业都为了在市场中生存和发展而要求自己的行为方式和成长路径,从而增强了整个公司的活力。

(4)宏福集团公司成员之间存在着较为激烈的竞争,组织内外平衡诱因较大。

集团公司在人才、技术、专利、资金、销售渠道、商标、信息以及国家产业政策等方面享有的资源是有限的,因此,公司中的成员企业都要为自身生存而展开资源竞争,寻求新的诱因来实现组织的内外平衡。它们总想无偿或以较低的费用使用公司的核心技术,更多地占用低成本资金,更多地利用公司的原料供给渠道、最终产品的销售渠道,更多地争取对自己有利的各种投入要素或产成品的转移价格。而公司也要为资产升值、商标等无形资产的保护(免受某些成员企业劣质产品的侵害)等制定对策,并尽力协调成员企业的行动,保证整体战略目标的实施。竞争增加了系统协调、整合的难度,但竞争增强系统的诱因,造成了成员企业在获得资源、信息等方面的不平衡,从而使系统偏离稳定状态,有利于创新的产生。正是这种竞争和协同的相互联系和相互作用,使集团公司摆脱传统的机械式稳定结构,建立起一个充满创造活力的自适应系统,跃变成一个能对瞬变的外部环境迅速作反应的有机体。

集团公司以这些社会系统特征构成了公司内外平衡的内在机能和发展方式。戴维斯和诺恩认为,从理论上讲(企业)制度创新应该是一个帕累托改进过程。"制度水平(个人的、自愿合作的、政府的)之间的选择由与各种选择相联系的成本收益表示","在每种情况下,成功的创新导致总收入的增加,而且在原则上可能没有人在这一过程中受损"。公司的实践充分体现了这一点。在制度安排上,它既保证了公司整体利益,又没有损害成员企业法人地位,给他们保留了足够的发展空间和自由度。

(5)宏福集团公司独具的动态能力[①]。

集团公司在急剧变化的市场面前,建立起一个充满创造活力的自适应系统。跃变成一个能对外部环境的变化迅速作出反应的有机体,是因为集团公司所独有的动态能力(dynamic capabilities)。

在我国销售额 100 亿的企业中进行的竞争展示了对扩张模式的需求,使我们感觉到竞争优势(competive advantage)是怎样获得的。中石化、中石油、国家电力、贵州茅台以及其他知名公司似乎都靠着一种积累有价值的技术资产、资源资产的"资源基础战略",这些技术资产通常是受到垄断的知识财产的保护。然而,这个战略常常不足以为重要的竞争优势提供支持。什么是企业的核心竞争力?经济学家、企业家各有高见。我们认同"全球市场上的赢家都是能够做出及时反应,进行快速而灵活的产品创新,还具有管理能力有效协调和重新部署内部、外部能力的企业"[②]的观点(David Teece)。所以说,能够积累大量有价值的技术资产、资源资产的

[①] 我们将动态能力定义为企业学会认识变革的需要,继而重新配置内部和外部能力以抓住迅速改变的环境所创造机遇的能力。因此,考虑到路径依赖和市场定位,动态能力反映了为获得新的、创新型的竞争优势,组织进行调整和适应的能力。

[②] 钟鹏认为,"包括约束机制、激励机制、组织机构在内的管理机制是企业的核心竞争力,因为团队也好、企业家也好,都是制度的产物"。参见《什么是企业的核心竞争力》,《光明时报》2005 年 5 月 23 日。

公司,并不是永久的赢家,它缺乏一种属于核心竞争力范畴的能力。

提斯等人将这个找到机会并抓住它们的能力叫做"动态能力",目的是强调以前的战略理论没有重点关注的两个关键方面。"动态"一词是指更新技能以适应不断变化的经营环境的能力;当进入市场的时机和时间选择很关键、技术改变的速度很快、将来的市场和竞争的性质很难把握时,企业就需要一定的创新反应。"能力"一词强调了战略管理在适当调整、整合和重新配置内部与外部的组织技术资源以及功能性能力,以适应不断变化的环境要求时的关键作用。

竞争优势需要同时发掘现有的和正在发展的新企业特有的内部及外部能力,这个观点部分是由彭罗斯(Penrose,1959)、提斯(Teece,1982)和维纳菲尔特(Wernerfelt,1984)提出的。然而,我们的任务是研究集团公司是怎样形塑企业专有能力以及怎样更新技能以适应企业环境的改变的细节问题。这些问题都与企业的业务流程、市场定位和扩张路径密切相关。我们提出一些观点和证据并论证,以说明集团公司是怎样开发其能力来适应甚至利用环境的迅速变化的。我们试图用动态能力理论[①]来考量集团公司的动态能力(Lazonick,W.,1982a;Coase,R.,1988;Nelson,R. and Winter,S.,1982;Trushman,et al.,1986;Argres,N.,1995;Schumpter,1934;Teece,1986b;刘金友,2007;S. 迈尔斯·D. 马奎斯,1969)。

3. 瓮福集团的市场和战略能力

要考量宏福集团公司的动态能力建立相关的概念框架,关键步骤就是找出创建、维持和加强这种独特的、难以复制的优势的基础是什么。战略能力是工商企业战略要素组合的表征,宏福公司的战略能力可表述为独特的和难以模仿的。由此,在为产品和服务定价时不必考虑太多竞争问题,利润也不会因为竞争而受到影响。相应地,那些同质的、能够以一个确定的价格在市场上买到或卖出的资产或东西就不可能是战略性的(Barney 1986)。那么,集团公司巩固(静态)竞争优势的战略能力具体是什么呢?

这个问题可以从集团公司系统特征中所论述的:集团公司是一个整合的系统;公司与环境相互渗透,边界面积增大、开放度增加;公司子系统之间边界明确,层次清晰,具有典型的分形特征;公司成员之间存在较为激烈的竞争,组织的内外平衡诱因较大;公司独具的动态能力等有关市场和内部组织运行,反映出其战略能力等方面来回答。

[①] 动态能力理论试图提供一个能够对现有概念和实现知识进行整合并提出解决方案的复合框架。该理论建立在众多经济学家提供的理论基础上。

确实,集团公司最特殊的地方就是它们是以非市场的方式开展活动。相应地,当讨论什么是集团公司最与众不同的地方时,我们会强调它作为组织和完成事情的方式的能力,这种能力不是简单地通过使用价格体系协调活动来实现的。因为大多数能力的本质就是它们不可能通过市场轻易地被收集到(Lazonick,1991;Teece,1982,1986a;Kogut and Zander,1992)。

　　然而关键的一点是,通常借助于正式合同而联合起来的企业业务单位组合并不能模仿替代宏福公司组织的内部特性,就像特质组织内部的许多特殊要素完全不能在市场中找到模仿替代一样。也就是说,异质型企业家行为不能简单地通过进入市场和一夜间建立起一个联合,就立即实现模仿和复制独特的组织技术。模仿需要时间,而且对最优经验的模仿有可能是不可靠的。的确,要理解企业的能力,不光要着眼于资产负债表的项目,还要着眼于支持生产活动的组织结构和管理流程。就构成而言,企业资产负债表上的项目至少可以按原来的市场价格(成本)评估。因此,可以说资产负债表是企业独特能力的微弱表现,而财务报表数据也只能衡量企业能力的某些东西,这些独特的东西是不能交易的。

　　如果想要掌握企业层面上的独特能力,就需要理解工商企业许多方面的东西。在这里,我们仅仅明确几类要素,这些要素有助于确定集团公司特有的能力和动态能力。我们把这些要素归纳在三个类别中:流程(processes)、定位(positions)和路径(paths)。能力的本质就体现在某种组织流程中,但是这些流程的内容以及它们提供的、用于在任何时候发展竞争优势的机会,基本上是由集团公司拥有的资产和采用或继承的演变路径形成的。因此,由集团公司的资产定位、演变与共同演变路径形成和塑造的组织流程,就解释了集团公司的动态能力和竞争优势的本质。

　　4. 瓷福集团流程、定位和路径

　　我们认同这一观点:企业的竞争优势部分地存在于它的管理和组织流程中,而这些流程的形成取决于它特有的资产定位和获取路径。我们还注意到固定资产不能成为企业竞争优势的来源,例如厂房、设备,这些都能够被产业的所有参与者轻易买到。虽然资产负债表通常要反映这些资产,但是对竞争优势起关键作用的资产却很少在资产负债表中有所体现,而对竞争优势作用不大的资产却基本反映在了该表中。关于组织和管理的流程,指的是企业做事情的方式,或者可能被当作企业目前实践的惯例或模式的做法。关于定位,指的是企业目前特有的技术、知识产权(intellectual property)、互补资产(complementary assets)、客户群(custermerbase）以及企业与供应商（supplier）、辅助商（complementaor）之间的外部关系。关于路径，指的是企业可以获得的战略选择，以及不断增加的收益和附带的路径依赖的存在或缺失。

我们关注没有现成市场的宏福公司资产结构，因为这些才是惟一具有战略意义的资产。最后部分关注复制和模仿，因为就是这一现象决定了竞争对手能够模仿能力的难易程度，因而决定了企业能力的独特性和竞争优势的持续性。

企业的流程和定位共同成就了它的能力。能力是有层次的，有一些能力存在于车间①，有一些则存在于研究和开发实验里，还有一些存在于整合的过程中。难以复制或难以模仿的能力在以前被定义为特有能力。特有能力的关键特征就是：除了可能通过业务单位的市场外，没有市场能够交换这些能力。因此，能力成为最具诱惑力的资产，它们通常都只能由有能力的人培养起来，而不能被买到。

（1）瓮福集团的组织和管理流程。

从前述宏福集团公司是一个整合的系统，我们看到：静态组织过程使协调和一体化得以进行。公司的市场约束机制、形成的价格体系协调公司活动经济，市场的协调属性取决于价格是否"足够"使资源分配决策建立在其基础上，而决策人则协调或整合公司内的活动。我们看到了他们怎样高效、有力地实现内部的协调或整合。

罗纳德·科斯（Ronald Coase）早在 1937 年就发表了开拓性论文《企业的性质》（*the nature of the firm*），其关注与市场相比较，企业内部的组织协调成本。半个世纪后，他认为，理解"为什么组织特定活动的成本因不同企业不同而不同"最关键（Coase 1988）。我们认为，集团公司的特有能力应该被理解为他们对公司独特的组织或协调的反映。他们整合的形式有别于不同业务单位之间的整合，例如，通过组织约束机制和利益共同体来实整合；它们可以单独实施外部整合，外部协调也是这样。我们看到：集团公司完善的三大创新②战略与五大领域技术创新项目③规划所形成的战略优势不断地要求对内外部活动和技术进行整合。宏福公司战略联盟、虚拟公司（virtual corporation）、购买者—供应商关系和技术合作的范示，证明了内外部整合和供应源的重要性。

有些观点认为，由企业内部管理所组织的生产方式是区别企业在不同领域能力的根本所在，这一观点可以由集团公司前身矿肥基地的内部管理所组织的生产

---

① 一种现象。工厂垮了，某些车间还鲜活。
② 三大创新战略：资源发展、精细化工、低成本扩张。
③ 五大领域技术创新项目规划：磷复肥发展、精细化工发展、氟化工发展、碘化工发展、节能消耗与废物资源利用发展。

方式与现在公司的内部管理组织的生产方式和实证研究得到支持。例如,对集团公司原技术装备的研究显示,工作质量表现与资本投资或设备的自动化程度都没有正相关关系;相反,工作质量表现是由专门的组织惯例(special organizational routines)推动的。这些惯例包括用来收集和处理信息惯例、将消费者体验和工程设计选择联系起来的惯例、协调不同业务单位和原料供应商的惯例,以及对员工人文关怀程度方式的惯例。对原矿肥基地和宏福公司协调惯例所起的作用的研究揭示,在协调把新做法由观念转化为市场产品的各种活动时,同一企业或不同企业的协调方式差异很大。这些协调惯例和能力的不同似乎对开发成本、开发完成时间和质量这些绩效变量都有很大的影响。应该说,原矿肥基地领导人当年在基地建设过程中的协调作用与能力是可以用基地建设的成功来考量的。假如进一步的研究能在协调惯例中找出公司层面上的重大差异,这些不一致似乎可以从领导人行事风格上反映出来。懂协调是大智慧,会协调是大本事。这就说明,与协调相关的惯例在性质上是企业特有的。

同样,有关能力是体现在与众不同的协调和联合方式上的观念,也有助于解释看起来微不足道的技术变化是怎样对现有企业在市场上的竞争能力造成毁灭性影响的,以及为什么会这样。例如,原矿肥基地陷入困境虽然有很多客观原因,但其或缺一些似乎微不足道,对系统应该怎样重组产生重大影响的创新才是致命的。系统层次或"系统化"的创新通常会要求有新的惯例来整合和协调工程技术工作,这些和其他一些研究都说明,集团公司生产系统表现出了高度的相互依赖性,要单独改变一个层次而不影响其他层次是不太可能的。有关"精益生产"模型(lean pro-duction model)要求独特的工厂惯例和工艺以及独特的更高水准的(例如"宏福村")订单管理流程。换句话说,组织流程通常表现出高水平的一致性。当处于这种状况时,模仿就可能会很困难,因为这要求在整个组织中以及组织之间进行系统的变革,而这个变革也许是很难实现的。换种说法就是,对一个成功的模型进行部分的模仿或复制可能不会带任何利益[1]。

认为流程或系统中有一定的合理性和一致性的观点,和我们理解的公司文化的概念并不一致。但两者确实可以在公司里并存,两者之间并存的原因是个值得研究的问题。公司文化是指员工所持有的价值观和信念,它协调了个人的行为,文化可以成为一个事实上的治理体系,可以不需要一个更正式的管理方式。

广义地说,文化(尤其是宗教)是人们所持有的传统价值观和信念,因为它协调

---

[1]　参看 Milgrom 和 Robert 1990 对这些观点的理论分析。

了个人的行为,文化可以成为一个事实上的治理体系,可以不需要一个更正式的管理方式。传统价值观和信念的破坏于人、于家、于国都是灾难性的。理性或是一致性观点更类似于尼尔森和温特(Nelson and Winter,1982)的组织惯例观点。然而,惯例的概念又似乎太模糊不清,不能恰当地抓住流程与流程之间以及流程与人们头脑中的动机之间的一致性。

我们下一步会考察宏福集团公司的激励机制。我们看到,如果这个机制有用来奖励个人绩效的相对高能的激励,那么它就必须建立引导个人行为的组织流程;如果它的激励很弱或是低能量的,它就必须寻找象征的方式来认可这些高绩效者,还必须使用替代性方法鼓励努力和积极性。可能会被人们当作是组织风格的东西,事实上包含了获得绩效所必要的,而不是随意的要素。

认识到流程之中以及流程与激励之间的一致性与互补性,是理解组织能力的关键,尤其有助于解释集团公司自适应创新系统的形成,以及根本的创新为何如此频繁地被两位新进入者引入公司。我们观察到某些企业所开发的特有组织流程不能对新技术提供支持,尽管在新老技术之间有着某些明显的相似之处。因此,某些企业在引进新技术方面的频繁失败可以被看作是一个不匹配的结果,这种不匹配经常发生在支持传统产品/服务的组织流程和新技术的需求之间。为了对新产品提供支持,常常要求进行根本性的组织再造。集团公司领导人很好地完成了组织再造。其绩效可以从公司产能情况、生产经营指标、主要荣誉及采用新的连续性组织流程的独立子公司的新产品反映出来。参看表 3.1、表 3.2、表 3.3。

表 3.1 宏福集团公司产能情况表

产品	产能(万吨)		增长
	设计值	现值	
磷矿石	250	400	60%
磷精石	190	250	32%
硫酸	80	200	150%
磷酸(100% P_2O_5)	60	80	33%
磷复肥	80	200	150%
磷化工	—	35	—

注:2001—2006 年生产经营主要指标年均增长接近或超过 30%。

表 3.2　宏福集团公司 2001—2006 年生产经营指标表

指标		2001—2006 年完成情况						2001—2006 年均增长	2007 年计划
		2001 年	2002 年	2003 年	2004 年	2005 年	2006 年		
产量	磷肥(万吨)	31.19	59.98	93.65	123.06	134.40	147.13	36.38%	162.40
	磷化工(万吨)	1.40	1.22	0.79	2.23	10.02	13.13	56.4%	20
工业产值(亿元)		8.73	10.91	16.09	26.04	36.17	38.73	34.71%	44
销售收入(亿元)		7.52	12.27	18.75	29.86	39.43	41.8	40.4%	56.5
利润(万元)		335.94	977.49	3 378.21	8 864.84	11 089.74	19 844.55	126%	—
税费(万元)		4 603.06	6 694.51	5 372.79	15 549.16	22 144.26	23 368.73	38.39%	—
出口创汇(万美元)		5 414	8 949	12 900	15 849	18 016	23 848	34.52%	32 000

表 3.3　2001—2007 年宏福集团公司获得的主要荣誉

序号	荣誉名称	发布单位	发布日期
1	中国名牌产品(磷酸一铵、磷酸二铵)	国家质量监督检验检疫总局	2003/2005/2006
2	产品质量国家免检(2004—2007)	国家质量监督检验检疫总局	2004
3	全国民族团结进步模范集体	国务院	2005
4	最具市场竞争力品牌	商务部	2006
5	全国创建和谐劳动关系模范企业	劳动和社会保障/全国总工会/中国企业联合会/中国企业家协会	2005
6	第三届中国矿业十佳企业	中国矿业联合会	2005
7	全国五一劳动奖章(涂兴沼)	全国总工会	2003
8	全国劳动模范(何浩明)	国务院	2005
9	"十五"以来贵州省优秀技术创新项目一等奖(磷铵高新技术产业化)	贵州省人民政府	2003
10	中国石油和化学工业 2003 年度百强企业	中国石化协会/国家统计局工交统计司	2004
11	2003 年度贵州省优秀企业	省经贸委/省企业联/省企业家协会	2003
12	省五一劳动奖状(先进单位)	贵州省总工会	2004
13	2004 年度中国石油和化工行业综合效益百强、销售收入百强	中国石化协会/国家统计局工交统计司	2005
15	2004 年贵州省最具影响力企业	省企联会/省企业家协会/省企联表彰办	2004
16	2003—2004 年度贵州省优秀技术创新项目特等奖(磷酸快速萃取结晶技术)	贵州省人民政府	2005

序号	荣誉名称	发布单位	发布日期
17	第二批全国企事业专利试点工作先进单位	国家知识产权局	2006
18	中国石油和化学工业科学进步一等奖（碳酸盐型磷块岩反浮选新工艺开发及产业化）	中国石化协会	2006
19	AAAA级标准化良好行为证书	中国国家标准化管理委员会	2007
20	磷肥类产品2006年度中国市场同类产品市场综合占有率第一位	中国石化协会/国家统计局工交统计司	2007
21	2006年度中国石油和化工行业销售收入前百家	中国石化协会/国家统计局工交统计司	2007
22	2006年度中国化学肥料制造待业销售收入前百家（前20位）	中国石化协会/国家统计局工交统计司	2007
23	全国产品质量、售后服务信誉双保障企业（2003年3·15公告）	中国质量检验协会	2003
24	国家监督检测质量十佳放心品牌	中国技术监督情报协会	2001

（2）宏福集团公司定位（positions）。

集团公司的战略态度，不仅取决于公司领导人及其决策层价值取向、认知水平和动机，还要受其学习及过程、内部和外部流程与员工动机的一致性的影响，受到其专有资产（specific assets）的影响。就集团公司资产而言，不仅指它们的专门化厂房和设备，而且包括它拥有的很难进行交易的知识资产、相关的互补性资产以及企业的声誉和关系资产，这些资产在任何一个时点都决定着公司的竞争优势。下面是几种说明性的类别：

公司的技术资产（technological sssets）。集团公司具有丰厚的技术资产，并重视技术和知识资产的保护，对技术和知识资产的所有权保护和利用，是企业之间很明显的关键区分因素，互补性资产同样如此。

公司的互补资产（complementary assets）。技术创新需要使用某些相关资产生产和交付新的产品和服务。集团公司的互补资产是通过关联企业、协作企业获取的。这种能力和资产不仅对公司的现有活动是必需的，而且可能还有其他用途，这类资产通常是处于下游的。新产品和工艺可以增加这种资产的价值，也可以破坏其价值（Tushman et al.，1986）。例如，威顿公司的硫酸生产及工艺增加了这种资产的价值，然而也有某些企业项目的投资毫无用处。

公司的金融资产（financial assets）。从目前情况看，集团公司的现金状况和利用程度也许还没有提上战略高度。虽然没有东西比现金的流动性更重要,但是,如果向潜在的投资者透露相当的信息,是可从外部市场筹集现金的。当然公司在短期内能做的事也通常都与其资产负债表密切相关。从更长的时期来看,现金流周期缩短在长期更具有决定作用。

公司的声誉资产(reputational assets)。企业就像个人一样,也要讲声誉。集团公司 2001—2007 年获得的主要荣誉就是其声誉资产,参见表 3.3。声誉通常是对与企业有关的大量信息的概括,还决定个人、供应商和竞争者对企业的反应。有时很难将声誉同企业的现有资产和市场定位区分开。然而在我们看来,最好是将声誉资产看作是能使企业在市场上实现各种目标的无形资产,它的主要价值是外部的。因为关于声誉最重要的是:它是对企业的现有资产和定位以及企业未来可能行为(如前述的三大创新战略、五大领域技术创新项目规划)的总结性统计。由于企业的内部认识和外部认识之间通常有很强的不对称性,有时声誉就可能比事情的真实情况更重要。在这种情况下,外部行为人必须根据他们知道的情况而不是根据可以知道的情况采取对策。

公司的结构资产(structural assets)。从创新的速度和方向以及能力的演变方式来讲,组织的正式和非正式结构以及其外部联系都具有重要的意义(Argres,1995;Teece,1996)。层级化程度(degree of hierarchy)以及横向和纵向的一体化水平都是企业专有结构的要素。集团公司和各子系统之间边界明确,层次清晰,具有典型的分形特征,见图 3.15。它与众不同的治理模式能够被人们所认识,或多或少地对不同类型的创新活动提供了支持,例如,一体化结构导致的系统创新。

公司的制度资产(institutional assets)。集团公司的制度资产由公共政策资产和公司制度资产构成。虽然制度资产是限制企业行为的重要因素,有利的是市场经济体制的制度资产却是朝着有利于经济发展的方向演进,而不利于经济发展的因素大为减少了。由于制度本身是企业环境的一个关键要素,监管制度(regulatory system)、知识产权制度(intellectural property regimes)、民事侵权行为的法律规则(tort laws)和即将出台的反垄断法(monopolistic law)都是环境的一部分。它们都有利于集团公司的生存与发展。这些资产可能并不完全是企业特有的,不同国家和地区的企业需要不同的制度资产。因为制度或政策环境的不同,其结果是大相径庭的。

公司的市场(结构)资产[market(structure) assets]。产品的市场定位很重要。宏福公司的产品营销和"宏福村"模式使其找到了农化服务的最佳结合点并创新了服务方式,很好地解决了产品市场的定位。按张湘邦的话说:"当前我国老百姓的施肥习惯已渐趋理性,由过去单纯追求肥料的价格,开始向重视产品质量和服务质量上转变。对企业而言,营销是关键,而搞好营销的一个重要手段就是开展优质的服务,从某种程度上说,服务就是赢得市场的一把钥匙。因此,'宏福村'的建设,既是企业营销方式的一种大胆创新,同时也是企业农化服务模式的一次创新。通过这种形式,企业可以深入到农村基层,缩短了企业与经销商和农民的距离,既强化了服务,同时也是对销售工作的大力推进。这些'宏福村'也将成为宏福公司牢不可破的'革命根据地',为企业的长远健康发展打下坚实的市场基础。"但是这并没有全面决定公司外部环境中的根本定位。这个问题的解决还有待于市场的界定,即尽快建成更多的"宏福村"、"宏福县"或"宏福团场",使重点市场区域宏福肥料的市场占有率能达到 60% 以上,以便于企业以具有经济意义的方式开展竞争。更重要的是,在磷肥业技术迅速变化的领域,市场定位通常是极其脆弱的。部分原因在于,在这样的环境中,时间是按照不同的标准进行计量的。例如,因为技术变化的速度非常快,互联网的一年可以等同于汽车产业的十年。而且,"宏福村"模式创新和市场份额之间的联系不是公司固有市场资产。所有这一切都说明了产品的市场定位虽然很重要,但是能够占领的市场份额未必不变。公司绩效中更重要的方面是其制定的战略,而战略是植根于能力之中,根据定位和路径而形成的。

公司的组织边界(organizational boundaries)。"定位"的一个重要方面就是企业边界的位置。换句话说,横向、纵向和水平一体化程度具有相当重要的意义。边界不仅对内部的技术资产和互补资产非常重要,而且对内部能实现的协作性质也是如此。当专有资产或保护不力的知识资本还处于争议之中时,纯粹的市场安排就将当事人暴露在了重复缔约或被侵吞的危险之中。

(3)宏福集团公司的路径(paths)。

路径依赖(path dependencies)。公司能发展到今天的程度是与它目前的定位和前进路径相关的。公司目前的定位又是由善于学习的领导人及领导层理性的认知努力与感性的灵感探索路径形成的。在经济活动中,公司能够选择的技术和能够占领的市场都是没有边界的。随着技术根据价值最大化原则会流进和流出,模仿的结果使产品或要素价格不可改变性只存在于短期之间。低成本扩张战略,可以使企业的定价低于全面摊销成本(fully amortized costs),但绝不应放弃未来投资选择。"过去的事就过去了",路径依赖的重要性完全没有被某些集权者认识到。这是社会认识素养不足的反映,其结果是在天翻地覆的变化后面聚集了太多的矛盾,孕育了新危机。

集团公司领导认识到,"历史很重要"。过去的事情很少是过去了的。因此,他们认同以前进行的投资和经常使用的惯例。他们之所以采取这种作法,是因为如果太多的因素同时被改变了,公司开展新的有意义的、自然的准实验的能力会被削弱。事实上,如果一家企业的学习环境同时在太多方面发生了改变,因果关系就很难确定。这是因为新的认知结构不会迅速形成,学习作用也因此而降低。这就意味着以后许多决策或投资都很难作出。

集团公司连续 10 年生产经营主要指标年均增长接近或超过 30%,是路径依赖重要性的反映。这种需求现象,是公司技术和体现这些技术的产品越是被采用就越具有吸引力。吸引力来自于使用者对产品的更多接受和偏爱,而这样反过来又促使产品发展得更加成熟,进而更加实用。公司产品不断增加的回报的来源很广,包括了公司的声誉资产、互补资产的增加和起支持作用的关联与协作单位继续存在与趋同,使用中的认同以及"宏福村"模式的规模经济(scale of economy)。磷肥业技术之间的竞争是由不断增加的回报所决定的。由好运或特殊环境(Arthur,1988)所赢得的先机,可以被不断增加的回报放大,但这并不意味着先锋就必定成功。因为不断增加的回报有着多种来源,公司以前的定位会影响利用不断增加的回报的能力。因此,集团公司还要独辟蹊径,只有这样才能成就其不同的路径。

为了寻求不断增加的回报,宏福较早地开展技术研发活动制定战略性规划。但是,由于高度的不确定性,要很早就制定可行性战略可能是极其困难的。又因为只有在市场结构开始演变后,游戏规则和竞争者的身份才会显示出来,盈利就必须依赖建立和维持支持灵活性的组织的能力。例如,磷肥业垄断竞争的市场结构一旦瓦解,原有的战略就有转变的必要,没有支持灵活性的自适应系统能力,是很难使战略转变成功完成的。

5. 瓮福集团的动态能力与协调过程

集团公司的动态能力存在于它的组织流程中。组织流程反过来又形成了公司的资产(它的定位)以及公司所选择的演变路径。这里我们看到公司的动态能力是异质型企业家属性的体现。企业家确实可以选择和调整他们的组织流程,在前进的路径中至少可以进行有限的选择。公司的能力和公司用于感知机遇、抓住机遇的管理很关键。这种活动反映出企业家活动不仅是管理活动,并且是企业在市场上取得成功的关键。由于它的重要性,目前人们虽然对企业年薪制颇有微言,但是国资经济睿智的管理者们是认同企业家特殊贡献的。

公司的领导班子是个善于学习的班子。通过学习,工作可以完成得更快更好,学习也使他们发现新的可持续发展机遇。[①] 在宏福公司良好的环境中,公司层面的学习解决了两个关键问题。第一,解决了组织和个人的和谐关系。可以说,宏福公司的资源和智力都相对集中在公司层面,被公司领导层掌握。虽然个人作用很重要,但其价值取决于对他们在特定组织环境中的使用。在集体性的学习活动中,通过个人的模仿和效法,大家对理解复杂问题作出共同贡献,学习并形成了有共同交流规范和协调的决策程序。第二,通过这些活动产生的组织知识存在于新的行为模式、"惯例"或新的组织逻辑中。就像前面阐述的,相互作用科学决策惯例模式,代表了成功解决特定问题的方式。这些相互作用的模式存在于公司层面的行为中,尽管某些惯例也存在于个人行为中。动态能力就像一个协调的管理过程,这一动作方式为组织间打开了一扇科学决策的大门。

(1)外部感知。

宏福集团公司之所以能够展现动态能力,是因为善于学习,敏锐地感知到机遇和变革的需要、恰当考量反应性行动和投资,以技术和效率实施新的机制。在"感知"的过程中,组织收集和解读有关新市场、新技术和竞争威胁的信息,这些信息是根据领导人个人与组织的经验和知识进行研判。

感知或解读的信息是很关键的。宏福公司这方面做得好,使组织和它的环境联系起来,并且明智地使用自身的资源进行投资,进而产生更高的回报。对感知来说,最根本的挑战就是有限理性(bounded rationality)。一个人不可能了解所有的有关情形、机遇以及所有应该了解的东西,行动的开展也必须基于对世界真实情况的直觉和有根据的猜测。公司组织和其管理的绩效,得益对于市场和企业行为理论化的解读。

(2)组织行动。

一旦感知到了机遇,就必须抓住。这就是企业的开始位置,也是它快速订购必须的外部资源,并对相关的内部资源进行管理的能力开始展现的时候。对能力、互补性资产、时机的选择和竞争都必须考量,如图 3.17 所示,如前所述熊彼特(Schumpeter,1934)曾提到了实施"新组合"的重要性,这正是宏福集团公司领导层做的事情。

---

① 参看《贵州宏福坚持走科学发展指导下的新型工业化道路》,2007 年全国国企典型宣传报道情况介绍材料分析和总结。

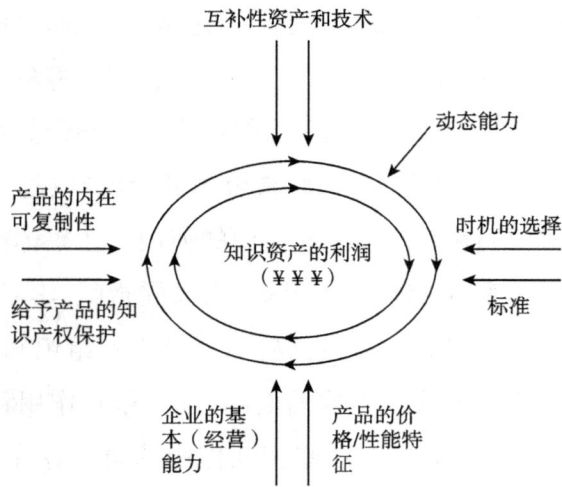

图 3.17 使用动态能力实现技术(知识)资产的价值

注:动态能力是指企业感知机遇以及重新配置知识资产、企业能力和互补资产和技术以获得可持续竞争优势的能力。

使用动态能力实现技术(知识)资产的价值需要仔细分析定位、过程和路径。宏福公司为了实现快速的反应,确实向联盟中的伙伴外包产品或服务。联盟的结构是有利的,因为很多公司需要的东西都没有市场可提供。宏福公司的联盟做到了这一点,它分担了风险、分享回报,并实现了战略统一。

就组织行动而言,它还需要能够立即做出决策、快速开展行动的组织结构和流程。宏福集团公司的自适应创新系统就蕴涵了这样的组织结构和流程。

6. 动态能力对企业理论的意义

动态能力理论认为,企业是难以模仿的有形和无形资产的孵化器和储藏室。宏福集团公司成功的典型案例说明了技术资产和知识资产是非常关键的。公司独特的流程支持了其专有资产(企业专有资产的统一簇群)的创新、保护与增加。这些资产和能力同时反映了领导人个人的经验和技能以及企业内部做事的特有方式。由于这样的资产和能力很难模仿并且在市场上有效部署和重新配置,所以它们是竞争优势的基础。

企业的本质就是其创造、转移、聚集、整合和应用难以模仿的资产的能力。其中,知识资产是关键。知识资产巩固了能力,能力反过来支撑了企业向市场提供产品和服务。宏福集团公司感知和抓住机遇的能力、重新配置(知识)资产、激发潜力和互补性资产的能力、选择恰当的组织形式的能力以及敏捷地分配资源和战略性定价的能力,都构成了它的动态能力。

这里所提出的观点强调管理中的异质型企业家这一面,而不是行政管理这一面。在高技术产业中,成功的企业并不是旨在使交易成本最低化的组织(尽管他们也这样做),而是能够形成和再形成不同的独特组合的资产群的组织,我们需要用这些组合为不断变化的消费者需求提供服务。相应地,边界问题(例如垂直一体化)也不是单独由交易成本因素决定的,它还受到了来自隐性知识和可模仿性/可复制性因素的有力影响。即使不考虑战略和交易成本的问题,在人事和组织制度/惯例不发生改变的情况下,隐性知识部分也不能经常被转移。隐性知识和它的专有特征有助于决定企业的边界,也有充分的理由可以消除交易成本因素。

企业特有能力的核心是组织资本,而不是人力资本本身。人力资本是可能被拥有的。企业可以进行投资,协助个人增加他们的人力资本。但是如果由于缺乏机制将这种资本与企业捆绑在一起,个人将因占用回报而流失,从而不会给企业带来任何竞争优势。只有在企业能够将个人能力置于组织能力之中,并且使整合后的能力大于相加的分散能力时,竞争优势才能建立。通常位于上层的动态能力在本质上很明显是组织性的,即使它们可能依赖于关键执行者的敏锐洞察力和执行技巧。换句话说,竞争优势不仅仅建立在"人"、人力资本或是"劳动力"上,而主要建立在组织能力上,例如美国硅谷的案例。

竞争优势不能仅仅归因于拥有技术资产、声誉资产、结构资产和其他互补资产,还要归因于将知识资产和其他可以创造价值的资产相结合的能力。在成功等式中,明白什么资产需要开发、什么资产需要放弃是非常关键的因素。如果企业的资产库是用来支持可持续的竞争优势的,动态能力就非常关键。精明的管理企业的能力/知识库中价值是战略管理的一个核心问题(见 Teece,1986b)。因此,了解企业不但要着眼于它的能力,而且要着眼于它的动态能力和协调内部与外部资产以获得价值的能力。动态能力反映了负责管理的企业家这一面。激励与企业的正式和非正式结构都是影响动态能力的治理因素,这些因素共同协助界定了我们所知道的企业。相应地,竞争优势也同时来自于管理和组织结构。

因此,企业的动态能力理论注意到了企业和治理结构(governance structure)的产权界限,这些产权界限的决定不仅与交易成本有关,而且还与难以复制的资产的所有权和创造相关。企业的界限以及未来的整合和外部机遇,都必须根据学习和知识的问题以交易成本经济学清楚地确定。

强调难以复制资产的开发和利用,将关注的焦点从成本最小化转向了价值最大化。治理决策包括哪些资产应该从企业中获得、哪些资产应该从外部获得,以及怎样进行内部组织的问题。因此,这个观点是对交易成本经济学(transaction cost economics)的补充。

7. 本节结论

知识、能力和相关的无形资产成为发达国家中企业竞争优势的关键驱动因素。这不仅是因为知识本身的重要性,而且还因为商品和要素市场的迅速扩张使无形资产成为在许多领域进行差异化竞争的主要基础。随着对无形资产、声誉、顾客忠诚度和技术诀窍的重视程度不断增加,人们对此达成了一些共识。虽然人们对这些改变有了一些认识,但是也许没有认识到这些问题究竟发展到了什么程度。这些发展要求对企业有一个更坚定的认识——动态能力理论搭建了我们这个时代企业理论的平台。宏福集团公司的成功给出了最好的实证案例。

管理学所面对的提升价值的挑战从管理转向了企业家能力,尤其是异质型企业家能力,因为认知的差异性将决定行为的差异性。这并不是贬低管理的重要性,而是仅仅说明更好的管理不可能存在于经济"租金"(economic rents),即更高的利润存在的地方。确实,如果一个人观察今天的财富创造源泉,就会发现和 20 世纪 80 年代的情况有明显的不同。在 21 世纪初期,财富创造的关键源泉依赖于新企业的形成、现有企业的复兴,对技术诀窍、知识产权和品牌的利用,以及新产品和新服务的成功开发和商业化。这就是动态能力理论竭力强调的东西。宏福集团公司动态能力实证案例再一次映证了这种理论的正确性[①]。

宏福集团公司以这些"社会系统"、"复杂适应系统"特征,构成了公司内外平衡的内在机能和发展方式。戴维斯和诺恩认为,从理论上讲(企业)制度创新应该是一个帕累托改进过程。"制度水平(个人的、自愿合作的、政府的)之间的选择由与各种选择相联系的成本收益表示","在每种情况下,成功的创新导致总收入的增加,而且在原则上可能没有人在这一过程中受损"。宏福集团公司的实践充分体现了这一点,在制度安排上,它既保证了公司整体利益,又没有损害成员企业法人地位,给他们保留了足够的发展空间和自由度。

3.5 创新系统使瓮福集团嬗变与发展

研究宏福集团创新系统的嬗变与发展,必须以宏福集团创新的系统行为为

---

① 本节部分参考了提斯、Pisano 和 Shuen(1997)在《战略管理期刊》上发表的"动态能力和战略管理"一文(18;7;509—33)以及提斯(1998)在《加利福尼亚管理学评论》40(3)(Spring)上发表的文章"从知识资产获取价值:新经济、专有技术市场和无形资产"。

根,创新的系统行为嬗变与发展的实证为本来提炼一般性理论。根就是立地的基础,以这个基础深入研究瓮福二十年来创新、蜕变与成长的不凡经历,创新至嬗变与发展的自适应创新系统模式。集团公司面对复杂多变的社会环境、经济环境乃至政治氛围所固有的不确定性、不可预测性、非线性等特点,自适应(所谓适应,就是个体与环境之间的主动的、反复的交互作用)且自觉不自觉地在"适应性中造就复杂性",并演进成自适应创新系统。瓮福集团俨然具备了复杂适应系统的特征:他们能够通过处理信息从经验中提取有关客观世界的规律性的东西作为自己行为的参照,并通过实践活动中的反馈来改进对世界规律性的认识,从而改善自己的行为方式。这反映了生物、社会等高级系统的能动的自组织的机制。

用实证分析方法考察这个"适应性主体或行为主体"蜕变与成长,以及嬗变与发展的内外成因,是本节的任务。

本节拟实证:创新的系统行为使宏福集团嬗变与成长,并提出创新系统使这个经济组织嬗变与成长的观点。分析形成这个经济组织技术创新动力机制的主要环境变量和管理变量因素。归纳了这个经济组织技术创新机制的作用机理。总结了这个经济组织技术创新的五种效应,从而提供了解决经济组织规模与创新活力矛盾的有效途径实证。探讨了技术创新对市场结构(垄断、寡头、垄断竞争、自由竞争)的影响。在此基础上,研究了这个经济组织技术轨道跃变、嬗变与成长的内在成因(规律性的东西),建立蜕变与成长、创新至嬗变与发展的自适应创新系统模式。

1. 形成瓮福集团创新系统动力机制的主要因素

(1)摆脱生产经营困境是瓮福集团公司技术创新的原始动力。

从集团公司陷入困境终端来看,当年公司是陷入了主要产品重钙无市场的经营困境。但从公司运作的角度来看,实质上是作为一个正式组织的三要素被削弱,组织的对内、对外平衡被破坏所致。因此,恢复公司经济组织系统的正常运转,是摆脱困境的先决条件。摆脱困境的压力使公司领导人及其决策层注意力集中在如何摆脱困境,于是新的合作意愿有了,共同的目标孕育了,信息渠道初步建立了。人心思变、人心奋进的氛围形成了,思变使公司产生了很多新思路,企业要面对市场竞争,这是公司上至领导人下至员工所必须面对的。

(2)市场竞争压力对瓮福集团公司的技术创新具有巨大的刺激作用。

这些年来,中国磷肥业的激烈竞争对技术创新的推动作用尤为明显。身在企业,面向市场,这是企业上至最高领导人下至一般员工在竞争的环境中形成的共识。集团公司作为一个经济组织与其他经济组织之间的竞争归根结底是核心能力的根基(即使企业独具特色并为企业带来竞争优势的知识体系),核心知识①、相关的无形资产形成的竞争优势,这些关键驱动因素的结果,即产品与服务的竞争。当年公司虽然拥有 21 世纪世界领先的设备或者领先的技术基础,但没有生产出领先的产品与服务,其沉浮时刻为市场竞争的参与者敲响着警钟。为了生存和发展,公司只有自己动手,主动打破自身系统内部的僵化平衡。通过连续不断的技术创新活动(尤其是组织流程创新、市场服务创新)抢先一步进入磷肥业的新技术领域,并利用技术创新(新组合)优势迅速占领新产品市场。

中国磷肥业技术的进步以及集团公司技术创新"新组合"重大实践,形成了整个公司经济技术系统的突变,形塑了集团公司创新技术发展路径。这为公司又好又快的成长和产品升级提供了重要的技术机遇,中国磷肥业技术进步对集团公司的技术创新形成了巨大的推动力,诱发出集团公司一连串的激进性、突变型技术创新成果的涌现。

市场需求对技术创新的刺激作用,据美国学者 S. 迈尔斯和 D. 马奎斯对 567 项创新产品的调查显示:257 项(占 45%)是市场需求引起的,120 项(21%)是技术推动造成的,190 项(34%)是生产和管理因素在起作用。其中,以市场需求的作用最大(S. 迈尔斯、D. 马奎斯,1969)。马奎斯认为,市场需求对技术创新的贡献的技术推动的作用要大得多,实际中的创新成果有 3/4 是市场需求引发的。

就宏福集团公司而言,仅 2006 年完成的 15 项创新产品的调查显示,7 项(占 47%)是市场需求引起的,4 项(26.5%)是技术推动造成的,4 项(26.5%)是生产和管理因素在起作用。显然,其中以市场需求的作用最大。

2006 年宏福集团公司在市场需求引发的 27 项技术创新中②,既有渐进型创新成果,也有重大技术突破。调查表明:25 项技术创新的思路,93%来自用户;2 项工艺流程再造(国家级奖)是生产和管理因素在起作用。由此可见,市场需求形成的竞争对技术创新生成的巨大影响。

(3)创新利润的诱惑。

为国家巨额投资作贡献。为中国磷肥工业争光的主导思想追求,将宏福集团公司技术创新的原始动力,在市场竞争条件下演变成身不由己的,对寡头地位和市

---

① 企业核心能力的基础是知识,企业核心能力的本质是核心知识,这是由智慧和经验融合起来的组织知识。参见刘金友,2007。

② 数据由贵州宏福实业开发有限总公司技术中心提供。

场利润的追求。

宏福集团公司是一个创新和利润同时追求的企业。在公司刚起步且市场竞争激烈时,创新动力甚于利润的动机,公司需要技术创新"新组合"的结晶——产品与服务来提升自己的竞争力,需要通过一些特色产品来树立自己的品牌,最终再获得高额利润。当公司产品与服务具有一定品牌效应且占有一定市场份额时,维持原成功创新考虑因素,维系自己的产品与服务地位,提高利润考虑因素,通过聚集利润量度,再达到自己继续扩大市场份额的目的。当然,创新是无限度的。新颖的创新与服务能提升自己的产品档次和市场地位,同时也可以提高产品的价格,达到净利润的提高,使公司得到发展。

摆脱困境赢得了市场份额的宏福集团公司,把对新技术市场的垄断地位^①当作是企业技术创新活动的主要目标之一。垄断使创新利润内部化,技术创新得以循环进行。协作型、关联型企业的加入使公司不断发展壮大;反过来技术创新降低了公司的生产投入成本,提高了产品与服务质量,加速了产品的更新换代。宏福集团公司的研究一代,储存一代,开发一代能力表明,公司竞争实力确实提高了。生产的集中度,规模经济使宏福集团公司的技术垄断地位得到了进一步的巩固和加强。

我们看到,通过创新过程,生产性资源被进一步开发和利用,从而生产出质量更高、成本更低的差异性产品。因而,创新对于公司的动态发展是至关重要的。这种动态发展获得了一定时期内相对于其他企业的高绩效。

(4)瓮福集团公司的技术创新激励作用。

对在推动科学技术进步中作出重大贡献的集团和个人,给予适当的物质与精神奖励,是国家技术创新政策的重要内容。为了对在发明创造及其推动发明创造商品化的创新过程中作出突出成就的个人和集体进行奖励,国际上通行的方法分为4大类:产权奖励、市场奖励、企业奖励和政府奖励(柳卸林,1993)。宏福集团公司的领导人,当年是基地建设的决策者之一,在基地的建设中曾十分关注科技人员的工作,当年就有一些重奖科技工程人员的举措。事隔十年,当其重返企业,作为最高决策者,在领导这个企业摆脱困境,打开了市场,完成了技术创新的激进型、突变型"新组合"后,立即把建立集团公司技术创新激励机制的工作摆上日程,以期推

---

① 我国磷矿开采因资源条件不同和矿业开发程度不一,主要开采省份是云南、贵州和湖北三省,四川和湖南次之。上述五省磷矿石产量约占全国产量的97%,是我国为磷肥和磷化工生产组织原料的主要省份。按照四种类型市场比较和宏福公司经济利润(短期、长期)来看,其应属于寡头垄断型,贵州磷资源储量32亿吨,占全国储量的24.08%。《固体矿产资源/储量分类》国家标准GB/T17766—1999。

动公司技术创新的持久和深入,使之在市场激烈竞争中立于不败之地。以明智地效仿国际通行做法,来营造公司的技术创新激励机制。其后继任者的领军,使技术创新(新组合)绩效倍增。

A. 产权奖励。产权奖励是通过确立发明创造者与成果的所有权推动发明创造。对于宏福集团公司科技成果的产权确定,公司采取的开明做法是鼓励和支持当事人取得知识产权的确定和保护。

B. 市场奖励。市场奖励是通过市场力量来推动发明创造。宏福集团公司的激励机制鼓励将发明的成果与市场推广使用结合在一起,将发明成果以应用与市场占有率相结合。这种奖励方式充分体现了把公司科技成果转化为生产力的要求,公司领导人重视市场激励机制的作用。以市场为导向,促进公司的科技成果转化为生产力,使科技人员及科研成果在市场竞争中,体现其价值并获得相应的报酬。

C. 企业奖励。企业内部对发明创新的激励是十分重要的。为了鼓励创新和发明创造,宏福集团公司制定了各种激励和奖励措施。公司领导人注意到了激励和奖励的适当原则即经济原则和"激励相容"原则,这个原则就是对职工的奖励确实起到鼓励员工的发明创造积极性,使员工的贡献对公司的利润和发展生产有显著的促进作用。换言之,奖励方式是把员工的发明创新和企业的发展与经济效益挂钩,较好地体现了奖励的经济最大化原则。同时,满足了员工的个人需求和企业需求。著名的心理学家马斯洛把员工的需求分为不同的层次,最低层次是生理性方面的要求,最高层次的需求,体现为员工的成就感。公司管理者们把员工的需求与愿望分为 10 类:

- 工资、薪水和补助。
- 额外的福利。
- 工作的安全。
- 自我工作的管理方式和控制手段。
- 工作环境的条件。
- 对工作感兴趣的程度。
- 对成就的认可。
- 工作的轻松和舒适。
- 晋升的机会。
- 学习的机会。

这些方法中,每种方法的相对重要性,取决于员工个人的情况,由企业的管理者灵活掌握。

对发明创新的奖励与激励,主要采取下列几种方法:

- 公开的认可。方式包括:大会宣传、公司图片展等。公开的认同满足了员工的普遍心理需求。无论是口头上或是文字上的奖励,都是对良好工作进行表彰的最低成本的心理奖励方式。
- 奖品与证书。它们增加了"公开认同"的作用。尤其是结合企业某种形式的"仪式"或在公司的文件中予以报道。这种象征性的奖品可以授予给为公司作出贡献的发明者(个人或集体)。
- 奖励。方式:奖给发明创新者以奖金。
- 改善环境。宏福公司给从事研究与开发的工程技术人员创造良好的、自由的工作环境,使其能安心从事发明创新,而不是授予其广泛的管理责任。
- 其他方式。

D. 政府奖励。主要是争取国家科技进步奖、发明奖等。

总之,公司领导人关注激励问题,把如何设计机制(方案)为经济组织提供合理的激励当作大事来做。他们的成功之处在于设计的激励机制(方案)解决了两个问题。一是信息成本低。即这个激励方案不需要太多的关于消费者、生产商以及其他经济活动参与者的信息和信息运行成本。激励分两块,市场机制能解决的由市场来解决。例如,产权奖励、市场奖励、政府奖励都可归为利用市场机制解决资源的最优配置问题;在市场不能解决的情况下,依靠自己的激励措施,例如公司奖励。二是激励相容。作为领导人,他们意识到,所掌握的信息不完全并且直接控制不可能或不宜时,他们采用了分散化决策的方式来进行奖励。即这个激励方案保证使所有参与者在追求个人利益的同时,也能够达到公司所设定的整体目标。

(5)政府的政策与资金支持也提高了瓮福集团公司的技术创新积极性。

公司技术创新"新组合"产生的巨大经济效应引起国家的重视,得到了省委省政府主要领导的首肯和支持。政府对技术创新活动的支持主要表现在三个方面:

①把公司建设的贷款负债资金变成股份,即债转股。几十亿的债转股使宏福集团公司的资产负债率从 86.97%降到 28.72%,使公司从很严重的负债中解脱出来轻装上阵。

②为技术创新活动创造一个良好的宏观环境。首先是创造摆脱困境的有利的政治环境、组织环境、人事环境。

③直接参与企业的技术创新活动。政府的介入和参与推动了公司大规模技术创新活动的兴起。

2. 瓮福集团技术创新的动力机制

是什么原因推动了宏福集团公司的技术创新活动呢？现代技术创新理论认为，推动企业技术创新的动力主要有两个方面：一是创新利润的诱惑；二是市场竞争的压力。我们认为就公司而言推动技术创新的动力可以归纳为以下几方面的因素：一是摆脱困境的压力；二是市场竞争的压力；三是创新利润的诱惑；四是技术创新的激励作用；五是创新企业的社会条件（政府的政策与债转股支持）；六是有卓越的异质型领导人及其决策层。

依据现代技术创新理论的企业技术创新动力因素思路，从企业目标看，新古典经济理论认为企业追求的是利润最大化，这一命题的假设条件是将企业看做一个整体，而且企业的行为是理性的，这种观点在相当长的时期内一直占主要地位。这种观点的背景可聚焦在企业是个人的，这个人是理性的。但近20年来，新制度学派的代表人物科斯（Coase, Ronald）等学者对这种观点提出了质疑，认为：企业的目标应是追求效用最大化，企业的目标应是企业内部不同利益主体"相互合成"的结果。这一观点，同作为社会系统理论创始人的切斯特·巴纳德（Chester Barnard）的正式组织的三个基本要素观点是一致的，尽管双方对企业的目标看法不同（资本收益者目标、经营者目标、政府目标等各不相同），但是实现这些目标的最好途径都是一样的，这就是技术创新"新组合"。企业只有通过不断的技术创新"新组合"来使企业的核心竞争力增强，降低不确定性，保持企业又好又快成长，同时也保证了各方目标的实现。

通过对宏福集团公司技术创新动力因素的分析，可归纳出这个经济组织技术创新动力机制的作用机理：企业的技术创新动力机制是企业适应社会经济技术环境的变化而自动调整自身运行结构的"复杂适应创新系统"的内在机能，是企业技术创新"新组合"效应及其动力因素的整合。

3.5.2 瓮福集团创新系统五种效应的实践

这里将集团公司技术创新"新组合"作用原理归纳为5种创新效应。这5种创新效应也是企业技术创新（价值＝功能/成本）的概括与总结。

1. 瓮福集团公司技术创新的自催化效应

从企业发展的角度看，技术创新是企业系统内部的一种"起落"，是对企业原有的生产经营体系的种种"创造性破坏"。社会系统理论中组织平衡理论的研究成果表明，一个组织系统只有不断地实现内外平衡组织才能存续与发展，系统内部的

"起落"才能在自催化作用的影响下得以放大,从而推动系统的演进和发展。绝对的平衡(包括近平衡)不可能有发展的潜力,而起落则是系统发展和演进的诱因和契机。对于一个经济利润(短期、长期)稳定获利处于近平衡状态的企业来讲,这种起落被淹没在它的生成环境之中,不会对企业的运行和发展产生较大的影响。这可能是在市场上处于寡头垄断地位,拥有资源优势、技术优势的大企业无心创新的主要原因。对于像宏福集团公司运作初期经营业绩不佳的企业,虽然拥有资源优势,但产品市场萎缩、未创新的工艺流程成本居高不下、产量相对较少、利润相对较低、资本结构失调(负债率达87%,超过国际公认的70%警戒线,公司面临市场多变性而承担极大风险),公司陷入困境处于失控状态,思变激发的技术创新生成新环境后,技术创新"新组合"引起的"起落"经过放大就会激起公司的嬗变。

宏福集团公司嬗变案例:使我们回到了熊彼特经济周期理论中的一个主要命题:"技术创新生成以经济系统(组织)失稳为前提"。过去的公司内部是典型的传统的功能型层级经济组织,高度集权管理模式使公司内部的平衡状态垂直均匀分布,没有了活力,而这个经济组织的技术创新与嬗变是以公司的整体失衡(稳)为先决条件的。按熊彼特观点,在失衡状态下的突变是一种随机事件。创新既可能促进公司发展,也可能导致公司解体或消失。两种结果都归结到主要领导人的选择上,后一种结局是任何企业的所有者和经营者都不愿发生和极力避免的,宏福集团公司是幸运的。

宏福集团公司领导人及其决策层营造的创新环境很好地解决了这一难题,从"德鲁克式"困境中嬗变与发展了。其准多法人治理结构及其与市场环境的相互渗透作用在整体处于新平衡状态的公司内部形成了一些非平衡区域,在不引起公司整体失衡的情况下,为技术创新营造一种适宜的生成环境,是这个经济组织独具特色的机制优势。

在嬗变的发展过程,宏福集团公司在中国磷肥行业中迅速地抢占了技术创新"新组合"的制高点,建立自己的技术模式,确立了技术优势,处于一种新的平衡状态,但这种平衡状态在公司内部是非均匀分布。对于核心层和紧密层企业这些子系统来讲,当主导产品处于生命周期的成长期或成熟期时,它们处于近平衡状态,这时,公司内部的创新活动是在原有技术轨道上的突破性创新,公司主要任务是实现创新收益最大程度的再投入。比较来看,公司多法人治理结构、公司核心层或紧密层企业技术柔性使它们成为了根本型创新的主要生成区。而原来的单一法人公司、技术刚性使他们不能成为根本型创新的主要生成区。

在相对平衡状态,处于半紧密层、关联层或松散层的成员企业,虽然在产权、技术、市场等许多方面与公司核心层企业的联系相对较为松散,但公司核心层企业、紧密层企业的根本型创新的巨大利润空间吸引了他们,他们纷纷避其市场准入的一些制约,成为公司技术创新"新组合"的协作者、受益者。主观愿望与客观弱势的存在决定了他们的协作意愿,其结果既有利于技术创新"新组合"的扩散,又使协作成员企业成为准公共物品的享用者。换一个角度看,宏福集团公司技术创新"新组合"带动了一批中小型企业的发展①。

企业经营过程中的不确定性因素,由于不可预测而难以实现盈利费用化。市场经济处处都有潜在的利润,但不是人人都能看得到,更不是人人都能得到,但宏福集团公司领导人看到了,因而企业经营过程中的不确定性因素反而成为了公司利润的最终源泉。除了睿智地鼓励成员企业"随机行走"行为外,还成立川大—宏福工程研究中心,投入大量资金进行应用研究。其核心专利技术群和技术创新"新组合"使其在中国磷肥业新的技术领域中占领先机,成为中国磷肥工业的亮点,这也是"德鲁克式"发展机遇的最好注解。

对公司内部涌现出来的技术创新成果和外部环境中的技术扰动,具有一种很强的自催化功能(内因效应功能)。凭借公司资产,包括它拥有的很难进行交易的知识资产、相关的互补性资产以及企业的声誉和关系资产,这些在任何一个时点都决定着公司的竞争优势的资源被调集起来,对市场前景广泛的创新项目予以支持;灵活的产权机制也使其能够及时利用成熟技术资源,增加对创新企业的资本投放,提高他们在公司中的地位,使具有巨大市场潜力的根本型创新项目成为公司的核心业务。几年后公司即进入一个新的技术轨道,自动完成嬗变过程,顺利实现产生结构调整和产品结构升级,转变经济增长方式。

2. 瓮福集团公司技术创新的低成本技术扩散与收益放大效应

在公司内部的技术扩散②是实现公司技术创新规模经济性、增加创新收益的主要手段,这和外部市场技术的非公共物品特征的不可交易性使市场调节下的技术创新活动处于两难境地不一样。

宏福集团公司以产权为主要联结纽带的机制有效地消除了技术交易过程中的各种障碍。高度的股权内部化,会使成员企业享用公司的核心新技术,所产生的经营收益和资本增值收益转变为公司的巨额股权收益(如资本升值、股本分红等)。

---

① 贵州一批中小型企业成为宏福公司源料的供给上游企业。

② "低成本技术扩散"不同于"低成本竞争",低成本竞争是剥离了商品附加值的"赤膊"竞争,把商品还原成了产品,挤压了原材料、环境和劳动力等成本。

这使公司不在乎技术在公司内部,尤其是本核心层或紧密层中转让的直接收益,从而使内部的技术具有明显的准公共物品特征,排除了成员企业间技术的不可交易性和成本门槛,扩大了技术应用范围,降低了技术扩散成本,增加了社会福利。

我们知道,在宏观经济技术系统中,技术扩散主要是在部门内、行业间以及国际间三个层次中进行的。当公司经济与技术实力雄厚时,其必然要走多元化经营、国际化经营与纵向一体化生产的路,这条路使技术扩散更为广泛,发挥的作用更大。

应该说,多元化经营是大多数现代企业集团的共同特征。为了降低经营风险,寻找新的增长机会,企业集团一般都实行了相关或非相关多元化经营战略。从宏福集团公司各业务单位之间活动内容及其组成要素看,多元化的"相关"与"非相关",是一种内容层次的"相关"与"非相关"。因为从公司运作的角度看,核心企业、关联企业、协作企业各业务活动之间是以技术、生产或内外市场的关联性结合在一起的相关,而不是靠资金与管理的方式结合的非相关。多元化"相关"与"非相关"的本质区别在于相关是基于核心能力的相关。核心能力的根基是核心知识①,公司的相关多元化是一种基于核心能力的相关,因此是有效率和可持续的。在前述公司定位中,我们曾表述公司良好的市场定位(运营)和资源配置的知识即核心运作知识是其核心能力所在。假如说,公司领导人能注意在发展过程中使各部门形成坚实的技术基础,并在需要时为技术扩散提供有力的保证;让技术人员定期或不定期实行工作岗位交换,为新技术的跨部门扩散提供便利条件;公司研发战略管理部门把掌握的大量新技术信息,在公司内不同部门扩散,就可以扫清技术扩散过程中的专业障碍。当实行相关多元化经营战略时,公司的核心知识可在不同产品中扩散和渗透,这时,可以使公司技术扩散产生"收益倍放"效应。

纵向一体化是大多数生产型企业集团的共同特点。宏福集团公司的生产组织流程创新也采用了纵向一体化进行联合生产的方式,它实际上是一种在关键技术指导下的相对稳定的技术联盟。专业化分工与协作(合作)使成员企业在本专业领域积累了丰富的技术经验,它们成为本领域新技术的主要提供者,有利于最终产品性能的改进和公司综合技术实力的增强,并使新技术扩散速度大为提高。从理论上讲,专业化分工与合作几乎可以把生产规模扩大到任意一个规模水平。创新技术可在公司体系一个更大经济规模内扩散,从而提高技术创新的规模收益水平。

跨国企业集团是国际间技术扩散的主要渠道。宏福集团公司较早地意识到国

---

① 核心知识的三个维度——核心实体知识、核心关系知识、核心运作知识。

内磷肥业必将形成激烈的竞争,并实现了跨国经营目标,公司向国际化进军,参与产品和服务的国际市场竞争。在国际市场上,公司凭借技术优势,成为中国唯一通过澳大利亚动植物检验检疫认证的化肥企业。而后进入南美市场,改变了美国二铵独霸南美市场的局面。近几年来,出口量占全国同类产品出口量的 30%,成为我国磷化工业最大的出口贸易商。利用地区间技术创新的比较优势,在一些发展中国家和地区复制成熟的生产工艺,可以进一步延长技术的寿命周期,提高技术创新活动的产出效率。

从经济学角度看,技术传播问题会由于信息的不对称分布而造成不平衡,有可能带来罕有的大量利润。假如公司能在三个层次中实现技术扩散,就能使技术创新产生"三级收益放大效益",创新的规模经济性可以大为提高。生产经营规模的扩大可保障最大限度地实现创新收益内部化,进一步提高技术创新的积极性,并为持续创新积累充足的资金。

3. 瓮福集团公司技术创新的风险分散效应

技术创新活动的无特征性、时滞、不确定性和巨额投入,使创新过程自始至终都充满着风险。采取多种分散风险的措施,保证经济活动的持续性和稳定性是宏福集团公司运行和研发过程中的重要问题。在规避各种风险的行为中,首先采取的应该是预防措施。为此,要科学地分析投入与产出,以使风险投入获得最佳经济效益。公司领导人以尽量减少增量投入的创新思路,用组合投资筹略引入外资上亿元,由加拿大威顿公司在国内生产硫酸,供给公司生产用,对本来应上的配套项目进行投资风险分散,利用机会成本资金投资其他有确定收益的项目,或同时对多个技术创新项目进行风险投资,用成功项目的收益来抵消可能失败项目的投资损失,以获得整体风险投资收益。由于公司硬性增量投入少,使创新型思路产生的投入增大,加之公司新项目的成功带来很高的收益,使公司风险分散组合收益率达到一个较高水平。

在宏福集团公司的技术创新的初期阶段,许多研究与开发活动并没有形成公司的产品特征。随着对研发活动的高额投入,研发逐渐深入,形成了核心技术。其核心技术的研究工作导致了各种最终产品、产生了不同的技术专利群合同或研发规范,研究与开发的外部经济性和产权问题也随之产生了。此外,研究与开发活动的时滞性问题,使公司创新收益不能立即见效。在这种情况下,要靠资本市场融资是很困难的,风险投资者几乎不会提供任何资金的支持。但是公司领导人科学地分析投入与产出的机会成本回报(即尽量减少增量投入),靠思路运作资本,把有限的资金投入到应用研究与开发活动,使可预期的创新成果内部化,从而使研发与公司经济效益增长之间关系变得更加相互依赖,尽量降低增量投入获得的机会收益,其结果大大高于磷肥产业平均技术进步贡献率。公司在"干中学"形成的技术专利群合同和研发规范,较好地解决了研发的外部性和产权问题,研发活动的无特征性和时滞产生的技术外溢失损很少发生,磷肥业的模仿者在研发成果方面很难与之匹敌。

在研究开发成果由工程技术中心到生产过程的转化阶段,由于公司的领导人对公司技术能力十分了解,对公司的创新与外部合作的研究成果价值很清楚,对资金需求规模、技术、优势、市场前景的研判也比较科学,加之公司充足的人力资源可以为创新项目提供优秀的管理者,从而使投资风险大为降低。

产品打入市场后,宏福集团公司积极地收集用户对新产品使用的意见反馈,及时改进产品的功能,并扩大生产,确立规模优势来获得有利的竞争地位,形成的高门槛使模仿者很难效仿。在这时期,公司领导层巧妙地解决了创新资金的来源,保证了创新的成功。其出售公司名称的使用权,利用发达的市场营销网络和信息传递网络刺激对新产品的需求,用实施纵向一体化协作企业提供原料供应,使用企业无形资产名称权担保技巧,组织上亿外资原料供给企业,同时积极树立外交新形象,利用新形象的社会影响来化解部分环境障碍,使公司的创新进入正常发展阶段。

4. 瓮福集团公司技术创新活动的技术导向效应

技术系统的演进是一个渐进过程,当一个新技术原理或主导技术确定在技术系统中的核心地位后,技术创新活动将表现出强烈的路径依赖。从宏福集团公司的技术创新"新组合"中我们很清楚地发现主要领导人和他的后继者的作用,沿着他们的思路形成的某一方向和途径,技术进步有相对性,要么进步、要么后退。从技术进步角度看,同样可以清楚地发现,沿着某一方向和途径,技术进步相对稳定;沿着其他方向,提高技术水平的尝试会很成问题。根本型创新带来了某种新的概念,这种概念模式化,就成了宏福集团公司的技术模式;这种技术模式①如果能在较长时间内发挥作用,产生影响,就相对固化为技术轨道。一旦形成技术轨道,在这条轨道上就会有持续的创新涌现。技术模式实际上定义了"进一步创新的技术机

---

① 按照意大利经济学家多西的定义,技术模式是指用来解决选定技术问题的"模型"和"模式",它基于选定的科学原理和材料技术。与此相应,技术轨道则是指基于技术模式的"常规"问题解决模式。技术模式对整个经济活动具有渗透效应,它使不同的产品、服务系统和产业呈现出具有自身特点的创新。

会和如何利用这些机会的基本程序"。宏福集团公司的领导人是这种模式的主要"制定者",他们的技术创新活动具有强烈的技术导向效应。从某种意义上看,宏福集团公司领导人的不平凡在于他是公司技术模式的"制定者"。

市场垄断地位是每个企业集团的梦想,而建立自己的技术标准或使之成为行业乃至国际公认准则是它的企盼。"得标准者得专利"、"得标准者得市场"、"得标准者得未来"①,在宏福集团公司的这样意识密集度较高的产业中,技术扩散过程的生产规模经济性、信息的递增收益以及技术之间相互关联性,使技术扩散存在一个采用报酬递增区间。在这区间,其新技术被采用的越多,其后采用者所获得的报酬就越大,因此就越有人想采用它。在技术扩散过程中,宏福集团公司可以凭借自身核心知识的能量,利用公司经济系统内部技术扩散过程中的先动优势和正反馈机制迅速垄断一些新技术领域,并将技术进步引入对经济增长有利的技术轨道,使自己的技术标准或方法成为整个行业的技术标准,促使先导技术产生强烈的路径依赖,并随着反馈的增强,领导并相当程度地控制市场价格。这时在客观上发挥了一种技术导向作用,引导和规范了同行业中其他企业的进一步创新行为。

5. 瓷福集团公司技术创新具有显著的协同整合效应

前述整合是一切组织的重要属性,它是把组织内部各分化单位的活动协调一致,以保证组织整体有效运转的机制。技术创新首先并主要是一个经济概念,评价技术创新成果应该以创新的经济效益为最终判断依据,这也是经济社会中技术创新的目标。技术创新活动中的协调整合机制显著提高了技术创新的规模经济效应。

宏福集团公司的技术创新活动是一种强选择性的、以更准确的导向为终结的积累性活动,所从事的技术创新活动的思维源泉来自其领导人和公司的精英人才。技术创新活动主要是依靠产学研形成的技术能力来解决生产经营中的疑难、关键环节。现有的从事技术活动的人还是过去那些人,是环境诱因激发了一批创新的涌现。同时我们观察到,在同一技术轨道上,创新项目之间存在明显自增强效应,即一个项目不论成败与否,项目过程中所获得的知识,对下一轮其他创新项目具有潜在的影响,每一个项目都为后一个项目提供了运作知识支持。随着技术创新活动的进行,知识存量、技术模式、学习模式和组织柔性发生动态演化,并最终表现为核心能力的积累与提高。这样,在连续的技术创新过程中,可以节约相当数量的后续创新的初始投入,从而有利于提高技术创新的投入产出水平。从创新方式来看,

---

① 《得标准者得未来》,见《光明日报》2007 年 11 月 20 日。

其根本型创新为渐近型创新提供了支持。同时,不能忽视的是核心技术能力在渐进型创新中的重要作用。

宏福集团公司的内部的专业化分工也促进了公司的协调创新。产品和服务及其生产过程的复杂程度,使它的每项最终产品都包含着一系列工序。在其复杂的生产经营系统中,每一个专业生产企业的创新活动都无法与公司内部其他创新者的活动完全割裂开来。在不同程度上受互补技术的制约,一项创新的出现会促使一系列"瓶颈"问题获得解决(例如内部市场的建立),从而诱发一大批伴随创新的涌现。集团公司的纵向一体化生产体系,使这种现象更为普遍。技术关联度越强,创新的协调效应就越明显。

此外,公司的川大—宏福工程研究中心的存在,指导着公司技术创新活动进行战略规划管理,减少了不必要的重复或近乎重复的研发活动,公司内部按专业或今后按区域的集中开发或创新开发也会使研发成本大为降低。

这5种创新效应的正常发挥有效地解决了技术创新活动中的经济组织规模与创新活力之间的根本矛盾;自催化效应增强了公司的技术创新活力,为技术创新营造了一种适宜的生成环境;低成本扩散与收益放大效应提高了技术创新的规模经济性;风险分散效应保证了技术创新资金的有效供给;技术导向效应推动了新技术的推广与普及,惠及社会;协调整合效应促进了相关创新活动的开展,进一步提高了技术创新的投入产出水平。这5种创新效应奠定了宏福集团公司在技术创新活动中的优势地位,是宏福集团公司的旺盛的生命之源。可以说,宏福集团公司的新生实现了原基地与一批中小企业技术创新优势的互补,在大幅度提高创新规模经济收益的同时,进一步增强了成员企业的创新活力。绵绵不断的创新成果也促进了其嬗变与发展,使其成为贵州经济建设中不可忽视的重要支柱,中国磷肥业的领跑企业——宏福集团公司是成功的异质性创新系统型企业的典范。

3.5.3 瓮福集团的蜕变与成长嬗变与发展结论

蜕变理论是日本明治大学教授藤芳诚在他1970年出版的《蜕变的经营》一书中提出来的。藤芳诚提出了企业"蜕变经营哲学"。他认为,企业和生物一样,不进行蜕变,就不能在变化的环境中生存。企业作为一个经济组织要适应环境的变化,从昨天的事业转换为今天的事业,在今天的事业孕育着明天的事业。随着企业内部平衡的不断寻求过程,企业人事、经营、研发,从组织形式到经营范围都要主动进行新陈代谢,通过战略化经营管理实现有意识的蜕变。

宏福集团公司的蜕变是个突变过程,是公司成长过程中的一个特殊阶段,这个特殊阶段的蜕变主要是从公司实物形态的蜕变到精神形态的蜕变。即主要是通过创新"新组合"活动使公司重新焕发活力,但也兼容中国学者陈佳贵(1997)曾归纳的3种主要蜕变形式,宏福公司的蜕变就可归为其中一种。

宏福集团公司的蜕变,主要是根据公司生产经营困境中反映出的疑难和关键环节,在新产品开发、组织流程再造产生新方法、开辟新市场、获得原材料或半成品的新供给来源、实行新的组织形式等新组合的整合实现的。

其中,市场创新的主线是一个从上游企业到下游企业、内部市场到外部市场形成的完整营销与服务过程;组织创新是从单一法人组织形式到多法人结构不断寻求组织内外平衡的过程。公司的创新是其发生蜕变的源动力。

宏福集团公司创新技术机会主要来源于应用领域研究的重大突破,公司创造了自己的核心专利技术群,打破对世界先进工艺的依赖观念,找出生产工艺成本居高不下的症结,对工艺流程进行重组,其产品优良的质量、规模的数量、创新效应产生的低生产成本适宜的价格与服务创造了一个新市场。从市场上得到了直接和间接的回报,降低增量投入运筹资本的思想使其获得了巨额的潜在风险收益用于生产。创新思路到实际运用获得巨额经济收益和创新对市场结构及绩效的影响,惠及社会福利的完整过程。

蜕变得以顺利实现的关键因素,一是宏福公司领导人及其决策层,他们为创新的系统行为的内外平衡创造了很丰富的经济的、非经济的诱因,竭力减少了创新系统内部起落放大的各种阻力;二是公司核心知识体系,这些催化手段加速了公司创新而后又好又快的成长。

公司在摆脱困境后,以自适应创新系统为立业之本,顺利实现了产业的嬗变,并获得了新的生机和发展空间。其蜕变与成长发展过程的作用原理及创新系统的效率和绩效发生的变化可表述如下:

(1)公司作为一个开放的技术经济系统与外界是互渗的。具有准法人或独立法人地位的成员企业都要直接受外部环境的影响,从而使系统与环境之间的物质和能量交换更为便捷,系统从环境中获益的机会更多,公司的整体生存与发展能力因此增强。

(2)内部治理结构的非均匀性为系统内部创新的生成和放大提供了适宜的环境。处于公司"边缘"位置的松散层、关联层、半紧密层成员企业与核心企业在产权、生产、经营等方面受比较利益驱动,既向心于公司,又随环境诱因随时想"偏离"公司的"正常业务"。这种"自由行为"是中小型企业自己创新和新技术轨道的起点,并且这些活动不像在核心层或紧密层企业中那样容易受到强大的阻碍作用而衰减,从这个角度看,多准法人结构公司兼容了大中小企业在创新中的优势。

(3)雄厚的技术基础和资金实力使公司内部技术扩散更具优势。当公司预测到成员企业的创新活动蕴藏着较大的市场潜力或技术价值时,公司可以及时地给予资金技术等方面的支持,推动进一步创新;为了分散投入风险,公司注重对风险项目的科学论证,以期使创新项目的投资有可靠的创新收益;当某些创新项目具有巨大的市场潜力时,公司调集足够的内部资源促使它成为公司的核心业务,把公司带入新的技术轨道,从而实现公司的嬗变。

(4)资金和核心技术实力还可以使公司利用先动优势、干中学、信息的递增收益、技术互补性等"公司的报酬递增"效应迅速垄断一些新技术领域,并将技术的发展引入对经济增长有利的轨道,或使自己的技术标准成为整个行业的通用标准。资金和核心技术实力还可以使创新项目迅速达到合理的经济规模。并建立起新行业的进入壁垒,最大限度地使创新收益内部化。

(5)在经营活动中,宏福集团公司在中国磷肥行业积累了丰富的核心知识和技术能力,形成了相对稳定的技术模式和发展轨道,并在这些轨道上开展连续不断的创新活动,使所形成的核心技术的经济潜能得到最大程度的发挥。

(6)通过应用研究、产品开发、市场创新、工艺创新、技术扩散时机与地点、风险资金的流向、资本运作思路创新、技术或产品组合与服务等实行战略管理创新、制度创新,可以形成完整的自适应创新系统,有效地保证公司在市场中的长期领先地位。其中,具有确定性的应用研究活动与成员企业的"随机行走"行为是重大技术突破的摇篮。

(7)寡占创新垄断的效率和绩效发生了变化。初期垄断形成的高价格和低产量造成了社会福利损失,由于向磷化工技术进步推动,从规模垄断形成了创新技术垄断的帕累托改进,这个过程中公司的创新(新组合)和研发战略,确实在改善产品的功能、提高产品的品质,起到创新系统(模式)作用,推动了产业技术创新进步,由此技术创新进步在一定程度上抵消了垄断造成的社会福利的损失。

宏福现象反映出来的技术创新系统模式形成的技术进步与市场结构的关系及影响,很值得研究。中国磷肥业自然寡占形成的产业集中度相对高度集中于几省域,导致了竞争的削弱。但是,随着磷肥业的不断进步,市场特性也发生了变化。这是因为以宏福集团公司创新系统为模式的几大寡占企业已经不再是单纯地依靠资源优势形成的市场规模来获得竞争势力,他们是依靠先进的技术、科学的管理(管理创新、制度创新)、差异化的产品、高质量的品牌优势来占领市场。这些年来,几个寡头企业的垄断程度也发生了变化。技术扩散和创新的速度使所有的企业必须不断创新才能维持或拓展原有市场份额,因此,这个典型标本案例表明一个重要问题,即寡头结构对创新不是起到抑制作用,而是推动作用。帕累托改进效应冲抵了寡头结构造成的福利损失,对于垄断行业或企业可能不再是简单的拆分组合问题(张彤玉、丁国杰,2007)。

3.6 三种类型创新企业相似性、异质性特征及其效应

在上述创新企业典型案例梳理归集考察研究的基础上,本节作三种类型——创新型、科技型、创新系统型——企业相似性、异质性特征变量研究。以期为下节假定拟构建的"企业自适应创新系统模式"及其运行机理,以及"产业创新系统模式"及其运行机理提供微观、中观两个层面创新系统模式相似性、异质性差别及递进关系的一般性理论框架支撑和模式标本假定佐证。

3.6.1 创新型企业创新的相似性特征及其效应

从上述创新企业典型案例梳理归集考察研究可知"创新型企业是创新系统型企业演变过程的雏型"。创新型企业创新行为相似性特征可归集为相似性五要素,即技术创新、管理创新、制度创新、文化创新、环境创新。它是演变成为"企业自适应创新系统模式"创新相似性共性标本的基础。

相似性意义在于:企业创新行为特征"相似性五要素"作用可演变成为"创新系统模式"创新共性的标本。

而从创新系统5种创新效应的实践和创新(案例)归因可知,技术创新的自催化效应、技术创新的低成本技术扩散与收益放大效应、技术创新的风险分散效应、技术创新活动的技术导向效应,以及技术创新具有显著的协同整合效应是企业共有的。

企业共有5种创新效应作用原理可归纳如下:

1. 企业技术创新的自催化效应

从企业发展的角度看,技术创新是企业系统内部的一种"起落",是对企业原有生产经营体系的种种"创造性破坏"。社会系统理论中组织平衡理论的研究成果表明,一个组织系统只有不断地实现内外平衡,才能存续与发展,系统内部的"起落"才能在自催化作用的影响下得以放大,从而推动系统的演进和发展。绝对的平衡(包括近平衡)不可能有发展的潜力,而起落则是系统发展与演进的诱因和契机。

对于一个短期成长期经济稳定获利处于近平衡状态的企业来讲,这种起落被淹没在它的生成环境之中,不会对企业的运行和发展产生较大的影响。对于陷入困境的企业而言,思变激发的技术创新的生成环境形成后,技术创新"新组合"引起的"起落"经过放大将激起企业的嬗变。这些企业嬗变典型案例使我们回到了熊彼特经济周期理论中的一个主要命题,即"技术创新生成以经济系统(组织)失稳为前提"。创新既可能促进公司发展,也可能导致公司解体或消失。

2. 技术创新的低成本技术扩散与收益放大效应

在创新企业内部的技术扩散①是实现企业技术创新规模经济性、增加创新收益的主要手段。这和外部市场技术的非公共物品特征的不可交易性使市场调节下的技术创新活动处于两难境地不一样。

这些创新企业以产权为主要联结纽带的机制有效地消除了技术交易过程中的各种障碍。高度的股权内部化,会使成员企业享用企业的核心新技术,所产生的经营收益和资本增值收益转变为企业的巨额股权收益(如资本升值、股本分红等)。这使企业不在乎技术在企业内部、尤其是本核心层或紧密层中转让的直接收益,从而使内部的技术具有明显的准公共物品特征,排除了成员企业间技术的不可交易性和成本门槛,扩大了技术应用范围,降低了技术扩散成本,增加了社会福利。

3. 技术创新的风险分散效应

技术创新活动的无特征性、时滞、不确定性和巨额投入,使创新过程自始至终都充满着风险。采取多种分散风险的措施,保证经济活动的持续性和稳定性是这些创新企业运行和研发过程中的重要问题。在规避各种风险的行为中,首先采取的应该是预防措施。为此,要科学地分析投入与产出,以使风险投入获得最佳经济效益。

4. 技术创新活动的技术导向效应

技术系统的演进是一个渐进过程,当一个新技术原理或主导技术确定在技术系统中的核心地位后,技术创新活动将表现出强烈的路径依赖。一旦形成技术轨道,在这条轨道上就会有持续的创新涌现。

在创新型企业这样意识密集度较高的产业中,技术扩散过程的生产规模经济性、信息的递增收益以及技术之间相互关联性,使技术扩散存在一种采用报酬递增区间。在这区间,其新技术被采用的越多,其后采用者所获得的报酬就越大,因此

---

① "低成本技术扩散"不同于"低成本竞争",低成本竞争是剥离了商品附加值的"赤膊"竞争,把商品还原成了产品,挤压了原材料、环境和劳动力等成本。

就越有人想采用它。这时在客观上发挥了一种技术导向作用,引导和规范了同行业中其他企业的进一步创新行为。

5. 技术创新具有显著的协同整合效应

如前所述,整合是一切组织的重要属性,它是把组织内部各分化单位的活动协调一致,以保证组织整体有效运转的机制。技术创新首先并主要是一个经济概念,评价技术创新成果应该以创新的经济效益为最终判断依据,这也是经济社会中技术创新的目标。技术创新活动中的协调整合机制使技术创新的规模经济效应显著提高。

3.6.2 科技型企业创新的相似性特征及其效应

科技型企业大都是我国科研体制改革时,由原有科研事业单位改制而来。它是以高新技术为特征,以利润最大化为经营目标的导向型企业。陈志研究员在其《科技型企业核心竞争力研究》中,通过七个方面的描述对科技企业进行了分析,夏金华(2013)从人力资源管理角度对其进行了归纳,认为主要特征可归纳为下表 3.4:

表 3.4 科技型企业相似性的主要特征

序号	人力资源管理方面	主要特征
1	人力资源为关键资源	—
2	无形资产比有形资产创造更大价值	—
3	经营性兼公益性产出并重	a. 产品具有多样性;b. 产品的附加值较高;c. 产品风险性很高。
4	管理方式以尊重与激励	a. 科技企业其人员构成以高学历群体居多;b. 科技型企业核心业务主要是项目开发;c. 技术资产和智力资本是科技企业最关键和核心资产;d 科技型企业管理过程要更多的体现灵活性。
5	组织结构趋扁平化	
6	追求企业文化管理模式	a. 丰富自我,不断创新;b. 团结协作,共同发展;c. 开放管理,以人为本。

3.6.3 创新系统型企业创新相似性异质性特征及其效应

创新系统型企业除具有创新企业相似性特征外,更重要的是具有创新的异质性特征。体现为：企业是一个整合的系统；系统与环境相互渗透、边界面积增大、开放度增加；市场和战略能力；流程、定位和路径；动态能力与协调过程。

这5种创新的异质性特征是"企业自适应创新系统模式"独有的，其模式行为对市场结构—绩效的互动关联正相关影响具有显著的标本效应。

这些异质性特征的市场效应体现为：

(1)当企业是一个整合的系统时，其有形资产、无形资产既有放大效应又会形成(进入壁垒大小的差别)系统作用，既有利于垄断、寡占、垄断竞争型企业可持续发展，又会因市场势力的存在搅扰市场竞争机制；

(2)当系统与环境相互渗透、边界面积增大、开放度增加时，其综合效应也会形成(进入壁垒大小的差别)，使其他企业无力与之竞争；

(3)市场和战略能力，会以企业的市场份额、集中度形成的市场势力和以知识溢出水平大小的差别体现战略能力的强弱；

(4)流程、定位和路径，会以不同产业发展阶段的市场需求规模增长快慢不同反映出来；

(5)动态能力与协调过程效应，会以知识溢出水平的差别反映出来。

其异质性特征效应功能远高于一般的非系统创新相似性创新效应。

异质性意义在于：不同产(行)业、不同企业的异质性特征变量，如瓮福范式标本，创新的系统行为对市场结构的影响程度不同，通过市场结构的内生化，把企业的相似性、异质性以及不对称性；不同产(行)业的知识溢出水平差别；进入壁垒大小的差别；不同产(行)业发展阶段的市场需求规模增长快慢不同等重要特征变量纳入一个共同演化的分析框架，能够更好地研究并推动不同类型创新企业行为与市场结构—绩效的互动关联过程。

3.6.4　小结

本节对三种类型创新企业创新行为相似性特征及其效应、异质性重要特征和效应进行考察，得出创新企业创新行为特征"相似性五要素"作用是演变成为"企业自适应创新系统模式"创新共性标本的基础；"5种创新效应"的正常发挥有效地解决了技术创新活动中的经济组织规模与创新活力之间的根本矛盾：(1)自催化效应增强了企业的技术创新活力，为技术创新营造了一种适宜的生成环境；(2)低成本扩散与收益放大效应提高了技术创新的规模经济性；(3)风险分散效应保证了技术创新资金的有效供给；(4)技术导向效应推动了新技术的推广与普及，惠及社会；(5)协调整合效应促进了相关创新活动的开展，进一步提高了技术创新的投入产出水平。

创新企业创新行为特征"相似性五要素"及这"5种创新效应"的实践奠定了企业在技术创新活动中的优势地位,是创新企业创新行为旺盛的生命之源。

"企业自适应创新系统模式"型企业异质性特征的5种创新具有显著的标本效应,把这些重要特征变量纳入一个共同演化的分析框架,能够更好地研究不同类型创新企业行为与市场结构—绩效的互动关联正相关过程。

这5种有别于创新型、科技型企业创新相似性的异质性特征及其效应凸显了"企业自适应创新系统模式"型企业在创新活动中的独有(范式)标本作用,是创新企业创新行为可持续发展的创新之核心。

3.7 企业创新系统模式构建

本节依据对三种类型创新企业创新行为相似性、异质性重要特征及其效应进行考察梳理后,构建"企业自适应创新系统模式"及其运行机理的微观理论框架,是构建中观"产业创新系统模式"及其运行机理的微观基础。

3.7.1 企业创新系统的主体:创新型企业

创新型企业的概念,没有统一的定义。国家科技部等三部委联合开展创新型企业试点,提出的创新型企业评选标准认为,创新型企业应具备以下条件(张林,2012):(1)自主知识产权的核心技术;(2)持续创新能力;(3)行业带动性和自主品牌;(4)较强的盈利能力和较高的管理水平;(5)创新发展战略和文化。

国内外学者对于创新型企业的涵义都有一定的界定,其中比较有代表性的界定如陈勇星等人,他们认为:创新型企业是一个有创新思想、创新制度、创新组织、创新机制、创新人才的有机整体,拥有一定的自主知识产权和核心技术能力,能够持续创新并且创新为企业带来持续的收益,是一种以创新为根本特征和运行基础的新型企业管理和发展模式。

张林博士认为:创新型企业是以创新思想为指导,以创新体系为基础,以知识产权化的技术和品牌为核心,以实现全面而持续的自主创新为手段,以获取更多利润和取得不断发展为目标的新型企业(张林,2012)。创新型企业将创新作为企业发展的第一要务和持续发展的灵魂,作为创新型企业具有以下特点(张林,2012):

(1)自主创新能力突出;(2)持续盈利能力强;(3)创新的全面性;(4)创新的持

续性;(5)成果产权化。

在学者们研究的基础上梳理归集后认为:创新型企业是企业创新系统的主体,是构建中观"产业创新系统模式"及其运行机理的微观基础之一,是国家宏观基础创新体系的微观基础。

3.7.2 企业创新系统的主导:科技型企业

1. 科技型企业定义

企业的高技术性质主要是基于两个方面的分析:第一,从企业的产品中知识和技术构成比重来看,企业所提供产品其技术与知识成本占比是否高于劳动力和原材料成本占比,如果要前者高于后者,则划为高技术性质,反之则不是;第二,可以从企业价值运动过程来分析,企业生产和服务的价值创造环节各个阶段中某一过程或者阶段中是否有高技术活动的影子,如果有则属于高技术企业,反之则不属于高技术性质。现实情况下,判断一个企业是否是高技术企业不能简单的看是否在生产过程中采用了某高新技术手段,而要看其经营范畴是否涵盖高技术领域,其是否将高技术融入到产品和服务当中,并创造新价值。国外对高技术企业的认定主要是基于两点:第一为界定高技术产业概念,第二按照企业的产业属性对其对号入座划分是否属于高技术类企业。

科技型企业要将高技术转化为成果,形成具有特质的产品或者服务等,其产品和服务多具有知识密集、高研发费用占比、增速较快、技术发展快和产品附加值大等特点,这类企业除了具有企业的一般特点外,还具有自身的特色,其成立及发展的基础是基于高技术的特殊运作模式,因此科技型企业是具有高技术的企业。世界经济发展多样,各国科技和技术发展的水平各异,因此各国对高技术企业的认定标准也不同,这种差异性是各国工业化水平的总体反映,同时,也可以反映各国对科技强国的战略重视程度。因此对于高技术企业的认定,其意义远甚于仅仅局限于依照定义来对企业是否属于高技术企业进行认定,而在于通过对这类企业的认定来规范和指导企业制定产业技术的发展战略。

由科技型企业定义、特征、内涵可知,其在企业创新系统中是一类既具有创新型企业、创新系统型企业相似性又具有自身特性的企业,其在企业创新系统中具有主导地位,是构建中观"产业创新系统模式"及其运行机理的微观基础之二,是国家宏观创新体系的微观基础。

表 3.5 科技型企业含义

定义的主体及出处	定义内涵
D. Dimancesuc(美国)	主要指那些科研开发技术类人员比例高的企业,这类企业的营业收入中科研投资比重较大
H. B. Munster 和 F. G. Doody(美国)	科技型企业是指那些以高技术含量、增速较快、其研发费用在其营业费用中占比较高的技术类企业,这类企业的出口主要是技术密集型产品
《科学美国人》	科技型企业时刻需要进行创新,其高端技术类人才较多,一般高级工程师以上层次人才占比超过 10%,而对于一些边缘技术类企业,其高端人才的比重要达到 15%以上,这类企业所面临的市场环境时刻变化,因此需要时刻保持不竭创造力
国家科技部《国家高新技术产业开发区高新技术认定条件和办法》(2000 年 7 月修订)	科技部对科技型企业主要从五个方面进行了定义,主要包括: 第一,科技型企业是这样一类经营实体,其主要经营范围涉及科技型产业范围内的一种或者多种产品或者技术服务,其科技型产业的经营范围决定了其产品和服务主要是提供科技产品和服务的,其服务过程包括研发和生产等,但是单纯的依靠技术贸易的商业企业却不属于科技型企业 第二,科技型企业要求人员素质较高。这主要体现在员工学历素质方面,一般说来,科技型企业拥有大专及以上学历的员工占比要超过三成,而研发类企业,其高学历员工占比更高,一般要达到 40%以上,科研研发的高技术要求决定了高学历科研人员需求比例较高 第三,科技型企业其产品与服务研发投入需要占到其营业额的 5%以上 第四,科技型企业其主营业务为高科技产品和服务的生产销售及研发,因此其主业技术产品及服务收入应占据其营业收入的大部分,一般要达到 60%以上 第五,对于新成立的科技型企业,其主业超过六成要投入到高技术领域
国家科技成果办公室	科技型企业主要指那些研发及销售高科技产品和服务的企业,这类企业主要经营科技类产品,其所提供的产品和服务科技含量高,这也是其区别于一般企业的重要标志
Prentice Hall(1995) 百科全书	科技型企业主要是从事高科技产品研发销售的企业,这类企业能够较为迅速的采用新技术,如电子通讯类企业等
Anderson(1987)	科技型企业其研发人才较多,因此高级工程师、科学家等高素质、高技术类员工比重较高,这也是其区别于其他类企业的地方,科技型企业的 R&D 支出在其总支出中占比也要远高于其他类企业
Mohran(1990)	科技型企业的员工构成中高技术人才占很大比重;其研发投入较高;科技型企业在采用新技术上较为迅速;科技型企业增速较快
美国政府	美国政府对科技型企业的界定是根据企业产品和服务中知识技术占比及劳动、原材料在其所提供产品和服务相对比重来进行的,一般来说,科技型企业的知识和技术要达到一定比重

资料来源:夏金华(2013),第 31—32 页。

3.7.3 企业创新系统的核心:创新系统型企业

"(自适应)创新系统型企业"的概念没有定义。本研究在国内外有关企业创新理论模型、有关企业"(自适应)创新系统模式"及实践考察的研究基础上,认为"(自适应)创新系统型企业"具有创新型企业、科技型企业的相似性特征的系统性与自身的异质性特征。

相似性特征的系统性与自身的异质性特征如下:

"(自适应)创新系统型企业"相似性特征的系统性体现为其具有系统性的"相似性五要素",即由技术创新、管理创新、制度创新、文化创新、环境创新五个方面的大量创新元素主体(agent)及其运行机理组成的创新(微观)系统作为"企业创新系统模式"构建的核心。

"(自适应)创新系统型企业"异质性特征的系统性体现为其具有系统性的"异质性五要素",即:(1)企业是一个整合的系统;(2)企业系统与环境相互渗透,边界、面积增大、开放度增加;(3)市场和战略能力;(4)企业流程、定位和路径;(5)企业独具的动态能力与协调过程。

企业能在急剧变化的市场面前,建立起一个充满创造活力的"(自适应)创新系统",跃变成一个能对瞬变的外部环境迅速作出反应的有机体,这样的企业具备独特的"复杂适应系统"和"动态能力"(dynamic capabilities)。

我们知道,复杂适应系统的共同特征是,它们能够通过处理信息从经验中提取有关客观世界的规律性的东西作为自己行为的参照,并通过实践活动中的反馈来改进对世界规律性的认识从而改善自己的行为方式。"(自适应)创新系统型企业"以这些社会系统特征构成了企业内外平衡的内在机能和发展方式。

3.7.4 企业创新系统模式

"企业创新系统模式"是没有明确概念界定的。在(模式)范式范畴的演进过程中,存在两个倾向:首先,它们的研究范围呈现出向宏观领域扩展的趋势,即,从科学、技术自身体系发展的考察逐渐拓展到对包括科学与技术系统、技术—经济系统、社会系统在内的宏观体系的考察,考察的层面也从企业扩展到产业乃至国家层次。这在很大程度上是源于人们对如下趋势的认识:首先,科学与技术发展的日益融合,科学技术对经济发展的作用越来越大,以及社会系统在提供经济和科技发展所需的支撑性条件方面影响力越来越强。其次,(模式)范式的研究也呈现出宏观和微观并重的倾向,这一点在技术模式和技术—经济模式的发展中表现得尤为明显。

从上述创新范式的变迁,我们可以看出,创新范式与此前的模式概念有很大的不同。首先,如果说库恩的科学范式更多的是一种抽象的哲学思辨概念的话,那么此后的范式概念就逐渐地向现实世界演进。创新范式概念甚至走得更远,它与以往任何模式概念都大相径庭,在它这里,范式已经在更多意义上是模式、模型或者说图景。其次,从总体来看,创新范式概念与纳尔逊和弗里曼等人(Freeman C.,1995;Nelson R. R.,1993)的国家创新系统(national innovation system)概念非常相似,它们都是从国家的宏观层面上考察社会系统、技术系统和经济系统之间的交互作用与演进,以揭示不同国家的经济增长和技术发展在绩效上的差异。

从前述企业创新系统研究文献综述对企业创新系统构建的典型模型比较,可知企业创新系统模式的研究还不完善,还有不少的问题有待探索和研究。

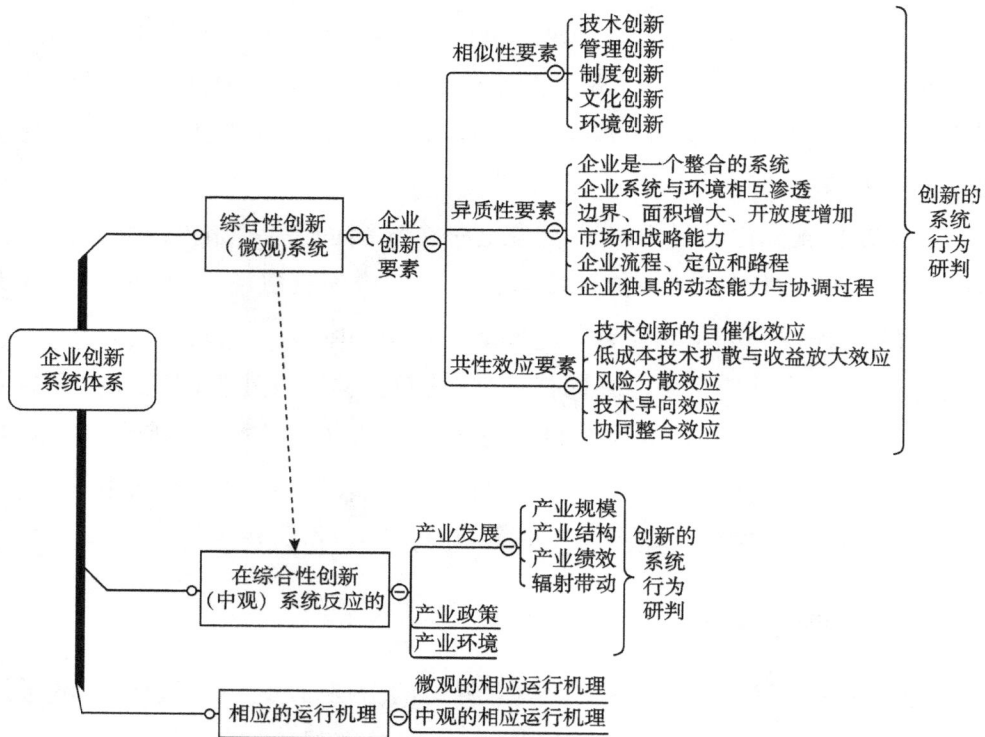

图 3.18 企业创新系统体系

综上分析,比较各家之说梳理归集,加之本研究的系统实证考察,可对"企业创新系统模式"作出如下定义:"企业创新系统模式"是以创新型企业为主体,科技型企业为主导,自适应创新系统型企业为核心,以企业创新的"相似性要素"[①]大量创

---

① 相似性要素:技术创新、管理创新、制度创新、文化创新、环境创新、创新的系统行为研判。

新元素主体（agent）、"异质性要素"①、"共性效应要素"②及它们相应的运行机理和系统行为研判体系组成的综合性创新（微观）系统；该系统是推动产业发展（规模、结构、绩效、辐射带动）、产业政策、产业环境组成的综合性（中观）系统和它们相应的运行机理构成的体系基础，以阐释两个层级创新的系统行为对市场结构与绩效互动关联影响乃至经济增长的动态图景。

　　本节努力对文中涉及的"企业创新系统模式"进行一个相对简洁明了的归纳，以期建立一个基础的核心模型，再以此为基础展开研究，使逻辑更严密些。

---

① 异质性要素：企业是一个整合的系统；企业系统与环境相互渗透，边界、面积增大、开放度增加；市场和战略能力；企业流程、定位和路径；企业独具的动态能力与协调过程。
② 共性效应要素：技术创新的自催化效应；低成本技术扩散与收益放大效应；风险分散效应；技术导向效应；协同整合效应。

第4章 产业创新系统能力评价指标体系

本章在第 5 章理论与实证考察研究分析的基础上,对在产业层面建立"产业创新系统能力评价指标体系"做进一步考量,依绪论确定的切入点,作出基本论证,对"产业创新系统能力"基础作出假定,构建了"产业创新系统能力评价指标体系",为后续仿真模拟定量研究奠定理论基础,同时假定了基本构架和观点,进而求证、验证等。

4.1 产业创新系统能力假定

产业创新系统能力通过评价指标体系彰显。"产业创新系统能力"也没有明确概念界定。从绪论部分中贺晓宇(2012)对产业创新系统构建的典型模型比较,可知产业创新系统的研究还处于雏型,还有大量的问题有待探索和研究,尤其是鲜有"产业创新系统能力评价指标体系"的构建。

笔者依文献综述现状,比较各家之说、梳理归集,结合本实证考察研究,在我国产业组织的管理机构弱化和虚拟的现实下,可对"产业创新系统能力"基础作出如下"群体"和"体系"的假定:(1)"产业创新系统能力"基础是以创新型企业为主体,以科技型企业为主导,以自适应创新系统型企业为核心的创新型企业群体;(2)以企业创新要素组成的综合性创新(微观)系统,以推动产业发展的产业政策、产业环境组成的综合性(中观)系统,以及与它们相应的运行机理构成的体系。

本节也努力对文中涉及的"产业创新系统能力"基础进行一个相对简洁明了的归纳,以期建立一个基础的核心能力模型,再以此为基础展开"产业创新系统能力评价指标体系"的基本论证与政策建议研究。

4.2 产业创新系统能力评价指标体系构建的依据与权重

按照 4.1 节中的假定,以一个已建的企业层面的基础核心模型,在产业层面研判企业创新系统能力效应,构建"产业创新系统能力评价指标体系"。

权重确定依据:a. "产业创新系统能力评价指标体系"主要系统要素的综合性:

创新微观系统(基础核心模型);b. 创新中观系统(基础核心模型)构成的体系;c. 它们体系的相应运行机理的有机结合:定性指标体系与定量指标体系(互动关联的数理关系确定)的研判功能和基础核心模型的普适性。

4.3 产业创新系统能力评价指标体系的构建

根据"企业创新系统模式"企业层面的基础核心模型构成,选择技术创新能力评价指标、管理创新能力评价指标、制度创新能力评价指标、文化创新能力评价指标、环境创新能力评价指标、产业发展(规模、结构、绩效、辐射带动)创新能力评价指标、产业政策创新能力评价指标、产业环境创新能力评价指标等为"产业创新系统能力评价指标体系"(基础核心模型)能力定量与定性评价的指标(见图4.1)。

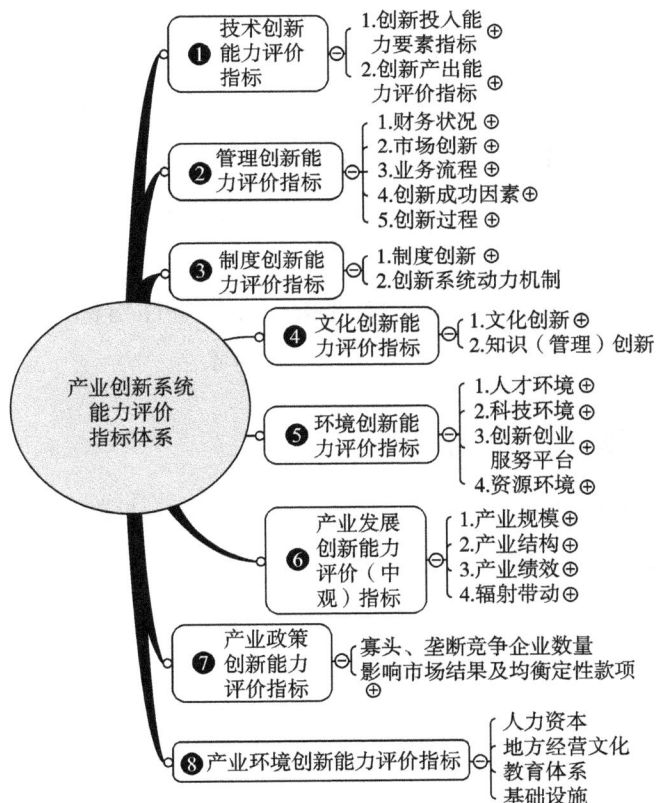

图4.1 产业创新系统能力评价指标体系

4.3.1 技术创新能力评价指标

本研究选择高建(1997)的"技术创新能力评价指标"作为产业创新系统技术创

新能力评价指标的定性与定量微观体系。

一级指标：创新投入能力要素指标。

二级指标：创新资源投入能力指标。

三级指标：R&D投入强度、R&D人员素质—数量强度、非R&D投入强度。

二级指标：创新管理能力；三级指标：创新管理能力用IMC表示。其计算公式为：$IMC=(E_1+E_2)$ E_1：创新战略评分，0—100、E_2：创新机制评分，0—100。

二级指标：创新倾向；三级指标：创新频率/每千人创新数量。

二级指标：研究开发能力指标：（三级指标研究开发能力指标有三个）专利拥有数、自主创新产品率、对引进技术的改进。

二级指标：制造能力（制造能力用PC表示）；三级指标：衡量制造能力的指标有五个：设备水平、现代制造技术采用率、引进技术达产率、工人技术等级及工作质量、计量、测试和标准化水平。前3个指标与设备有关，第4个指标与工人有关，第5个指标与企业制造活动的基础工作有关。

二级指标：营销能力（评价营销能力的指标全部依赖经验数据）；三级指标：市场研究水平，对消费者/用户的了解程度，营销体制的适合度，分销网络。上述4个方面均采用问卷调查的方式获得经验数据，然后再转化为百分制数。

一级指标：创新产出能力评价指标。

二级指标：分别用收益性指标、技术性指标和竞争性指标反映：收益性指标、技术性指标、竞争性指标、其他指标；三级指标，见图4.2。

4.3.2 管理创新能力评价指标

选择张林(2012)的"管理创新能力评价指标"和工业创新中的创新成功因素（克利斯·弗里曼、罗克·苏特，2005）作为产业创新系统管理创新能力评价指标的定性与定量微观体系。

一级指标：财务状况；二级指标：资产负债率、现金流动负债比率、资产周转率、无形资产周转率、其他；二级指标：经营成果与发展；三级指标：EVA（＝税后经营利润－投资资本乘加权平均资本）、3年资本平均增长率、3年主营业务平均增长率、净资产收益率、其他。

一级指标：市场创新；二级指标：客户满意度、市场知名度、社会贡献增长率、新产品市场占有率、其他。

一级指标：业务流程；二级指标：产品的生产周期率、员工生产率、生产能力利用率、售出产品故障排除率、其他；三级指标，见图4.3。

❶ 技术创新能力评价指标

1.创新投入能力要素指标
  1)创新资源投入能力
    ①R&D投入强度
    ②R&D人员素质(数量强度)
    ③非R&D投入强度
  2)创新管理能力 — 创新管理能力(IMC)
    创新公式：IMC--(E1+E2)
    E1：创新战略评分，0~100
    E2：创新机制评分，0~100
  3)创新倾向 — 创新频率(每千人创新数量)
  4)研究开发能力
    ①专利拥有数
    ②自主创新产品率
    ③引进技术改进
  5)制造能力(PC)
    ①设备水平
    ②现代制造技术采用率 — 设备有关
    ③引进技术达产率
    ④工人技术等级及工作质量 — 工人有关
    ⑤计量，测试和标准化水平 — 基础工作有关
  6)营销能力
    ①市场研究水平
    ②对消费者/用户的了解程度
    ③营销体制的适合度
    ④分销网络

2.创新产出能力评价指标
  1)收益性指标
  2)技术性指标
  3)竞争性指标
  4)其他指标

图 4.2　技术创新能力评价指标

❷ 管理创新能力评价指标

1.财务状况
  1)资产负债率
  2)现金流动负债比率
  3)资产周转率
  4)无形资产周转率
  5)其它指标
  6)经营成果与发展 ⊕

2.市场创新
  1)客户满意度
  2)市场知名度
  3)社会贡献增长率
  4)新产品市场占有率
  5)其指标

3.业务流程
  1)产品的生产周期率
  2)员工生产率
  3)生产能力利用率
  4)售出产品故章排除率
  5)其它指标

4.创新成功因素
  1)项目执行因素 ⊕
  2)公司水平因素 ⊕

5.创新过程
  1)基本策略要素 ⊕
  2)能够实现的主要特点 ⊕

图 4.3　管理创新能力评价指标

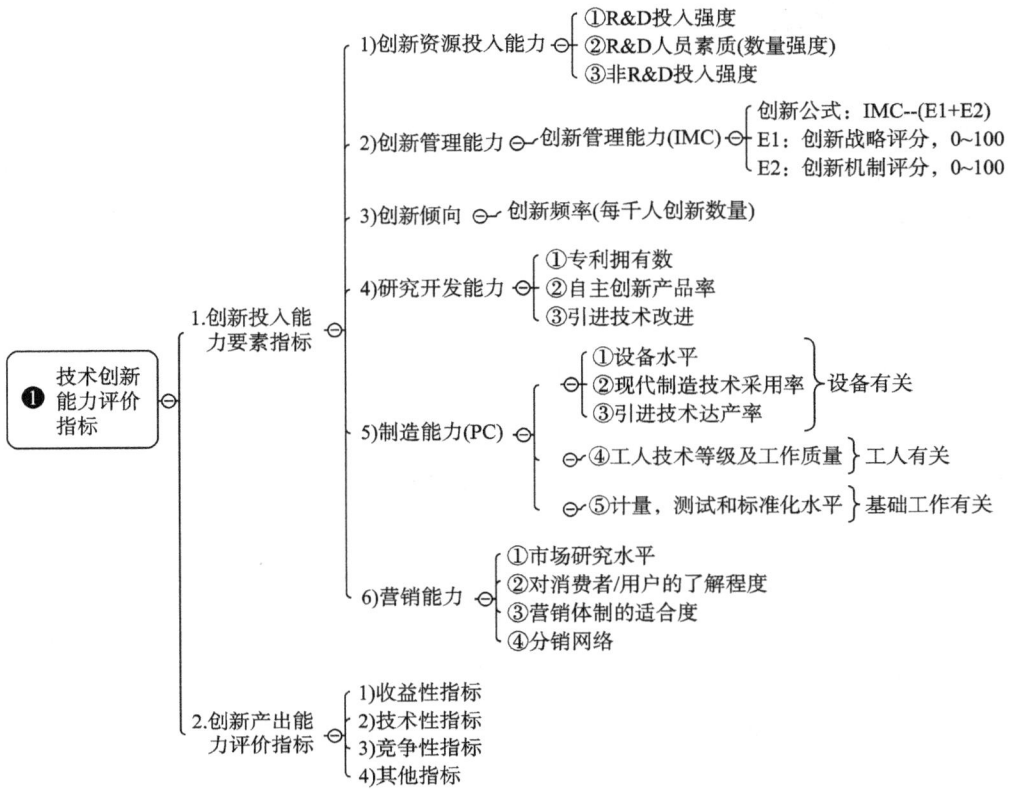

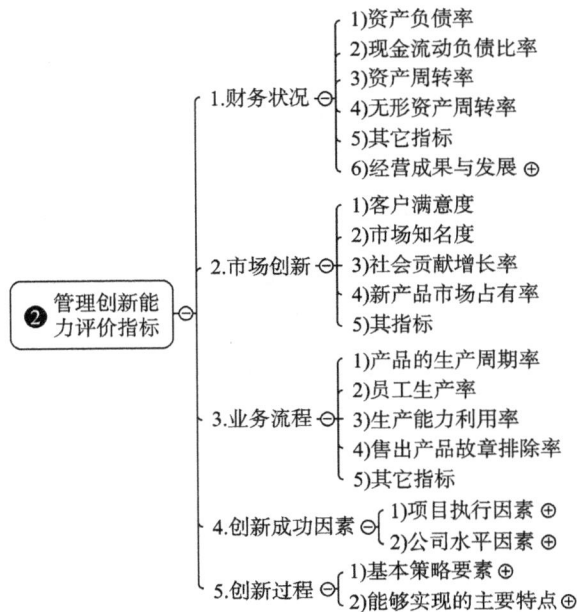

一级指标:创新成功因素。

二级指标:项目执行因素。三级指标:内部和外部充分交流,获取外部技术诀窍;将创新作为全公司范围的任务,有效的内部职能协调,各种职能全面平衡;执行详细的计划和项目指挥程序,高质量的前期分析;开发工作效率高、生产质量好;强烈的市场导向:强调满足用户需求,研制着重于创造使用价值;为用户提供最佳技术服务,有效的用户培训;有力的产品主管和技术把关者;高质量开明的管理,旨在发掘利用优秀人才资源;争取项目间最佳协作效果和项目内互相学习。

二级指标:公司水平因素。三级指标:高层管理信奉和明确的支持创新;长期公司战略及与之相关的技术对策;长期支持重大项目(提供专利费用);公司对变革作出灵活反应;高层管理承担风险;形成接受创新,并使之与企业精神相容的文化[①]。

一级指标:创新过程,系统一体化和网络化(SIN)。

二级指标:基本策略要素。三级指标:时间策略(更快更有效地开发产品);研制重点在于质量及其他非价格因素;强调公司灵活性和责任感;用户至上策略;与主要供应商相结合的策略;横向技术合作策略;数据电子处理策略;全面质量管理政策。

二级指标:能够实现的主要特点:a. 三级指标整个机构和系统一体化更完善:—平行和集成(横向作用)开发方式;—初期供应商参与产品开发;—技术领先的用户参与产品开发;—适当建立横向技术合作。b. 三级指标组织结构更简单灵活,旨在快速有效地作出决策;—授予基层管理者更大的权力;—授予产品主管(项目主管)权力。c. 三级指标全面开发的内部数据库;—有效的数据分享系统;—产品研制衡量标准、计算机探试、专家系统;—采用三维—CAD 系统和仿真模型的计算机辅助产品开发;—链接 CAD/CAE 系统以提高产品开发灵活性和产品生产能。d. 三级指标有效链接外部数据:—通过链接 CAD 系统与供应商合作开发。—用户接口采用 CAD;—与研究开发合作者有效的数据链接。

4.3.3 制度创新能力评价指标

选择张林(2012)的"制度创新能力评价指标"和曾悟声(2007)的"创新系统动力机制的主要因素"等指标作为产业创新系统制度创新能力评价指标的定性微观体系。

---

① 引自 Rothwell(1992,1994)。

一级指标制度创新：二级指标对创新项目和人员激励制度完善、合理化建议变动率、产权制度明淅度（技术创新激励作用）。三级指标：①产权奖励，②市场奖励，③公司奖励，④政府奖励；人员晋升机制完善。三级指标：详见图 4.4。

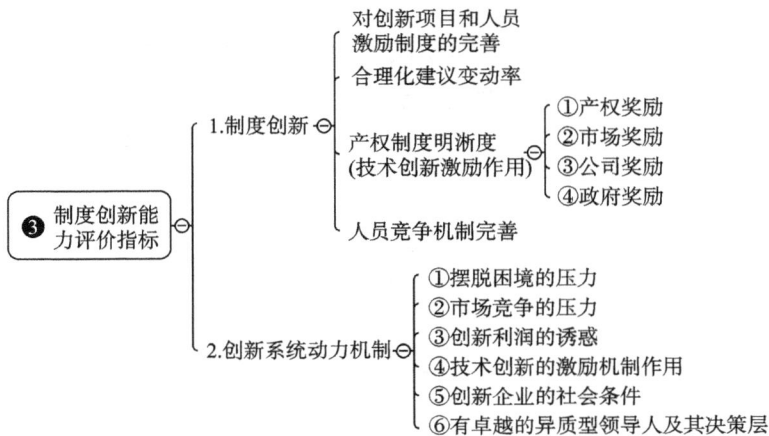

图 4.4　制度创新能力评价指标

一级指标：创新系统动力机制；二级指标：摆脱困境的压力、市场竞争的压力、创新利润的诱惑、技术创新的激励机制作用、创新企业的社会条件（政府的产业政策与资金（债转股）支持）、有卓越的异质型领导人及其决策层（详见图 4.4）。

4.3.4　文化创新能力评价指标

选择张林（2012）的"文化创新能力评价指标"作为产业创新系统文化创新能力评价指标的定性微观体系。

一级指标：文化创新；二级指标：企业文化员工认同度、培训及相关活动支出比重、企业信誉度。一级指标：知识（管理）创新；二级指标：人力资本保值增值率、知识与智力资本贡献率、人力资本贡献率、员工知识水平；三级指标（略）。各级指标详见图 4.5。

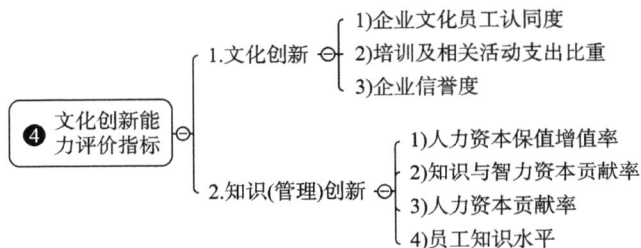

图 4.5　文化创新能力评价指标

4.3.5　环境创新能力评价指标

选择"中国新闻网"的"环境创新能力评价指标"[①]作为产业创新系统环境创新能力评价指标的定性微观体系。

一级指标:环境创新能力("中国新闻网");二级指标:人才环境、科技环境、创新创业服务平台、资源环境;三级指标(详见图4.6)。

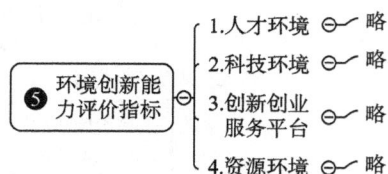

图4.6　环境创新能力评价指标

4.3.6　产业发展创新能力评价指标

用本节产业发展的二级指标作为产业创新系统产业发展创新能力评价指标的定量与定性中观体系。

一级指标:产业发展。

二级指标:产业规模。三级指标:平均份额和集中系数、总产值××万亿元,同比增长×××%;实现增加值×××亿元,占市场生产总值的×××%;

二级指标:产业结构。三级指标:产业集中度、赫芬达尔指数、进入壁垒、兼并与广告;

二级指标:产业效益。三级指标:价格、利润、消费者剩余、生产者剩余、社会总剩余;模式日趋多元化,跨区域引擎带动作用逐步显现。横向技术合同项数,成交额达亿元,同比增长百分比(%);在外省市设立分支公司家数,较上年增加家数。

二级指标:辐射带动(考察专业化基础上的产业部门在创新过程中的技术转移和供需联系)。三级指标:与其他区域的合作不断深化,跨区域并购、跨区域共建园区等)。四级指标,详见图4.7。

4.3.7　产业政策创新能力评价指标

通过政策因素推动企业与产业技术创新系统形成过程的政策目标,是很重要

---

① 参见《环境创新能力评价指标》,"中国新闻网"2013年9月17日。

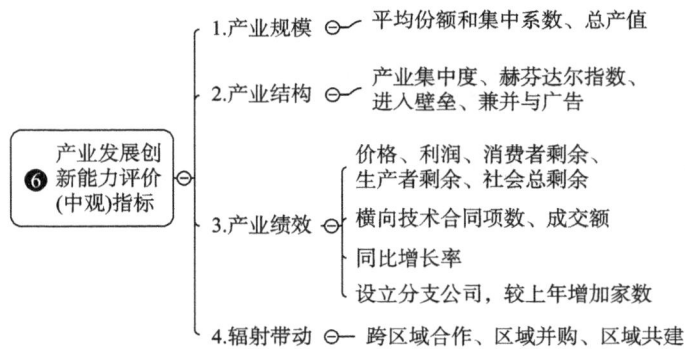

图 4.7　产业发展创新能力评价指标

的政府工作。本节以创新的产业（组织状态）政策应当"使社会福利最大化及消费者剩余和生产者剩余均衡"原则作为产业创新系统产业政策创新能力评价指标的定性中观体系。

　　一级指标：产业政策。二级指标：寡头、垄断竞争企业数量；影响市场结果及均衡《政府管制对市场结构和绩效的影响机理研究》定性款项。三级指标：反垄断法细则（寡头之间的公开协议禁止）。四级指标《市场结构模式的标准与构建措施》、产业创新效应评估模板（详见图 4.8）。

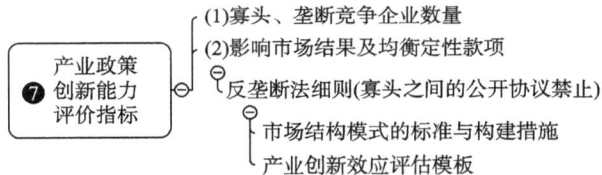

图 4.8　产业政策创新能力评价指标

4.3.8　产业环境创新能力评价指标

　　选择创新环境研究组（GREMI）首次提出的"创新环境"（innovative milieu）概念（李永周、刘日江，2011），即人力资本、地方经营文化、教育体系、基础设施等社会资本范畴的因素置于创新框架，这成为"产业创新系统模式的雏型"。作为产业创新系统环境创新能力评价指标的定性中观体系（详见图 4.9）。

图 4.9　产业环境创新能力评价指标

4.4 技术创新子系统能力评价指标体系

技术创新子系统能力评价指标体系由创新投入能力要素指标和创新产出能力要素指标构成。

4.3.1 创新投入能力要素指标

1. 创新资源投入能力指标

衡量创新资源投入能力的三个指标：

(1)R&D 投入强度。

R&D 投入强度是科研经费与技术开发经费之和占销售收入的比重(S_1)。其计算公式如下：

$$S_1(R\&D 投入强度) = (科研经费 + 技术开发经费)/销售收入$$

(2)R&D 人员素质—数量强度。

该指标仍为强度指标，但与一般指标不同，它用素质对数量进行加权来计算 R&D 人员数量，故称为素质—数量。其计算公式如下：

$$企业 R\&D 人员的素质数量 = \frac{\sum_{i=1}^{n} \omega_i \cdot r_i}{\sum_{i=1}^{n} \omega_i}$$

i：素质的等级。企业的素质等级可划分为 4 级。第 1 级为初级研究开发人员，第 2 级为中级研究开发人员，第 3 级为高级研究开发人员，第 4 级为国家级有突出贡献专家。

r_i：为第 i 级研究开发人员数。

ω_i：为第 i 级的素质权重，与 i 相对应分别为 1、2、3、4。于是，R&D 人员素质—数量强度(S_2)可表示为：

$$S_2(R\&D 人员素质—数量强度) = R\&D 人员的素质数量/职工人数$$

(3)非 R&D 投入强度。

非 R&D 投入强度指技术引进加技术改造经费占销售收入的比重。其计算公式为：

S_3(非 R&D 投入强度)＝(技术引进经费＋技术改造经费)/销售收入

用 *RIC* 表示技术创新资源投入能力指标,*RIC* 有两种来源,S_1 指标反映企业培育自主创新能力上的潜力,S_3 指标反映企业增加生产能力的潜力。虽然 S_1 和 S_3 都有助于企业增强技术能力,但意义绝不相同。S_1 对企业技术能力的提高具有长远的战略意义,S_3 则是满足近期企业的技术要求,无助于积累企业自主创新能力,即自身的技术创新能力。

2. 创新管理能力

从理论上讲,创新管理能力主要从创新战略和创新机制两个方面反映。创新战略一点也不抽象,它落实在具体的活动上。例如,表现在创新资源的配置上,表现在收集和分析信息上,表现在创新方式的选择上等等。但是,这些具体活动都不能像上面衡量创新资源投入能力时那样找到可以准确计量的指标。因此,创新战略只能用经验数据。

创新机制在测度上也面临同样的问题,只能用经验数据去测度。经验数据由问卷调查获取。创新管理能力用 *IMC* 表示。其计算公式为:

$$IMC＝(E_1＋E_2)$$

其中:E_1:创新战略评分,0—100

E_2:创新机制评分,0—100

3. 创新倾向

创新倾向的测度指标容易设计。由于创新倾向表现为企业家追求创新的强烈愿望化作现实,即创新的主动性和前瞻性,我们可用两个指标去刻画。

(1)创新频率。

创新频率指企业的年创新数。技术创新可分为工艺创新和产品创新,而各自又区别为重大创新和渐进创新。在考察创新频率时,不区别创新的重大与渐进特征,只计算工艺创新和产品创新数量。其计算公式为:

创新频率＝年内产品创新数＋年内工艺创新数

(2)每千人创新数量。

该指标的计算公式如下:

每千人创新数量＝(创新频率/职工人数)×1 000

创新倾向集中体现企业家的创新精神,而这种精神会感染全企业的职工,并融入企业文化之中。创新倾向强的企业里充满创新的气氛和努力。因此,每千人创新数量指标优于创新频率指标。创新倾向的衡量指标表示为 S_4。创新倾向用 IP 表示。$IP = S_4$。

4. 研究开发能力指标

研究开发能力指标有三个:

(1)专利拥有数。

研究开发的重要成果是专利。每年的专利申请数可能不是当年研究开发的成果,而是数年研究开发的产物,但持续的研究开发活动应连续不断地出现新发明,专利拥有数是衡量研究开发能力的有效指标,表示为 S_5。

(2)自主创新产品率。

自主创新产品不是依靠引进技术直接生产新产品,而是企业自行或合作研究开发的新产品。我们倡导企业不断增强自主创新能力,因此,设计"自主创新产品率"指标考核企业在自主创新方面所取得的进步。该指标表示为 S_6 计算公式如下:

$$S_6(自主创新产品率) = (自主创新产品数/创新产品数) \times 100$$

(3)对引进技术的改进。

该指标力图反映企业技术引进后消化吸收方面所做的工作。对引进技术的改进主要表现在工艺上,工艺的创新带来产品创新,但工艺创新是为了产品创新。

研究开发能力用 RDC 表示,其计算公式为:

$$RDC(研究开发能力) = (S_5 + S_6 + E_3)/3$$

$$PC = \frac{(S_7 + S_8 + S_9)/3 + (S_{10} + E_4)/2 + E_5}{3}$$

5. 制造能力

制造能力用 PC 表示。衡量制造能力的指标有五个:①设备水平;②现代制造技术采用率;③引进技术达产率;④工人技术等级及工作质量;⑤计量、测试和标准化水平。前 3 个指标与设备有关,第 4 个指标与工人有关,第 5 个指标与企业制造活动的基础工作有关。

制造能力的计算公式为:

S_7、S_8、S_9 分别代表指标①、②、③的数值,均用百分制表示,三者取平均表示设备能力。S_{10} 和 E_4 分别表示工人技术等级的平均数和工人工作质量,两指标同样需转化为百分制数字。E_5代表指标⑤的数值,该数值来自问卷取得的经验数据。

6. 营销能力

评价营销能力的指标全部依赖经验数据。我们从四个方面反映营销能力。

(1)市场研究水平。市场研究水平包括潜在需求分析、竞争对手分析、用户分析、技术发展趋势研判等。从企业已完成的工作中可以看出市场研究水平的高低。用评分方法确定该指标。

(2)对消费者/用户的了解程度。指企业主动获取消费者/用户需求信息、使用信息的努力程度。

(3)营销体制的适合度。指企业在组织机构设计中针对新产品投放市场和扩大市场做过专门考虑,而且在实际中这种专门考虑起到了促进新产品销售的作用。比如,在广告宣传、定价策略、销售渠道建立方面为新产品所做的专门努力。

(4)分销网络。指企业现存的销售网络对新产品上市、扩大销售规模和信息反馈的及时与准确性起什么作用。

上述四个方面均采用问卷调查的方式获得经验数据,然后再转化为百分制数。

营销能力用MC表示。其计算公式如下:

$$MC = (E_6 + E_7 + E_8 + E_9)/4$$

其中,E_6、E_7、E_8、E_9分别代表上述4个指标。

4.3.2 创新产出能力要素指标

6个能力要素经组合得到创新成果,即技术创新从构思或投入变成商品进入市场。在市场上,创新产出表现为收益性产出、技术性产出和竞争性产出,分别用收益性指标、技术性指标和竞争性指标反映。

1. 收益性指标

收益性指技术创新为企业创造的销售收入。销售收入分两种,一种表现为新产品的出售给企业创造的新销售收入;二是表现为技术出售,企业由此获得技术收入。

严格地说,创新收益应表示为净收益率和净增收益率。但是,这两个指标中的创新成本数据难统计。因此,我们选用新产品销售份额测试新产品对企业销售收入的贡献。新产品销售份额用S_{11}表示,其计算公式如下:

$$S_{11} = (新产品销售收入/销售收入) \times 100$$

用技术净收入反映企业在买卖方面的情况。这是企业年内技术售出额与技术购入额的差。然而,该指标在企业间不能直接比较。为此,我们设计出技术贸易指数。其计算公式如下:

$$技术贸易指数＝技术净收入/(技术购入额＋技术售出额)$$

该指数越大,表明企业技术创新产出能力越强,用 S_{12} 表示。如果可以用产品出口份额表达技术创新产出的收益性。该指标用 S_{13} 表示,其计算公式如下:

$$产品出口份额＝(出口产品销售收入/销售收入)×100$$

用 BI 表示收益性指标,则:

$$BI＝(S_{10}＋S_{12}＋S_{13})/3$$

2. 技术性指标

创新会引起技术变化,技术性指标可用技术新颖性反映。

该指标属于用经验数据测度的指标,其数据来自问卷调查。技术新颖性分为四个层次,从低到高依次为企业水平、本省的水平、全国水平和国际水平。采用百分制计算技术新颖性。用 S_{14} 表示技术创新新颖性,用 TI 表示技术性指标,则 $TI＝S_{14}$。

3. 竞争性指标

重视技术创新之所以成为世界性潮流,其根源在于它能为企业创造新的竞争力。

反映竞争性的指标有五个:①产品市场占有率(可分国际和国内);②质量提高率;③成本降低率;④能耗降低率;⑤原材料利用率。

用 CI 表示竞争性指标,则计算公式如下:

$$CI＝1/2 ×[S_{15}＋(S_{16}＋S_{17}＋S_{18}＋S_{19})/4]$$

其中,S_{15} 代表指标①,S_{16}—S_{19} 代表指标②—⑤。

4.5 瓮福集团创新系统能力评价实证

4.4.1 评价指标

上节逐一说明评价企业技术创新能力的统计数据指标(S型指标)和经验数据

指标(E 型指标)。统计数据指标共 19 个。经验数据指标共 9 个。完整评价企业技术创新能力,需要使用这 28 个指标,分别从资源投入能力、创新管理能力、创新倾向、制造能力、营销能力和产出能力上做出判断。然而,由于经验数据缺乏,只能在简化处理的基础上对宏福公司技术创新的能力进行评价。尽管评价缺乏完整性,但评价结果证明了指标体系的有效性,揭示出许多重要问题,且具有极大的启发性。

评价中使用的指标共 11 个,表 4.1 指标及其含义全部是 S 型指标。

表 4.1　宏福公司技术创新的能力评价

指标	名称	评价的方面
V_1	R&D 投入强度	资源投入能力(提高自己创新能力的潜力)
V_2	R&D 人员投入强度	资源投入能力
V_3	消化吸收投入强度	资源投入能力(提高自主创新能力的潜力和具备使用技术能力)
V_4	技术改造和技术引进投入强度	资源投入能力(提高生产能力的潜力)
V_5	每千人员职工创新数	创新倾向
V_6	专利拥有数	R&D 能力
V_7	设备装备水平	生产能力
V_8	新产品销售份额	产出能力(收益性指标)
V_9	出口产品份额	产出能力(竞争性指标)
V_{10}	创新新颖性	产出能力(技术性指标)
V_{11}	税后利润率	产出能力(收益性指标)

在下面的分析中,我们没有采用上节的指标符号,而是一直使用表 4.1 中的指标符号。这样做的目的是为了使上节的指标设计具有自身的完整性,而不至于因为缺乏数据而使其变得残缺不全。关于表 4.1 中的指标,有几项需要做进一步说明。

①研究开发人员投入强度(V_2),按研究开发人员占企业职工总数的比重计算,没有按 S_2 的计算公式计算,原因是统计数据还不能分成四个档次。这样,V_2 就没有考虑到研究开发人员能力上的差异。

②所有指标都使用 2002 年的公司数据计算。

③设备装备水平采用加权平均法计算。计算公式为:

$$设备装备水平＝1×国际先进水平(\%)＋0.8×国际一般水平(\%)＋0.6×国内先进水平(\%)＋0.4×国内一般水平(\%)＋0.2×其他(\%)$$

④创新的新颖性采用百分制评分。国际水平为 100,国内水平为 75,省内水平

为 50,企业水平为 25。

⑤新产品销售份额和税后利润率同为反映收益性的产出能力指标,两者具有正相关性,相关系数为 0.418 3。由于相关程度不很高,评价时用两个指标较好。因为新产品销售份额与税后利润率存在四种关系,见图 4.10。

表 4.2

新产品销售份额	V_{11} 低	V_{11} 低
	V_8 高	V_8 高
行业平均水平	V_{11} 低	V_{11} 低
	V_8 高	V_8 高
	行业平均水平	税后利润率

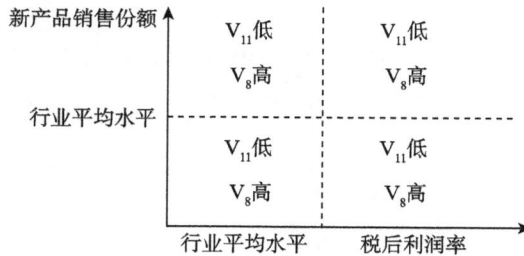

图 4.10　产出能力的收益性指标组合关系

企业同时分析这两项指标,可以给自己的创新业绩定位,也为企业的战略筹划提供重要依据。

评价数据全部来自笔者对这个经济组织的调查问卷。设代码:瓮福矿肥基地 A,宏福公司 B。

4.4.2　能力要素评价

1. 资源投入能力

纵向比较看,B 的研究开发人员投入强度高于 A。这表明 B 的研究开发人员实力大于原 A,见图 4.12。但是人员只有与资金相结合,才能发挥作用。通过分析图 4.11 可知,过去的 A 人员投入强度不高,研究开发经费投入强度也不高;B 研究开发人员投入强度高,研究开发经费投入也高,所以,创新能力强。两年前 A 陷入困境,不可能有大投入,故人员闲置。从这个意义上讲,A 存在明显的研究开发人员能力闲置。

过去 A 因体制环境不好,企业陷入困境,非 R&D 投入也没有。创新环境的生成,使其有很强的能力,既把经费投在有助于增强自主创新能力的 R&D 上,又有能力把经费投在获得体现新技术的生产能力上。

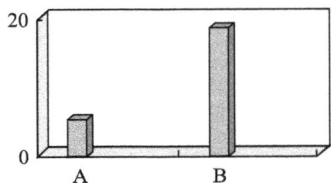

图 4.11　R&D 经费投入强度

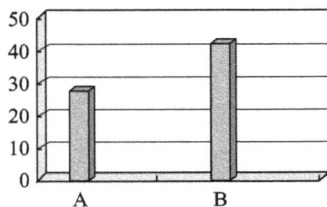

图 4.12　R&D 人员投入强度

比较非 R&D 投入强度和装备水平图 4.13 和图 4.14,我们发现,A 的非 R&D 经费投入很低,是依赖其原技术装备水平较高。因而既有经济原因更主要的是有依赖心理,不想作技术引进经费的再投入,尤其是不作技术的经费的投入,故原料的供给成了制约企业规模经济的瓶颈,工艺不改造使生产成本居高不下。

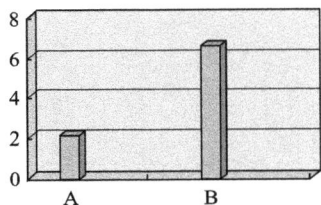

图 4.13　非 R&D 经费投入强度

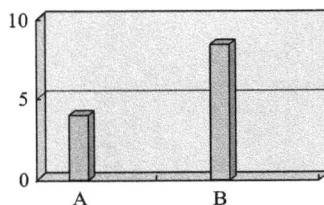

图 4.14　技术装备水平

而 B 既做了非 R&D 经费投入,如引进加拿大威尔公司投资建上游企业,又做了技术装备水平的投入,如改造工艺流程,以新技术装备企业,其结果之一是进一步提高企业装备水平。当装备水平提高后,成本收益大,非 R&D 投入必然减少,产生潜在的机会,创新而获得巨额收益。

2. 创新倾向

用每千名职工的创新数表示创新倾向,该指标是对过去创新投入所创造成果的反映。

图 4.15 结果表示,B 的创新倾向很强,远高于 A。这也是 A 陷入困境的原因之一,没有创新的企业是不能生存和存续的。

3. 研究开发能力

可使用的指标仅有专利拥有数和尚未申请但具有创新结果。A 建设 10 年,既没有自主创新产品率,又

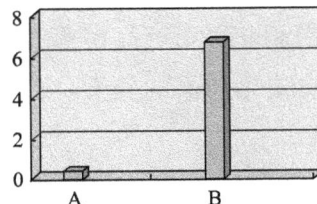

图 4.15　每千名职工的创新数

没有对引进技术的改进两个指数,B组建3年既有自主创新产品又有引进技术的改造。因此说B的研究开发能力是很强的。

4. 生产能力

从图4.14看A的装备水平不如B,显然,B生产能力强于A。

(1)福矿肥基地。

建成之日即陷入困境的A技术创新没有。

(2)宏福公司B把集世界上一流装备的设备进行了工艺改造,其技术创新的新颖性应为国际水平。

新产品销售份额属于收益性指标。A的产品应在国内外销售,但其产生经营都很困难,成本高消耗高,销售陷入困境。

图4.17表明,B对工艺进行改造后,生产新产品在国内外销售,销售份额高于A,其产出能力远比A强,这是B创新投入的结果。

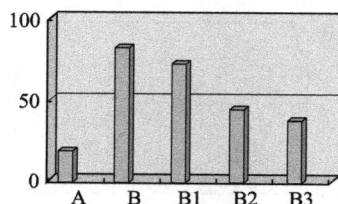

图4.17a　新产品销售份额

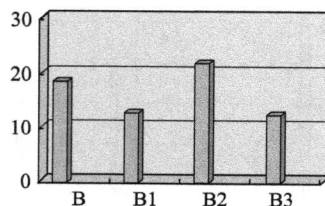

图4.17b　税后利润率

图4.17b是对图4.17a的补充说明。税后利润由新老产品共同决定。新产品销售份额大,其公司的税后利润率高,说明新产品对公司提高税后利润率的贡献大(例如B);新产品销售份额大,而企业税后利润率并不大(例如B_1),并不能说明新产品对税后利润率的贡献小,因为B存在这样的情况:老产品亏损,新产品扭亏。结果,税后利润并不高,但新产品对提高税后利润具有巨大作用。新产品销售份额不很大,而税后利润率高,有两种情况,一是份额虽不大,但利润极高;二是现有产品为高盈利产品,新产品尚未成为高盈利产品(例B_2),或新产品销售份额小,税后利润也小,可能是新产品缺乏市场需求或刚进入市场(例如B_3)。总之,两图比较,我们能够对新产品销售份额有丰富的认识。

根据前面的分析,可以对瓮福矿肥基地和宏福公司的技术创新能力做出基本判断。

4.4.3　结果分析

宏福公司组建后的技术创新能力远高于单一法人结构的瓮福矿肥基地,这是宏福公司蜕变与成长的关键因素。

围绕创新能力（投入、产出、协作、效率）需要回答三个基本问题。

第一，创新投入、产出与企业绩效究竟有什么关系？可以认为：技术创新投入推动企业发展，企业发展又促使企业创新产出；并进一步说：创新投入、产出不仅创造利润而且利润促进创新的生成。

第二，创新产出如何考量？

第三，创新对市场有什么效应？

4.6 本章小结

本章研究了"产业创新系统能力评价指标体系"的构建。我们引用高建（1997）的"技术创新能力评价指标"，选择张林（2012）的"管理创新能力评价指标"、"制度创新能力评价指标"、"文化创新能力评价指标"，选择弗里曼（2005）所著《工业创新经济学》中"创新的微观经济学：企业理论"的"工业创新的成功与失败因素"、"第五代"创新的各种形式"网络化"，选择曾悟声（2007）的"创新系统动力机制的主要因素"及"环境创新能力评价指标"等，作为企业创新系统能力评价的定量与定性（微观）指标；用"产业发展"作为产业创新系统环境创新能力评价指标的定性中观体系。由此构成"产业创新系统能力评价指标体系"的定性与定量（中观）指标，由微观指标和中观指标组合构成"产业发展创新系统能力评价指标体系"。

瓮福集团的技术创新能力评价前期实证，张林、马健堂等学者所研究的数据样本比较和本研究构建的"企业创新系统模式"及其"产业创新系统能力评价指标体系"所涉理论和大量实证研究数据表明：建立在如下假定，"产业创新系统能力"基础是以创新型企业为主体，以科技型企业为主导，以自适应创新系统型企业为核心的创新型企业群体；以企业创新"相似性"要素、"异质性"要素、"共性效应"要素组成的综合性创新（微观）系统；以推动产业发展的（规模、结构、绩效、辐射带动）产业政策、产业环境组成的综合性（中观）系统，以及它们相应的运行机理构成的体系，是可靠、可行的。

第5章 产业创新的系统行为对市场结构绩效影响的仿真系统

　　建立一种基于较大样本实证的普适性理论体系和简明实用的市场效应研判系统,为现实的决策提供一个直观和具体的参考是本研究的目的。本章作"产业创新的系统行为对市场结构及绩效影响的仿真设计"。该设计是在绪论综述研究和相关理论支撑的基础上进行的。

　　创新经济学的创始人约瑟夫·熊彼特(1996)认为,"经济发展的本质在于创新,而实际上垄断是资本主义经济技术创新的源泉。他打破传统的静态分析法,强调企业家和创新者的重要性,是他们将'新的组合'引入到新产品或新工艺中。创新在短期会产生超额利润,长期内却由于被模仿,这些利润最终会消失"。萨缪尔森和诺德豪斯(2006)对熊彼特创新观点给予了高度评价,提出了"创新与市场势力之间的关系"问题,认为不完全竞争的企业的生存能力不仅来自定价,而且还来自开发新产品、新技术以及在未来能盈利的新市场。沃德曼和詹森(2009)认为,信息是一种与一般物品有着本质区别的商品,因为信息处理的生产成本很高,而用户却是低成本使用。创新与市场势力之间的关系是复杂的。卡尔顿和佩洛夫(2009)则认为,尽管对创新活动和市场结构的关系已有许多实证研究,但计算复杂,结论也不很可靠,省略许多重要的变量会导致系数偏差或得到错误的结论。结论对行业状况反映敏感,政府决策不好确定,这使得考虑创新活动的基本决定条件是必要的。最新的研究将注意力转移到基本条件,如市场需求、技术机会和挪用性条件之上。历史数据和研究证明了这些因素是非常重要的,但也有许多工作尚未完成。李永周(2011)总结出创新系统模式的最新发展脉络,认为综观国外研究,创新系统模式研究和复杂创新网络理论将可能主要围绕以下三个方面发展:(1)利用复杂性科学、模拟仿真、系统工程等相关领域理论工具深入研究技术系统或产业创新系统的演化规律和运行机制;(2)建立科学合理的评价指标体系,定性和定量分析相结合,客观评估区域创新系统的创新产出和绩效,并据此提出改善区域创新系统的措施和建议;(3)结合我国科技创新支撑环境实际发展状况,借鉴国外先进理论思想,探究创新网络的动力实现机制、政策措施与环境培育,包括公共技术服务平台、区域创新文化、基础设施和公用设施等,提高创新系统理论的应用价值和指导意义,积极推动我国创新型国家建设。

因此,对于创新与市场结构及绩效的关系这个经济学界一直研究的一个热点和难题,本研究在前期运用仿真信息技术和回归分析方法的基础上,建立了"产业创新系统模式的市场效应研判系统"。

方法:研究"产业创新系统模式的市场效应研判系统",是把产业组织结构及绩效衡量的现代理论和方法相结合,来研判系统性协同创新的系统行为对市场结构及绩效的相关影响;利用信息工程技术把冗繁的理论分析论证变得简明适用。根据模型的研判系统,考量市场结构及绩效;按照社会福利最大化原则及消费者和生产者剩余均衡原则来判断市场势力的绝对大小,对市场势力进科学化计算和权衡。用户只需把评估指标的外生变量参数输入到系统中,系统就能够为用户提供考量指标变化情况数据报告。研究结果对"有市场势力的企业使市场结果无效率"(曼昆,2009)的理论作学理性修正;用信息化处理的评估模型来解决经济运行中的信息定量研判,如垄断、寡头形成的资源超额利润税不合理带来的社会福利损失及背后原因;为政府规范市场、促进创新,合理收取使用资源和创新政策效应产生的超额利润;企业通过创新能获得多少超额利润剩余、是否应放弃他们的垄断、寡头地位提供抉择参考。

5.1 创新的系统行为对市场结构绩效影响博弈(CSP)研判模型

研究"产业创新的系统行为对市场结构及绩效影响"的博弈(CSP)研判模型,"行为(C)—结构(S)—绩效(P)研判模型",为了描述方便,简称为CSP。可用仿真理论及技术和数据库技术来实现经济指标数据的存储、计算、处理、输出和查询,为经济方面的决策人员和管理人员提供一个易用、适用的市场效率评估辅助分析软件。

本研判模型假设能解决这样几个问题:

(1)通过创新引起寡头博弈模型的价格要素与边际成本变化来定量论证"产业创新的系统行为对市场结构及绩效影响";根据因创新而至使市场结构趋于合理、市场效率提高的假设,论证后,对理论认为"垄断、寡头、垄断竞争,这些有市场势力的企业会使市场结果无效率"的结论作修正。

(2)从传统经典SCP理论的概念问题和问题解释中解脱出来,用绩效衡量的现代理论和方法来梳理和构建绩效评估的一般性理论框架,疏通与主流经济学在相同理论层面进行交流和共融的瓶颈,构建结构与绩效研判的理论和方法;从一般性的理论层面,对不同经验现象作明确的解释。

（3）利用这个"研判模型"对因创新而改变市场结构和提高市场效率方面的研究,提供实证回归分析模式理论工具。

（4）"研判模型"经验证后,可成为政府支持企业创新,考量市场结构与绩效;按照社会福利最大化原则及消费者和生产者剩余均衡原则来判断市场势力的绝对大小,对市场势力进行科学性计算和制衡;为企业或产业研判自已的市场定位,提供通过创新而获得且保持超额利润的决择参考数据。

5.1.1 拟构建研判模型与寡头古诺三模型的区别

本研究拟建仿真研判博弈模型是在寡头古诺三模型基础上的拓展。拓展的研判博弈模型具有寡头古诺三模型的基本功能,以及垄断、寡头、垄断竞争、自由竞争均衡的互动关联研判功能,能用于定量研判产业创新的系统行为对市场结构与绩效的影响。

5.1.2 CSP 博弈模型输入输出指标体系建立的依据

CSP 博弈模型输入输出指标体系是以相关理论中,市场结构和绩效衡量的现代方法所涉及的市场结构类型、市场结构指标、市场绩效指标、消费者剩余、生产者剩余、社会总剩余与市场效率理论、价格加成利润理论(丹尼尔·W. 卡尔顿、杰弗里·M. 佩洛夫,2009)和博弈论(唐·E. 沃德曼、伊丽莎白·J. 詹森,2009)的古诺模型为依据。输入指标由 n 家企业成本函数:

$$c(qc) = cq_i, i = 1, 2, \cdots, n$$

市场的反需求函数为

$$p = a - bQ$$
$$Q = q_1 + \cdots + q_n$$

式中:p 为价格函数,a 为价格可变常数,b 为产量可变常数,c 为单位边际成本,q 为为产量。

n 家企业的利润目标函数:

$$\pi_n = [a - b(q_1 + \cdots + q_i + \cdots + q_n)]q_i - cq_i, i \in [1, n]$$

式中:i 为企业排序情况,c 为单位边际成本,q 为产量。

输出指标主要是建立市场结构和市场绩效评价指标体系两大部分,所涉及的函数公式及相应若干变量推导求解后构成,推导略。

5.1.3 输入指标、输出指标

1. 输入指标

在这里,输入指标是建立市场结构和市场绩效评价指标体系两大部分。其定量分析必需的,即企业成本函数、市场反需求函数、企业利润目标函数,三个函数公式组,以及公式必须涉及的输入变量参数:

P(价格函数)、a(价格可变常数)、b(产量可变常数)、c(单位边际成本)、n(行业企业数)、N、g(创新企业数)($N \in [0, n]$、$g \in [1, n-1]$)、m、j(创新企业排序数)、k、i(未创新企业排序数)、ΔC(边际成本变化值)、$t = \Delta C / (a - c)$(综合外生变量条件)。

2. 输出指标

在这里,输出指标主要是建立市场结构和市场绩效评价指标体系两大部分。其中,市场(四种)结构的评价方法共用参数:包括市场集中度(CR)、集中系数(CI)、赫芬达尔指数(HHI)、勒纳指数(LI)所涉及的评估指标的比较;市场绩效评价指标体系包括总产量(Q)、价格(P)、利润(π)、消费者剩余(CS)、生产者剩余(PS)、社会总剩余(TS)。

5.1.4 市场结构与绩效研判模型的建立

能否对创新的系统行为对市场结构及绩效影响有一个合理的科学的定性评估与定量研判,首先要建立一个合理的较为系统的评估与研判指标体系。在这里,我们主要是建立市场结构和市场绩效研判指标体系两大部分。

"研判模型"的建立是在已有研究的基础上,按照:发现规律→寻求理论→实证分析→模型建立→实证分析→模型修正→数据演算,如此多次反复而得的。虽然"产业创新系统能力评价指标体系"由"产业创新系统模式"系统要素的三组"五要素"构成的八个方面构建。但创新的系统行为效应可量化考量的大都可从表5.1、表5.2中公式表达出来,从表5.4数据计算表中的数据体现出来。

依据寡头古诺模型,假设在寡头市场结构中存在对称的 $n(n>4)$ 家企业,且其产品同质(或有差异),n 家企业成本函数都为 $c(qc) = cq_i$,且 $i = 1, 2, \cdots, n$,不考虑各企业的固定成本,因为在短期中,固定成本并不随产量的变动而变动,而且固定成本不影响抉择,所以忽略。市场的反需求函数为 $p = a - bQ$,其中 $Q = q_1 + \cdots + q_n$。以我国几家磷化工企业都进行了创新组合为例(这些行为的影响最终都要通过边际成本的变化来体现），这使得各企业单位的边际成本降低了 ΔC，即创新后边际成本 $C'=C-\Delta C$。为了使问题简化，假设几家企业创新的开发及实施成本相对于因单位边际成本降低而创新收益较高而忽略。n 家企业是既定的，假设不存在新企业进入或退出影响。n 家企业中有 0 家企业实施创新，$g(g\in[1,n-1])$ 家企业和 n 家企业实施创新，我们可考量随着实施创新（等项创新）的企业数目的变化，引起行业内某单个企业的产量、均衡价格、市场集中度、集中系数、赫芬达尔指数、勒纳指数变化比较映证消费者剩余、生产者剩余、社会总剩余、利润的变化情况。为了便于分析，我们假设无论在一家企业还是在多家企业创新的条件下，所有企业的产量都是有解的，所以必须满足以下条件，即：$\Delta c/(a-c)=t$，令 $n-1<(a-c)/\Delta c$，那么 $n<(1/t+1)$。

在寡头市场结构中，生产同质（或差异）产品的两家企业进行古诺竞争。将该模型的结论推广到 n 个厂商，则每个厂商的均衡产量为市场最大需求的 $1/(n+1)$，总产量则为市场最大需求量的 $n/(n+1)$。为了方便讨论和说明，只考量系统性协同创新行为产生的定量影响，即创新后边际成本 $C'=C-\Delta C$。而略去用以衡量创新组合的方式，如：研发投入、专利、广告投入等。下面把实施企业创新组合的企业创新数分三种情况来说明，即业内 n 家企业中有 0 家企业创新，$g(g\in[1,n-1])$ 家企业创新，n 家企业创新。假设他们均实施等项创新，创新后对市场结构及绩效的影响情况归纳到表 5.1 和表 5.2 中。

（1）0 家创新。当 n 家企业中没有企业实施创新即 0 家创新时，由于 n 家企业是对称的，n 家企业的利润目标函数为：

$$\pi_n=[a-b(q_1+\cdots+q_i+\cdots+q_n)]q_i-cq_i,i\in[1,n]$$

式中：i 表示企业排序情况，c 为单位边际成本，q 为产量。

（2）g 家创新。当 n 家企业中有 $g(g\in[1,n-1]$，且为正整数）家企业实施创新，单位边际成本由 $\dfrac{\Delta c(qc)}{\Delta c}$ 降为 $c-\Delta c$，则 n 家企业的利润目标函数为：

$$\pi_{gm}=[a-b(q_{g1}+\cdots+q_{g2}+\cdots+q_{gm})]q_{gm}-(c-\Delta c)q_{gm},m\in[1,g]$$
$$\pi_{uk}=[a-b(q_{u1}+\cdots+q_{u2}+\cdots+q_{un})]q_{uk}-cq_{uk},k\in[g+1,n]$$
$$\pi_n=\pi_{gm}+\pi_{uk}$$

式中：第一个脚标 g、u 分别表示实施创新、未实施创新的企业数目，第二个脚标表示企业排序情况；c 为单位边际成本，Δc 为单位成本变化值，q 为产量。

（3）n 家创新。当 n 家企业都实施了创新，n 家企业的利润目标函数为：

$$\pi_n = [a - b(q_1 + \cdots + q_j + \cdots + q_n)]q_j - (c - \Delta c)q_j, j \in [1, n]$$

式中:j 表示企业排序情况,c 为单位边际成本,Δc 为单位成本变化值,q 为产量。

对上述公式(1)、(2)、(3)分别求导后得到下列各参数公式组,并按数理逻辑组合构成权重关系,用户只需把评估指标的外生变量参数输入到系统中,系统就能够为用户提供考量指标变化情况的数据报告。

表 5.1 市场结构影响研判指标数学博弈模型

市场结构指标	实施创新的企业数目 N($N \in [0, n]$)			
	$N = 0$	$N = g, g \in [1, n-1]$		$N = n$
未创新企业产量 Qk	$q_{oi} = \dfrac{a-c}{b(n+1)}$	$q_{gk} = \dfrac{a-c+g\Delta c}{b(n+1)}$	$q_{nj} = \dfrac{a-c-n\Delta c}{b(n+1)}$	
创新企业产量 Qm	0	$q_{gm} = \dfrac{a-c+(n-g+1)\Delta c}{b(n+1)}$	$q_{nj} = \dfrac{a-c+\Delta c}{b(n+1)}$	
市场集中度 CR	$\dfrac{4}{n}$	$g \in [1, 4]$	$g \in [5, n-1]$	$\dfrac{4}{n}$
		$\dfrac{4+gt(n-3)}{n+gt}$	$\dfrac{4+4t(n-g+1)}{n+gt}$	
市场集中系数 CI	$\dfrac{CRn}{Cn}$	$g \in [1, 4]$	$g \in [5, n-1]$	$\dfrac{1}{25n}$
		$\dfrac{\left(\dfrac{4+gt(n-3)}{n+gt}\right)}{\left(\dfrac{100}{N}\right)n}$	$\dfrac{\left(\dfrac{4+4t(n-g+1)}{n+gt}\right)}{\left(\dfrac{100}{N}\right)n}$	
赫芬达尔指数 HHI	$\dfrac{1}{n}$	$\dfrac{-(n+2)N^2t^2+(n^2t^2+2nt^2+t^2+2t)N+n}{(n+Nt)^2}$		$\dfrac{1}{n}$
勒纳指数 LI	$\dfrac{a-c}{a+nc}$	$\dfrac{a-c+(n-N+1)\Delta c}{a+nc-N\Delta c}$		$\dfrac{a-c+\Delta c}{a+nc-n\Delta c}$

模型表参数说明:a 为价格可变常数,b 为产量可变常数,c 为单位边际成本,n 为行业企业数,N、g 为创新企业数($N \in [0, n]$、$g \in [1, n-1]$),m、j 为创新企业排序数,k、i 为未创新企业排序数,ΔC 为边际成本变化值,$t = \Delta C/(a-c)$ 为综合外生变量条件。

表 5.2 市场绩效影响研判指标数学博弈模型

绩效指标	实施创新的企业数目 N($N \in [0, n]$)		
	$N = 0$	$N = g, g \in [1, n-1]$	$N = n$
未创新企业产量 Qk	$q_{0i} = \dfrac{a-c}{b(n+1)}$	$q_{gk} = \dfrac{a-c+g\Delta c}{b(n+1)}$	$q_{nj} = \dfrac{a-c+n\Delta c}{b(n+1)}$
创新企业产量 Qm	0	$q_{gm} = \dfrac{a-c+(n-g+1)\Delta c}{b(n+1)}$	$q_{nj} = \dfrac{a-c+\Delta c}{b(n+1)}$
总产量 Q	$\dfrac{n(a-c)}{b(n+1)}$	$\dfrac{n(a-c)+N\Delta c}{b(n+1)}$	

绩效指标	实施创新的企业数目 $N(N\in[0,n])$		
	$N=0$	$N=g,g\in[1,n-1]$	$N=n$
价格 P	$\dfrac{a+nc}{n+1}$	$\dfrac{a+nc-N\Delta c}{n+1}$	
利润 π	$\dfrac{n(a-c)^2}{b(n+1)^2}$	$\dfrac{n(a-c-\Delta c)^2}{b(n+1)^2}$	
消费者剩余 CS	$\dfrac{(na-nc)^2}{2b(n+1)^2}$	$\dfrac{(na-nc+N\Delta c)^2}{2b(n+1)^2}$	
生产者剩余 PS	$\dfrac{n(a-c)^2}{b(n+1)^2}$	$\dfrac{(a-c)^2[-(n+2)N^2t^2+(n^2t^2+2nt^2+t^2+2t)N+n^2]}{b(n+1)^2}$	
社会总剩余 TS	$\dfrac{(a-c)^2(n^2+2n)}{2b(n+1)^2}$	$\dfrac{(a-c)^2[(-2nt^2-3t^2)N^2+(2n^2t^2+4nt^2+2t^2+2nt+4t)N+2n+n^2]}{2b(2+1)^2}$	

模型表参数说明：a 为价格可变常数，b 为产量可变常数，c 为单位边际成本，n 为行业企业数，N、g 为创新企业数（$N\in[0,n]$、$g\in[1,n-1]$），m、j 为创新企业排序数，k、i 为未创新企业排序数，ΔC 为边际成本变化值，$t=\Delta C/(a-c)$ 为综合外生变量条件。

表 5.1、表 5.2 说明了实施创新的企业数目的变化与未进行创新企业在产量、总产量、集中度、集中系数、赫芬达尔指数、勒纳指数、价格、消费者剩余、生产者剩余、社会总剩余、利润等方面的影响。

表 5.3 创新的系统行为对市场结构及绩效影响研判的模型，可用于表征单个与多个乃至更多的企业创新的系统行为对市场结构及绩效的影响研判。

表 5.3 企业创新系统中创新行为对市场结构与绩效影响研判指标数学博弈模型

市场结构及绩效指标	实施创新的企业数目 $N(N\in[0,n])$			
	$N=0$	$N=g,g\in[1,n-1]$		$N=n$
未创新企业产量	$q_{0i}=\dfrac{a-c}{b(n+1)}$	$q_{gk}=\dfrac{a-c-g\Delta c}{(n+1)b}$		$q_{nj}=\dfrac{a-c-n\Delta c}{(n+1)b}$
创新企业产量	0	$q_{gm}=\dfrac{a-c+(n-g+1)\Delta c}{b(n+1)}$		$q_{nj}=\dfrac{a-c+\Delta c}{b(n+1)}$
集中度 C_{N4}	$\dfrac{4}{n}$	$g\in[1,4]$ $\dfrac{4+gt(n-3)}{n+gt}$	$g\in[5,n-1]$ $\dfrac{4+4t(n-g+1)}{n+gt}$	$\dfrac{4}{n}$
市场集中系数 CI	$\dfrac{CRn}{\overline{C}n}$	$g\in[1,4]$ $\dfrac{\left(\dfrac{4+gt(n-3)}{n+gt}\right)}{\left(\dfrac{100}{N}\right)n}$	$g\in[5,n-1]$ $\dfrac{\left(\dfrac{4+4t(n-g+1)}{n+gt}\right)}{\left(\dfrac{100}{N}\right)n}$	$\dfrac{1}{25n}$

市场结构及绩效指标	实施创新的企业数目 $N(N \in [0,n])$		
	$N=0$	$N=g,g \in [1,n-1]$	$N=n$
赫芬达尔指数 H_N	$\dfrac{1}{n}$	$\dfrac{-(n+2)N^2t^2+(n^2t^2+2nt^2+t^2+2t)N+n}{(n+Nt)^2}$	
勒纳指数 L_N	$\dfrac{a-c}{a+nc}$	$\dfrac{a-c+(n-N+1)\Delta c}{a+nc-N\Delta C}$	
总产量 Q_N	$\dfrac{n(a-c)}{b(n+1)}$	$\dfrac{na-nc+N\Delta c}{(n+1)b}$	
价格 P_N	$\dfrac{a+nc}{n+1}$	$\dfrac{a+nc-N\Delta c}{n+1}$	
利润 π_N	$\dfrac{n(a-c)^2}{b(n+1)^2}$	$\dfrac{n(a-c-N\Delta c)^2}{b(n+1)^2}$	
消费者剩余 CS_N	$\dfrac{(na-nc)^2}{2b(n+1)^2}$	$\dfrac{(na-nc+N\Delta c)^2}{2b(n+1)^2}$	
生产者剩余 PS_N	$\dfrac{n(a-c)^2}{b(n+1)^2}$	$\dfrac{(a-c)^2[-(n+2)N^2t^2+(n^2t^2+2nt^2+t^2+2t)N+n^2]}{b(n+1)^2}$	
社会总剩余 TS_N	$\dfrac{(a-c)^2(n^2+2n)}{2b(n+1)^2}$	$\dfrac{(a-c)^2[(-2nt^2-3t^2)N^2+(2n^2t^2+4nt^2+2t^2+2nt+4t)N+2n+n^2]}{2b(n+1)^2}$	

模型表参数说明：a 为价格可变常数，b 为产量可变常数，c 为单位边际成本，n 为行业企业数，N、g 为创新企业数（$N \in [0,n]$、$g \in [1,n-1]$），m 为创新企业排序数，k 为未创新企业排序数，i 为未创新企业排序数，j 为创新企业排序数，ΔC 为边际成本变化值，$t=\Delta C/(a-c)$ 为综合外生变量条件。

5.2 创新的系统行为对市场结构绩效影响的数据处理

依据研判模型我们对磷化工行业企业多年的数据进行统计调查，然后把相关数据（外生变量）通过表 5.3 进行计算，归纳汇总之后得到表 5.4 中的数据。表 5.4 市场结构数据及绩效数据，反映了磷化工行业的企业组合创新数从 0 到 8 的数据变化情况。表 5.4 中 CI 为市场集中系数是反映产业的相对集中程度的参量，用于考量该产业大、小企业的规模差异。

表 5.4　数据计算表

指标	N=0	N=1	N=2	N=3	N=4	N=5	N=6	N=7	N=8
未创新企业单产（Q_k）	8.89	8.91	8.80	8.69	8.58	8.30	7.73	7.33	6.67
未创新企业总产（TQ_k）	71.11	62.38	52.80	43.44	34.31	24.90	15.47	7.33	0.00
创新企业单产（Q_m）	0.00	10.51	11.20	11.29	11.28	11.16	11.13	10.93	10.67

指　标	N=0	N=1	N=2	N=3	N=4	N=5	N=6	N=7	N=8
创新企业总产（TQ_m）	0.00	10.51	22.40	33.87	45.11	55.80	66.80	76.53	85.33
市场集中度（CR）	0.50	0.51	0.53	0.55	0.57	0.55	0.54	0.52	0.50
市场集中系数（CI）	0.94	0.96	1.00	1.04	1.08	1.04	1.02	0.98	0.94
赫芬达尔指数（HHI）	0.13	0.13	0.13	0.13	0.13	0.13	0.13	0.13	0.12
勒纳指数（LI）	0.31	0.38	0.43	0.46	0.49	0.50	0.50	0.50	0.49
产量（Q）	71.11	72.89	75.20	77.31	79.42	80.70	82.27	83.87	85.33
价格（P）	14.44	13.56	12.40	11.34	10.29	9.65	8.87	8.07	7.33
利润（π）	316.05	317.63	328.82	343.48	359.31	366.42	370.35	378.95	382.42
消费者剩余（CS）	1 264.20	1 328.20	1 413.76	1 494.25	1 576.97	1 628.12	1 691.95	1 758.40	1 820.44
生产者剩余（PS）	316.05	333.17	357.76	379.90	401.53	414.70	431.66	445.27	455.11
社会总剩余（TS）	1 580.25	1 661.37	1 771.52	1 874.15	1 978.51	2 042.82	2 123.61	2 203.68	2 275.56

值得指出的是，不同行业的外生变量参数（a、b、c、n、N、g、k、ΔC）是不同的，表5.4中的数据仅为磷化工行业企业的表征，但也体现了隐藏在这些数据背后的本质规律。

依据测算数据可得出主要结论如下：

寡头、垄断竞争企业创新的系统行为对市场结构及绩效的影响是互动关联正相关的，即：创新的系统行为被激励，市场结构趋于合理，市场效率提高了。这种影响是通过企业创新的系统行为组合引起寡头、垄断竞争博弈模型中外生变量参数的变化，导致内生变量的变化，这些影响和变化是可以通过仿真博弈模型定量研判的；当企业创新行为的集聚和创新系统链的形成，企业创新系统模式也逐渐上升到（区域）产业创新系统模式，其（CSP）影响的传导机制及研判的正相关因果关系链会对产业组织演进产生根本影响，促使整个产业组织发展。

5.3　创新的系统行为对市场结构绩效影响研判模型效果分析

主要结论分析如下：根据博弈模型，分别对 0 家创新企业、g（$g \in [1, n-1]$）家创新企业和 n 家创新企业创新后的产量、价格、利润、市场集中度、集中系数、赫芬达尔指数、勒纳指数变化比较映证、消费者剩余、生产者剩余、社会总剩余的变化进行分析。

5.3.1　创新产量、价格、利润效应

1. 创新企业产量比较分析

由表5.4比较可知，产业内 n 家企业中有 g 家企业实施了创新，数据分析结果

如图 5.1 所示：(1)创新企业产量大于产业内企业都未创新时的产量即 $q_{gm} > q_{oi}$ ($m \in [1, g]$)，q_{oi} 为产业内没有企业创新时单个企业的产量；(2)未实施创新企业的产量比以前企业均未创新时小即 $q_{gk} < q_{oi}$ ($k \in [g+1, n]$)；(3)全部都创新时，企业产量仍高于未创新时产量即 $q_{nj} < q_{gm}$ ($j \in [1, n]$，$g = n$)。由此可知，在其他条件不变的情况下，仅考量创新的影响，产业内企业的创新将引起企业既有产量的变化，创新企业和未创新企业的产量都

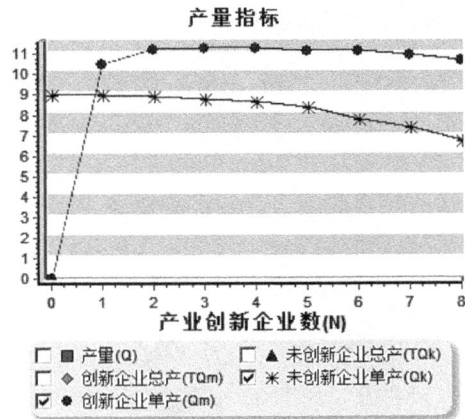

图 5.1　产量变化

会发生变化。在前述条件下，创新企业的产量将增加，未创新企业的产量将减少，全部都创新时出现产量均衡现象，CR_8 是最佳寡头企业数目均衡量；但随着产业内企业总数的增加（均创新），企业的产量将逐渐减小。

2. 总产量的比较分析

由表 5.4 比较可知，在前述的假定条件下，产业内 n 家企业中有 g 家企业实施了创新，其总产量大于产业内企业都未创新的总产量 $Q_{qm} > Q_{oi}$ ($m \in [1, g]$，Q_{oi} 为产业内没有企业创新时的 n 个企业的总产量)；随着创新在产业内企业的拓展，全部都创新后，从曲线点看单个企业产量可能略有减少（原因不详），但曲线表明总产量持续增加，如图 5.2 所示。

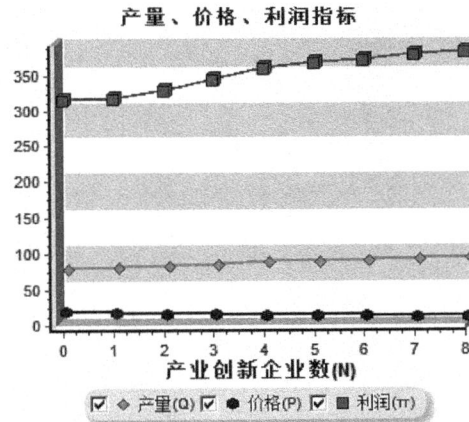

图 5.2　价格利润

3. 价格的比较分析

由表 5.4 比较可知，在前述条件下，产业内 n 家企业中有 g 家企业实施了创新，其价格小于产业内都未创新时的企业价格 $P_{qm} < P_{oi}$ ($m \in [1, g]$，P_{oi} 为产业内没有企业创新时的 n 个企业的价格)。随着创新在产业内企业的拓展，均衡价格将持续下降，如图 5.2 所示。印证了熊彼特（1996）观点的论述。

4. 利润的比较分析

由表 5.4 比较可知，产业内 n 家企业中有 g 家企业创新，其利润大于产业内企

业都不创新的利润,$\pi_{qm}>\pi_{oi}$,$m\in[1,g]$;当 n 家企业都实行了创新,其利润小于业内 g 家企业实施创新的利润即 $\pi_{nj}<\pi_{qm}$,$j\in[1,n]$,创新利润出现新均衡,如图 5.2 所示。印证了熊彼特(1996)观点的论述。

5.3.2 创新的市场结构效应

1. 前 4 位企业市场集中度 CR_4

因假定 $n>4$,由表 5.4 比较可知,在前述条件下,同时有 4 家企业创新时,市场集中度 CR_{44} 达到最大,如图 5.3 所示;当 n 家企业同时(等项创新),市场集中度 $CR_{n4}=CR_{04}=4/n$,此时创新对市场集中度 CR_4 没有产生影响。

2. 赫芬达尔指数 HHI

由表 5.4 比较可知,在前述的前提条件下,产业内 n 家企业中有 g 家企业实施了创新,其赫芬达尔指数大于产业内企业都未创

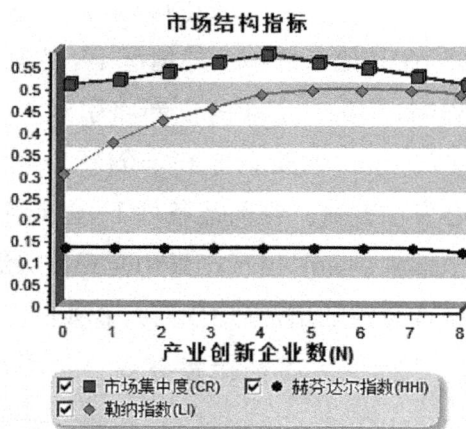

图 5.3　市场结构

新时的赫芬达尔指数 $HHI_{qm}>H_{oi}(m\in[1,g])$。随着创新在产业内企业中的拓展,赫芬达尔指数先增后减,有一最大值点,这最大值位于 $N^*=n/(t+2)$ 上或附近,如图 5.3 所示。

3. 勒纳指数 LI

由表 5.4 可知,在前述的前提条件下,产业内 n 家企业中有 g 家企业实施了创新,其勒纳指数大于产业内企业都未创新时的勒纳指数 $LI_{gm}>LIoi(m\in[1,g])$;当 n 家企业全部创新时,$LI_{gm}<LI_{oi}$ 趋于下降,如图 5.3 所示。市场势力程度在竞争性市场和垄断市场之间趋于竞争。

5.3.3 创新的市场绩效效应

1. 消费者剩余 CS_N 的比较分析

由表 5.4 比较可知,在前述假定前提下产业内 n 家企业中有 g 家企业实施了创新,其消费者剩余大于产业内企业都未创新的消费者剩余,即 $CS_{gm}>CS_{oi}(m\in[1,g])$。随着创新产业中拓展,消费者剩余持续增加,如图 5.4 所示。

2. 生产者剩余 PS_N 的比较

由表 5.4 比较可知，在前述假定前提下，产业内 n 家企业中有 g 家企业实施了创新，其生产者剩余大于产业内企业都未创新的生产者剩余，即 $PS_{gm} > PS_{oi} (m \in [1, g])$，如图 5.4 所示。随着创新产业内企业中的拓展，生产者剩余持续增加。到最大值点后减少。

3. 创新的社会总剩余 TS 效应比较分析

由表 5.4 比较可知，在前述前提下，产

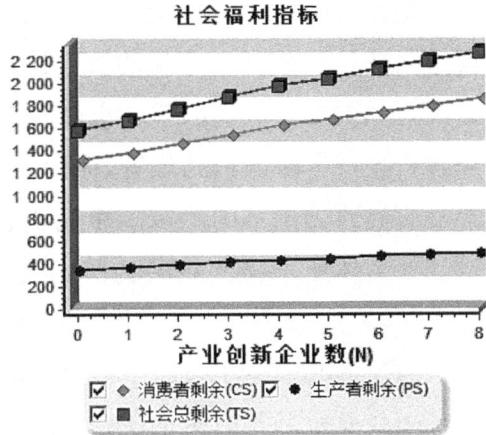

图 5.4 市场绩效

业内 n 家企业中有 g 家企业实施了创新，其社会总剩余大于产业内企业都未创新的社会总剩余，即 $TS_{gm} > TS_{oi} (m \in [1, g])$，如图 5.4 所示。随着创新产业企业中的拓展，社会总剩余持续增加。当 n 家企业全部创新时，消费者剩余和生产者剩余达到社会福利最大化原则的新的均衡。

5.3.4 创新的产业组织状态分析与政府管制建议

1. 创新的产业组织状态分析

创新的产业组织状态应当按照社会福利最大化原则及消费者剩余和生产者剩余均衡原则存在。要实现这一目标，必须考虑寡头数量如何影响市场结果及均衡问题。至于垄断则是要依垄断法制裁的。

应该说，我国的市场结构是垄断、寡头、垄断竞争和完全竞争四种类型并存的。虽然随着经济的发展反垄断法已经出台，但垄断及寡头已成为我国经济运行中日益最重要的一部分是客观现实。我们看到，强大的合力正使我国的经济命产业形成寡头，而且各种质疑已经变得越来越不起作用。企业规模效应所形成的收益正在逐渐增长，特别是能源、通信这些领域。这些领域的固定成本特别大，形成巨大的壁垒，而每多为一个顾客服务的边际成本很小。

从比较的观点看，寡头是一种只有几个卖者提供相似产品的市场，它是不可能避免或不合人意的，但它确比垄断好，可以带来高于垄断的效率，企业可以相对低价格向消费者提供更好的产品，并能引导使消费者生活更方便的行业性标准。但是，寡头也可以损害消费者和经济进步为代价获得超额利润。它可以削弱竞争，而竞争对于

市场资源配置最优是不争的事实。因此,权衡利弊,只有考虑寡头的均衡。

虽然一个寡头希望成为卡特尔并赚到超额垄断利润,但这往往是不可能的。反垄断法把禁止寡头之间的公开协议作为公共政策的重点。因此,有时寡头成员之间对如何瓜分利润的争斗也使他们之间的协议成为不可能。从我国几家通讯寡头各自生产与服务的结果看,他们好像达到了某种均衡,这种均衡状态从几家寡头都没有最终做出不同决策的惠民激励可推知,也即几家相互作用的经济主体在假定其他主体所选择的战略为既定时,选择自己的最优战略状态,形成了纳什均衡(Nash equilibrium)。

通信寡头的例子说明了合作与利己之间的冲突。合作并达到垄断的结果会使寡头的状况更好。但由于他们追求自己的私利,最后不能达到垄断结果,不能使他们共同的利润最大化。每一个寡头都有扩大生产并攫取更大市场份额的诱惑。当他们每一个都努力这样做时,看不见的手使总产量增加了,而价格下降了。

同时,利己也不能总是使市场达到竞争的结果。和垄断者一样,寡头认识到,他们生产的产品数量的增加降低了其产品的价格。因此,他们不会遵循竞争企业的规律,在价格等于边际成本的那个点上进行生产。总之,当寡头企业个别地选择利润最大化的产量时,他们生产的产量大于垄断但小于竞争的产量水平。寡头价格低于垄断价格,但高于竞争价格(竞争价格等于边际成本)。

2. 政府管制(创新)建议

就政府管制而言,国内外都有反垄断法。中国政府也在践行。就政府管制创新的建议而言,国内外学者们已有明确的观点。国内,有代表性的研究是:孙天法(2002)和淮建军、刘新梅(2007)等学者的观点,既有极积理论意义又有可操作的原则节点。又据"中国之声"报道,工信部编制完成《推动婴幼儿配方乳粉行业企业兼并重组工作方案》,方案提出,力争五年后,婴幼儿配方乳粉行业企业总数整合到50家左右,前10家国内品牌企业行业集中度超过80%。工信部新闻发言人朱宏任表示,企业兼并重组势在必行。而"新京报"评论员于德清(2013-08-19)发声:国产奶粉兼并重组也要尊重市场。

在中国乳制品市场的混乱时期,政府管制(创新)学者们的建议与李克强总理上任伊始的观点是一致的,即要简政放权,要理顺政府和市场的关系,要把错装在政府身上的那只手换成市场的手。由此来看,奶粉行业兼并重组也不能违背这样的改革方向。这之间两难关系的把握,是对政府与学界智慧的考量。

对于在向市场经济演进中的中国市场,应用比较的观点来看待市场和科学的宏观手段调控市场。为此,我们设计了一个解决政府管制创新的建议与尊重市场规律的"产业创新效应评估模版",以期能解决市场监管与尊重的两难问题。

5.4 企业、产业创新效应评估模板生成设计

评估模板格式如下:

【企业、产业性质】

【市场规模】

【备注】

从【企业、产业名称】寡头数量如何影响市场结果来看,创新的系统行为对市场结构及绩效影响博弈模型分析,当卖者从两个增加到 n 个($n>4$),这将如何影响【产业名称】产品/服务的价格和数量、利润呢?

如果【企业、产业名称】的寡头卖者可以形成一个卡特尔,他们就可以通过生产垄断产量,并收取垄断价格来使总利润最大化。正假如只有两个卖者时的情况一样(古诺竞争)。但随着卡特尔的扩大(当有 8 家大企业时),这种结果更不可能了。随着集团规模的扩大,达成和实施协议会越来越困难。

如果【企业、产业名称】各寡头没有形成卡特尔,他们就必须各自决定自己生产多少【产品名称】。我们来考虑每个卖者面临的决策。在任何时候,每个企业都有权选择多生产【产品名称】。在做出这个决策时,生产企业要权衡两种效应:

产量效应:由于价格高于边际成本,在现行价格时每多销售【产品名称】将增加利润。

价格效应:提高产量将增加总销售量,这就会降低【产品名称】的价格并减少所销售的所有其他【产品名称】的利润。

如果产量效应大于价格效应,【产品名称】企业将增加产量;如果价格效应大于产量效应,企业将不会增加产量(实际上,在这种情况下,减少产量是有利的,这就是为什么【产品名称】寡头要减少产量的原因)。每一寡头都把其他寡头的产量看成既定的,并一直增加生产,直至这两种边际效应完全平衡为止。

现在考虑行业的企业数量如何影响每个寡头的边际分析。卖者的数量越多,每个卖者越不关心自己对市场价格的影响。这就是说,随着寡头数量增加,价格效应在减少。当寡头数量增加到极大时,价格效应就完全消失了,只

剩下产量效应。在这种极端情况下,寡头市场的每个企业只要价格在边际成本以上就增加产量。

由以上分析我们可以看到,一个大的寡头市场本质上是一个竞争企业集团。竞争企业在决定生产多少时只考虑产量效应,因为竞争企业是价格接受者,不存在价格效应。因此,随着寡头市场上卖者数量的增加,寡头市场就越来越像竞争市场。其价格接近于边际成本,生产量接近于社会有效率的水平。

这种寡头分析提供了一种有关国内垄断行业供给影响的新视角。设想中国不只有一个背离了竞争的理想水平的国家垄断企业,而是由足够数量构成的一个大的寡头市场(形成卡特尔),像中国【企业、产业名称】寡头市场(至少有8家成员)。允许的国内自由销售增加了每个消费者以选择的生产者数量,增加的竞争使价格接近于边际成本。但当形成国内外两个市场时,效应要重新考量。

【生成日期】(可在这里落款研判报告生成日期)

5.5 本章小结

寡头、垄断竞争企业创新的系统行为对市场结构及绩效的影响是互动关联正相关的,具体分析参见上文论述的创新产量、价格、利润效应,创新的市场结构效应,以及创新的市场绩效效应。即:创新的系统行为被激励,形成竞争的市场结构与绩效。印证了约瑟夫·熊彼特(1996)的类似观点:"创新系统通过降低边际成本,市场结构趋于合理,市场效率提高了";这种影响是通过企业创新的系统行为引起寡头、垄断竞争博弈模型中外生变量参数的变化,导致内生变量的变化,这些影响和变化是可以通过定量研判的;当企业创新行为的集聚和创新系统链的形成,"企业自适应创新系统模式"也逐渐上升到(区域)"产业创新系统模式",其CSP影响的传导机制及研判的正相关因果关系链会对产业组织演进产生根本影响,促使整个行业组织发展。

主要结论解析如下:

(1)企业创新的系统行为在产业内推扩,会对市场集中度产生影响,由寡头向着既垄断又竞争的有利于资源配置的方向呈现规律性变化。在其他条件不变时,如果产业内企业初始成本函数相同,而且进行同一项(单项)创新后成本函数做出相同变化,那么市场集中度不变。

（2）在具有外生沉没成本的市场中，其他条件不变时，寡头企业在企业数量大于 8 的情况下，索取的价格在垄断竞争与竞争价格之间。

（3）市场集中度指标（CR_4）与赫芬达尔指数（HHI_N）在同样的条件下，其变化并不一致，但反映出集中化水平和价格之间是正相关关系；市场集中度是由产业特征（定价、广告、研发费用）决定的内生变量。所以，指标 CR_4 的选取对市场结构的测定效用确实需要考量。但从总体上看，在具有外生沉没成本的市场中，市场规模与集中度的关系是相同的；在全部（除了最有竞争性的）产业中，市场规模与集中度的关系是负相关的。随着产业内创新的系统行为组合企业数目的增加，两个指标都出现先增加后减少的变化是有利于市场竞争的。

（4）市场集中系数（CI_R）是某一产业前几位的企业集中度为平均的集中度的倍数。运用集中度指标（CR_4）和集中系数（CI_R）这两个指标，不仅可以反映某一行业的绝对集中程度，还可以反映这一行业的相对集中程度，不仅反映、体现了产业中企业数量的影响，也反映了该行业大、小企业之间规模差异。这样也就可以弥补现代产业组织理论计算方法的缺陷。

（5）反映市场势力的勒纳指数（LI_N）与市场集中度指标（CR_N）和赫芬达尔指数（HHI_N）在同样的条件下，其变化也不一致，说明勒纳指数指标的选取对市场结构的测定是有效的。从总体看，随着企业内创新组合企业数目的增加，勒纳指数出现先增加后减少的变化是有利于市场竞争的。

（6）创新的系统行为组合在产业内推扩以及因地制宜的创新的（渐近型、突变型、激进型）剧烈程度会影响市场总产量，消费者剩余、生产者剩余、社会总剩余（社会福利）利润的变动。在假定条件下，随产业创新的系统行为组合企业数目的增加将引起市场价格持续下降。市场总产量持续上升，利润增加，消费者剩余持续增加，社会总剩余（社会福利）持续增加，而生产者剩余先增加后降低。生产者剩余变化与需求函数，企业原有成本函数及创新的系统行为组合引起的边际成本降低幅度有关。在创新的系统行为组合扩散这一因素作用下，消费者剩余、社会总剩余（社会福利）与生产者剩余、利润等变化都高于未创新的情况，实现了社会福利最大化原则及消费者和生产者剩余及市场势力的纳什新均衡，缓解了生产者、消费者和社会三个不同视角存在着三个极大冲突。

例如：中石化、中石油、中海油出口原油或产品，其价格与国际接轨，形成了巨大的生产者剩余，他们获取超额利润的作法就是视角不同的典型案例。这涉及国际国内两个市场的运作。我们认为，在保证国内供给前提下，赚国际市场的钱是应该的，关键是赚的超额利润给了谁，消费者获益否？是以国民社会福利最大化为好,还是不可再生资源陷井?

(7)市场结构与市场绩效状况是互动关联正相关的。在假定条件下,当产业内所有企业都创新时,市场集中度最小,市场势力也最小,而消费者剩余、社会总剩余(社会福利)却取得最大值。也就是说,随着产业内创新的系统行为组合企业数目的增加,市场结构由集中到分散,市场势力也由大变小,从消费者剩余和社会总剩余两方面看市场绩效一直持续改善,生产者也获得创新超额剩余。由此可知,在创新的系统行为组合的影响下,表征市场结构的市场集中度指数、集中系数、赫芬达尔指数,表征市场势力的勒纳指数与市场绩效改善是正相关的关系。

(8)产业内已进行创新的系统行为组合的企业将对未进行创新的系统行为组合的企业形成竞争压力,体现在未创新企业的产量相对较少,利润相对较低。这就形成了竞争机制,促使未创新企业进行相应的创新来改变自己的状态。产业内的企业行为将随之发生改变,企业创新的系统行为组合或行动影响市场结构与市场绩效的因果关系链,会促使整个行业组织发展。这种结果,是创新型国家的目标的主要内涵之一。

(9)产业组织状态,应当按照社会福利最大化原则及消费者剩余和生产者剩余均衡原则存在,来判断市场势力的绝对大小,不能实现这一目标,则应对垄断组织进行拆分,使之处于长期均衡状态为好。拆分的原则是寡头间实现均衡,寡头数量向着垄断竞争与完全竞争的方向演进。但当形成国内外两个市场时要重新考量其效应,权衡利弊。

(10)创新的企业应向政府缴纳政府政策激励创新产生的效益形成的生产者超额剩余。企业和政府的绩效,都以价值最大化为目标。企业追求利润最大化,以市场把握为基点;政府追求老百姓利益最大化,以公平公正稳定为职能。

完全竞争、垄断竞争、寡头、垄断的四种市场结构及绩效定性判断的统一结论可表述为:对消费者而言,在支付同样价格时,获得的商品或服务当然是优质品好于正品,正品好于次质品,次质品好于劣质品,劣质品好于无品。完全竞争、垄断竞争、寡头、垄断之间的优劣关系同理。而创新的系统行为组合形成的系统性协同创新行为综合效应以技术进步为主导因素可以使垄断、寡头、垄断竞争、完全竞争的(四种)市场结构及绩效在良性轨道上加速演变实现产业升级,惠及国民。

第6章 研判系统软件开发设计

创新对市场结构与绩效互动关联影响的仿真研判工作在现代产业组织经济领域的研究和决策分析中,是一项非常重要的有很大价值的工作。而现有的研究分析手段借助于计算器、电子表格软件等手工方式;虽然在几个期刊上发现了几个类似软件介绍,但不系统、计算指标单一、没有输入参量介绍。这就导致了现行研判工作效率低下、计算出的数据准确性不高、数据计算时间长、重复工作多,并且也只有经济学专家级人员才能完成。但是进行决策分析的往往是企业领导和政府部门的主管人员,在他们当中真正懂得经济、有专业背景的人数不多,因此,决策的盲目或决策工作花费的时间太长,甚至发生了较大的偏离而造成了一些损失是难免的。

为此,我们认为很有必要研发一套具有辅助决策分析并且计算快捷易用的经济信息系统研判软件,为现实的决策提供直观和具体的参考。下面简要介绍本研究开发的研判软件的优势和特点。

6.1 研判系统软件设计思想

考虑到使用对象是非计算机专业人员,要求设计的软件必须具备安装配置简单、使用方便、结果直观、维护容易等特点;由于本软件的数学模型具有探讨性研究性质,也就要求软件必须具备足够的可扩充能力,所以该软件系统的架构设计是非常重要的。系统设计时采用了 C/S 架构、OLE(对象嵌入式)、OOP(面向对象的编程)、COM(组件)技术、3D 图形显示技术、文档模板、WORD 域、轻便性数据库等软件工程新技术,数学模型内部各项指标计算模块采用 OOP 技术实现,使得模块各自保持相对独立性便于扩充和拆装。采用这些新技术,有利于提高系统软件的可设伸缩性、编程效率、使用灵活性等。(张海潘,2005;朱少明、左智,2008;沈被娜等,2005;徐锋,2007;Ian Sommerville,2003;黄国兴、周勇,2008;邱力生、曾一昕,2003)

根据输入的参变量数据自动计算出市场结构与市场绩效的考量指标数据,结果数据以表格和立体图形方式显示,并根据研判项目属性信息、报告模板和参量数据自动生成研判报告。

为了使非经济专业人员也能看懂经济指标数据,在系统中设立"字典管理"功能模块,供系统使用人员查阅、维护人员添加修改。

6.2 研判系统软件功能

6.2.1 功能模块结构图

系统包含项目管理、数据处理、报告处理、字典管理、系统管理五大模块,见图6.1,内置市场结构指标模型和市场绩效指标数学模型,以及几种行业的绩效报告模板。用户可以自行增加和修改行业的绩效报告模板。

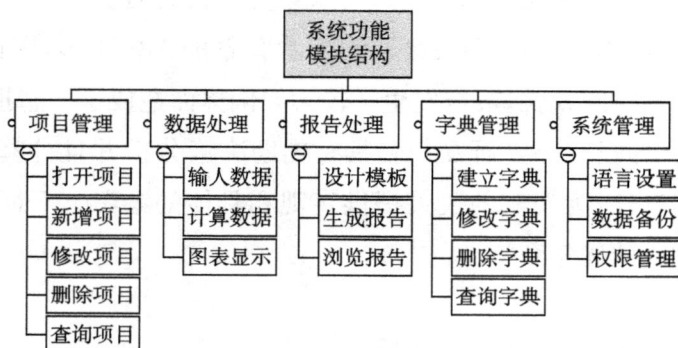

图 6.1　系统结构

其中,数据处理包括输入数据(含数据录入、数据存储、数据读取)、计算数据、图形显示(含图形生成、图形显示、图形控制)三个子模块,是整个系统的核心部分,也是本系统软件开发中最为复杂的一部分。

6.2.2 项目管理

项目管理模块包括"打开项目"、"编辑项目"子项,其中"编辑项目"包括新增、修改、删除、查询等功能,如图 6.2 所示。可以按照项目名称、行业名称、行业性质来进行分类查询,也支持模糊内容查询。

图 6.2 中的项目管理表单支持栏目排序,只要点击你感兴趣的栏目名称就可自动按照拼音或字母排序显示。栏目名称右边的 △ 方向指示了选定栏目的排序方式。

每个研判项目都包含一些属性数据,如项目名称、行业名称、行业性质、市场规模、备注等字段。"项目名称"是为用户用来标识和区分项目的,只要用户自己能够

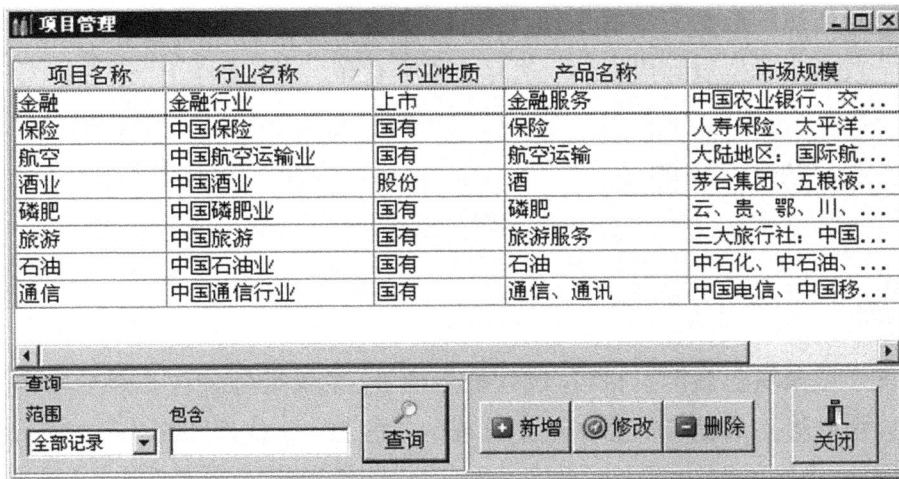

图 6.2 项目管理

识别就可以了,可以输入任意字符。这些属性数据可在"报表处理"模块中输出到报告文件的对应数据项中。

6.2.3 数据处理

数据处理模块包含输入数据、计算数据、图形显示 3 个模块。数据处理模块的主界面如图 6.3 所示,分为左右两大部分:左边用于显示计算结果(数据表、图形),右边为控制面板。图 6.3 中的"数据表"显示了市场结构数据和市场绩效数据,且按分类显示。

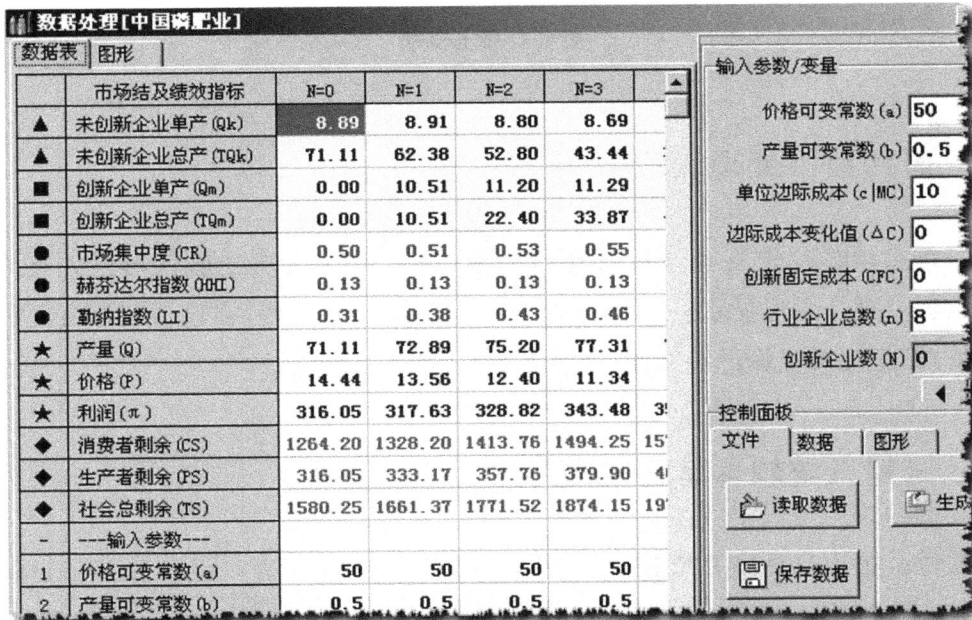

图 6.3 数据处理

在控制面板的右上方输入指标计算的变量数据(7个),如价格可变常数(a)、产量可变常数(b)、单位边际成本(c)、边际成本变化值(ΔC)、创新固定成本(CFC)、行业企业总数(n)、创新企业数(N)等。在这些数据输入框中,系统对数据的输入操作进行了控制,能够自动判断输入数据的合法性、合理性。变量数据输入完毕之后,点击"计算数据"按钮变可到如图6.3所示的数据(13个输出指标数据)。

6.2.4 报告处理

报告处理模块包括浏览报告、设计报告模板、生成报告文件3部分。浏览报告和设计报告模板是借助(调用)本系统外部的 MS Word 软件来操作实现的,本系统采用 OLE 技术进行调用。

变量数据输入计算完毕之后,便可进行生成报告操作了。生成报告时,要求选择输入"报告模板文件"和"报告文件"的文件存放位置和文件名称,如图6.4所示。

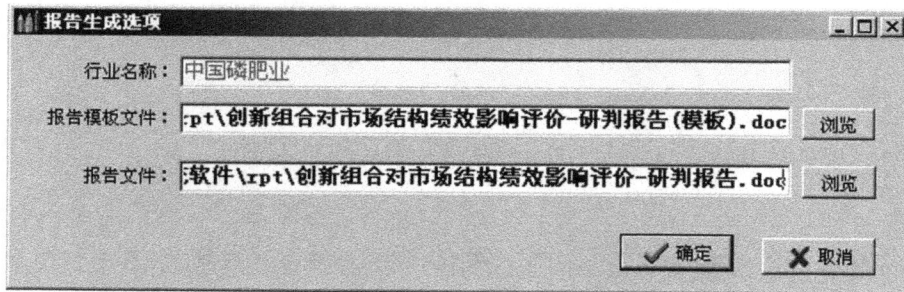

图6.4 报告选项

6.3 研判数据处理流程

系统启动时首先要登录进行身份验证,身份验证成功之后就可进入项目管理→数据处理→图形显示→生成报告→备份数据处理流程,在这过程间还可进行字段管理、报告模板设计等操作,如图6.5所示。

6.4 研判系统软件运行环境

软件系统运行环境要求较低,支持当前流行的大众计算机设备和 Windows 操作系统。支持兼容 Intel CPU P5 及以上的计算机,支持 Windows 操作系统的多种版本如 XP、2000、2003、2008、2012、Win7、Win8。

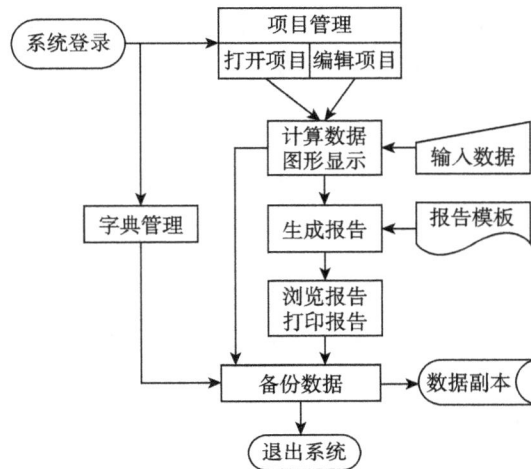

图 6.5 研判数据处理流程

计算机系统中需要安装相应的软件,用于支撑研判报告模板的生成。

6.5 研判系统软件特点

- 该软件的经济理论依据充分,数学模型科学,研判指标体系较为完善。
- 较好地表现了理论与实际的关系。
- 该软件具备项目管理、数据报表生成、报告生成及浏览、字典管理、数据备份、用户权限管理等功能。
- 软件界面经典,不提供那些无关紧要的花哨功能。
- 操作简单、使用方便,可以直接在 U 盘上运行使用。
- 单机单用户系统,C/S(客户机/服务器)体系结构。
- 绿色软件,直接复制到计算机即可运行使用,不修改 Windows 注册表,不安装文件到 Windows 系统所在的文件夹中,不影响原有系统任何软件的运行。
- 采用免费轻便的数据库 ACCESS 格式,无需额外安装数据库管理系统软件,也无需花费额外的费用。
- 支持多种研判报告格式和内容,用户可以根据修改规则任意修改研判报告模板的格式和内容。

6.6 本章小结

自行开发的研判软件针对性强、携带方便、使用简单、数据计算能力较强、易于扩充功能和升级。依据输入参量可自动计算出市场结构指标数据和市场绩效指标数据,计算速度快,同时输出计算结果表和立体图形,便于分析和判断。

"产业创新的系统行为对市场结构与绩效影响的仿真系统"研究已经完成;综合测试成功。我们首先对经济学原理中的"企业行为和产业组织理论"认为"垄断、寡头、垄断竞争"这些有市场势力的企业"会使市场结果无效率"的结论进行了学理性修正,采用本仿真软件和手工计算方式比较完成了典型算例仿真实证回归分析,得出了相同的结论。构建的研判模型定量研究就是通过创新对寡头、垄断竞争的竞争博弈模型价格要素与边际成本的变化来研判创新的影响。结论是,因创新市场结构趋于合理,市场绩效提高(即市场效率提高了)的比较优势评价。其次,从传统经典 SCP 理论的概念问题和解释问题中解脱出来,用绩效衡量的现代方法梳理出有指导意义的结构与绩效研判理论和方法,简明地应用于实证分析;再次,利用这个研判模型对因创新而改变市场结构,提高市场效率的教学研究,提供实证回归分析论证,经实践检验、认证后,成为政府支持企业创新,考量市场结构与绩效;按照社会福利最大化原则及消费者和生产者剩余均衡原则来判断市场势力的绝对大小,对市场势力进行科学化计算和权衡;为企业研判自己的市场定位,通过创新获得超额利润并保持,为现实的决策提供直观和具体的参考。

本研究实现了:(1)"通过创新对寡头、垄断竞争博弈模型价格要素与边际成本的变化来研判创新的影响",实现了创新投入与产出的量化分析,是以期理论的争论结果与现实(理论分析与经验性分析之间难以沟通的缺陷)瓶项疏通的突破;(2)确定市场结构与绩效研判指标;(3)建立博弈数学模型;(4)利用 IT 技术手段通过预先设计的研判报告模板快速地生成分析报告,帮助政府和企业或产业研判经济管理的绩效;(5)变传统单一的经济指标计算为一个具有辅助抉择的支持系统;为经济绩效指标体系的处理和分析,探索出一种新的易用的高效的非经济专家也能完成的经济评价方法等实现了创新。

结果:系统自动计算出考量数据、自动生成分析报告。

第7章 产业创新的系统行为对市场结构绩效影响的实证分析

本章作"研判模型"的实证分析,检验规范分析与实证分析结论是否统一,验证研判体系的价值。

7.1 样本选择

我们选择一个用人工计算的案例和五个自动计算案例(贵州瓮福集团、贵州开磷集团、贵州通信业三家)等寡头企业的相应输入、输出函数组为样本数据做实证分析比较。

7.2 输入输出指标数据

依据"研判博弈模型"相关研究人员只要能测算出上述几家企业函数组,即,
由 n 家企业成本函数公式:

$$c(qc)=cq_i, i=1,2,\cdots,n$$

式中: c 为单位边际成本、q 为产量。

n 家企业市场反需求函数公式:

$$p=a-bQ, 其中 Q=q_1+\cdots+q_n$$

式中: p 为价格涵数、a 为价格可变常数、b 为产量可变常数、c 为单位边际成本、q 为产量。

n 家企业的利润目标函数公式:

$$\pi_n=[a-b(q_1+\cdots+q_i+\cdots+q_n)]q_i-cq_i, i\in[1,n]$$

式中: i 为企业排序情况、c 为单位边际成本、q 为产量。

三个内生变量函数公式依数理和逻辑关系求解后构成一组计算公式。当参变量输入到研判系统中时,系统就会输出相应研判指标数据。

输出指标主要是建立市场结构和市场绩效评价指标两部分,所涉及的函数公式,依数理和逻辑关系及相应若干参变量自动求解后,构成相应指标数据供研判。

7.3 实证研判分析案例

三组实证研判分析案例。

7.3.1 实证研判分析案例一

创新对市场结构及绩效影响研判模型案例:

由于古诺寡头模型计算的复杂性,故选择一个双寡头创新案例(金圣才,2005),说明其模型的博弈思想并验证相关的数据。

假设厂商Ⅰ垄断商品 Q 的生产,Q 的需求函数为 $p=50-0.5Q$。在现有的生产条件下,边际成本不变,$MC=10$,没有固定成本。现在假设由于新技术的使用,使边际成本减少到 0,开发这个技术的固定成本忽略不计。厂商Ⅰ和潜在的厂商Ⅱ需要决定是否要开发这一技术。如果只是厂商Ⅰ开发这个技术,他将运用新技术;如果厂商Ⅱ开发这个技术,将形成古诺双寡头的局面,厂商Ⅰ的边际成本为 10,厂商Ⅱ的边际成本为 0。如果两家都开发这一技术,亦形成古诺双寡头局面,致使两家的边际成本都将为 0。试问:

(1)如果仅有厂商Ⅰ开发这一技术,试求他可以得到的垄断利润。

(2)如果仅有厂商Ⅱ开发这一技术,试求厂商Ⅰ和厂商Ⅱ分别可以得到的垄断利润。

(3)如果两家厂商都开发这一技术,试求每家厂商得到的垄断利润。

解:

(1)当仅由厂商Ⅰ开发这一技术时,将使他的边际成本等 0。由 $p=50-0.5Q$

得　　　$MC=MR=50Q=0,Q=50$

　　　　$P=50-0.5\times50=25$

　　　　利润 $=TR-TC=50\times25-0=1\,250$

(2)当仅有厂商Ⅱ开发这一技术时,厂商Ⅰ的边际成本为 10,厂商Ⅱ的边际成本为 0。

　　　　$p=50-0.5(Q_1+Q_2)$

　　　　$TR_1=pQ_1=50Q_1-0.5(Q_1+Q_2)Q_1$

　　　　$MC_1=MR_1=50-0.5Q_2-Q_1=10$

得 $Q_1 = 40 - 0.5Q_2$

由 $TR_2 = pQ_2 = 50Q_2 - 0.5(Q_1 + Q_2)Q_2$

得 $MC_2 = MR_2 = 50 - 0.5Q_1 - Q_2 = 0$

$Q_2 = 50 - 0.5Q_1$

$Q_1 = 40 - 0.5(50 - 0.5Q_1)$

得 $Q_1 = 20, Q_2 = 40, Q = Q_1 + Q_2 = 60$

$p = 50 - 0.5 \times 60 = 20$

$\pi_1 = (P - MC)Q_1 = (20 - 10) \times 20 = 200$

$\pi_2 = pQ_2 - TC = 20 \times 40 - 0 = 800$

（3）如果两厂商都开发这一技术，两家边际成本都为0。

由 $MC_1 = 50 - 0.5Q_2 - Q_1 = 0$ 和 $MC_2 = 50 - 0.5Q_1 - Q_2 = 0$ 得

$Q_1 = 50 - 0.5Q_2$

$Q_2 = 50 - 0.5Q_1$

得 $Q_1 = Q_2 = 100/3, Q = Q_1 + Q_2 = 200/3$

$p = 50 - 200/6 = 50/3$

$\pi_2 = \pi_1 = p * q - TC = (50/3)(100/3) - 0 = 555.56$

仿真验证时，输入外生变量 $a = 50$、$b = 0.5$、$c = (10、0)$、$N = (1、2、4、8)$ 即可获得研判报告。

7.3.2 实证研判分析案例二

贵州磷矿企业（瓮福集团、开磷集团）成本函数公式：

$$c(qc) = cq_i, i = 1, 2, \cdots, n$$

市场的反需求函数公式为

$$p = a - bQ, \text{其中} \ Q = q_1 + \cdots + q_n$$

式中：p 为价格涵数、a 为价格可变常数、b 为产量可变常数、c 为单位边际成本、q 为产量。

和 n 家企业的利润目标函数公式：

$$\pi_n = [a - b(q_1 + \cdots + q_i + \cdots + q_n)]q_i - cq_i, i \in [1, n]$$

式中：i 为企业排序情况、c 为单位边际成本、q 为产量。

三个函数公式依数理和逻辑关系求解后构成。

输出指标主要是建立市场结构和市场绩效评价指标体系两大部分,由所涉及的函数公式及相应若干变量求解后构成。

这里以磷矿产业(1 300)家企业中市场份额较大的两家数据为例来进行功能性、数据符合性验证和分析。将相关数据输入到系统经计算后得到表7.1中的数据。表7.1包含了磷矿产业的市场结构数据和市场绩效数据,反映了创新企业创新数从0到8的数据变化情况。

1. 计算数据

贵州瓮福集团公司和开阳磷矿集团公司两家矿产企业,贵州瓮福集团公司采用某项技术创新,开阳磷矿集团公司未采用该项技术创新。

在表7.1中,反映了0、1、2家企业创新后的产量、价格、利润、市场集中度、赫芬达尔指数、勒纳指数、消费者剩余、生产者剩余、社会总剩余的变化数据。

表 7.1　贵州磷矿业数据计算表

	市场结及绩效指标	N=0	N=1	N=2	
▲	未创新企业单产(Qk)	26.67	28.07	30.00	
▲	未创新企业总产(TQk)	53.33	28.07	0.00	
■	创新企业单产(Qm)	0.00	29.87	30.00	
■	创新企业总产(TQm)	0.00	29.87	60.00	
●	市场集中度(CR)	2.00	1.97	2.00	
●	赫芬达尔指数(HHI)	0.50	0.50	0.50	
●	勒纳指数(LI)	0.57	0.69	0.75	
★	产量(Q)	53.33	57.93	60.00	
★	价格(P)	23.33	21.03	20.00	
★	利润(π)	711.11	787.74	900.00	
◆	消费者剩余(CS)	711.11	839.07	900.00	
◆	生产者剩余(PS)	711.11	839.88	900.00	
◆	社会总剩余(TS)	1422.22	1678.95	1800.00	
-	---输入参数---				
1	价格可变常数(a)	50	50	50	
2	产量可变常数(b)	0.5	0.5	0.5	
3	单位边际成本(c|MC)	10	7	5	
4	边际成本变化值(ΔC)	0	0.9	0	
5	创新固定成本(CFC)	0	0	0	
6	产业企业总数(n)	2	2	2	
7	产业创新企业数(N)	0	1	2	

值得指出的是,不同行业的外生变量参数(a、b、c、n、N、g、k、ΔC,见数学建模部分的说明)是不同的,表 7.1 数据为磷矿产业的特征,与该产业的实际情况是基本符合的。

2. 市场结构数据分析

(1)市场集中度(CR)。

从表 7.1、图 7.1 看出,产业内 n 家企业中有 1 家企业实施了创新,其市场集中度先减后增。此时创新对企业市场集中度 CR1 产生影响。

(2)赫芬达尔指数(HHI)。

从表 7.1、图 7.1 看出,产业内 n 家企业中有 1 家企业实施了创新,其赫芬达尔指数大于产业内企业都未创新时的赫芬达尔指数。随着创新在产业内企业中的拓展,赫芬达尔指数先增后减,如图 7.1 所示。

(3)勒纳指数(LI)。

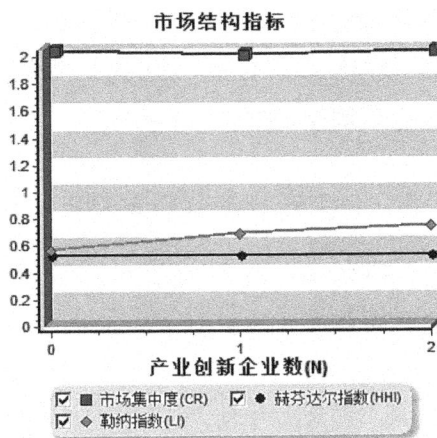

图 7.1 贵州磷矿业市场结构变化测试

从表 7.1、图 7.1 看出,产业内 n 家企业中有 1 家企业实施了创新,其勒纳指数大于产业内企业都未创新时的勒纳指数;当 n 家企业全部创新时,勒纳指数趋于下降,如图 7.1 所示。市场势力程度在竞争性市场和垄断市场之间趋于竞争。

3. 市场绩效数据分析

(1)企业产量比较分析。

从表 7.1、图 7.2 看出,产业内企业的创新将引起企业既有产量的变化,创新企业和未创新企业的产量都会发生变化。创新企业的产量将增加,未创新企业的产量将减少;全部都创新时出现产量均衡现象,单个企业产量可能略有减少,但总产量持续增加。

(2)价格比较分析。

从表 7.1、图 7.3 看出,产业内 n 家企业中有 g 家企业实施了创新,其价格小于产业内都未创新时的企业价格。随着创新在行业内企

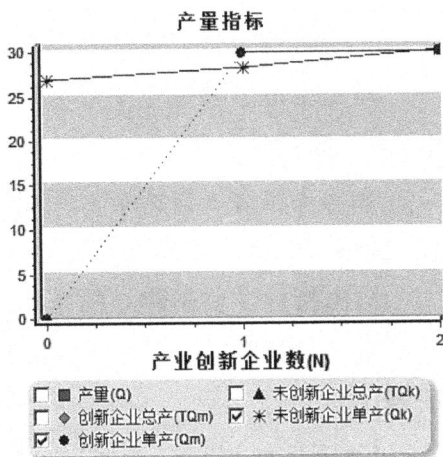

图 7.2 贵州磷矿业产量变化测试

业的拓展，均衡价格将持续下降，如图 7.3 所示。

（3）利润比较分析。

从表 7.1、图 7.3 看出，产业内 n 家企业中有 g 家企业创新，其利润大于产业内企业都不创新的利润；当 n 家企业都实行了创新，其利润小于业内 g 家企业实施创新的利润，创新利润出现新均衡，如图 7.3 所示。

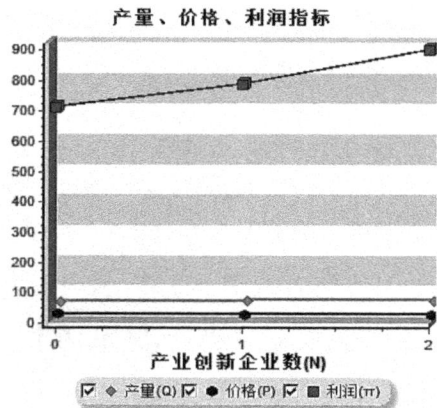

图 7.3　贵州磷矿业产量—价格—利润
　　　　　 变化测试

7.3.3　实证研判分析案例三

研究选择跨产业数据测试，如贵州通信三家寡头企业成本函数：

$$c(qc)=cq_i, i=1,2,\cdots,n$$

市场的反需求函数为

$$p=a-bQ, 其中 Q=q_1+\cdots+q_n$$

式中：p 为价格涵数，a 为价格可变常数，b 为产量可变常数，c 为单位边际成本，q 为产量。

n 家企业的利润目标函数：

$$\pi_n=[a-b(q_1+\cdots+q_i+\cdots+q_n)]q_i-cq_i, i\in[1,n]$$

式中：i 为企业排序情况，c 为单位边际成本，q 为产量。

三个函数公式依数理和逻辑关系求解后构成。

输出指标主要是建立市场结构评价指标体系和市场绩效评价指标体系两大部分，由所涉及的函数公式及相应若干变量求解后构成。

表 7.2 包含了贵州通信产业的市场结构数据和市场绩效数据，反映了创新企业创新数从 0 到 8 的数据变化情况。

输出指标主要是建立的市场结构和市场绩效评价指标两部分，由所涉及的函数公式，依数理和逻辑关系及相应若干参变量自动求解后，构成相应指标数据供研判。

1. 计算数据

贵州电信、贵州移动、贵州联通三家通信企业。先是贵州电信采用新技术，然

188

后是贵州移动采用新技术,最后贵州联通也采用新技术,表7.2的数据为三家历年演变情况数据。

表 7.2　贵州通信业数据计算表

市场结及绩效指标		N=0	N=1	N=2	N=3	
▲	未创新企业单产(Qk)	12.50	19.79	30.87	35.79	
▲	未创新企业总产(TQk)	37.50	39.58	30.87	0.00	
■	创新企业单产(Qm)	0.00	20.63	31.63	36.32	
■	创新企业总产(TQm)	0.00	20.63	63.25	108.95	
●	市场集中度(CR)	1.33	1.33	1.33	1.33	
●	赫芬达尔指数(HHI)	0.33	0.33	0.33	0.33	
●	勒纳指数(LI)	0.43	0.51	0.56	0.73	
★	产量(Q)	37.50	60.21	94.12	108.95	
★	价格(P)	26.25	23.88	22.35	18.60	
★	利润(π)	421.88	705.08	1157.85	1481.76	
◆	消费者剩余(CS)	632.81	1087.51	1771.90	2255.21	
◆	生产者剩余(PS)	421.88	725.29	1181.42	1503.47	
◆	社会总剩余(TS)	1054.69	1812.80	2953.32	3758.68	
-	---输入参数---					
1	价格可变常数(a)	60	60	60	60	
2	产量可变常数(b)	0.9	0.6	0.4	0.38	
3	单位边际成本(c|MC)	15	12	10	5	
4	边际成本变化值(△C)	0	0.5	0.3	0.20	
5	创新固定成本(CFC)	0	0	0	0	
6	行业企业总数(n)	3	3	3	3	
7	创新企业数(N)	0	1	2	3	

在表7.2中,反映了0、1、2、3家创新企业的产量、价格、利润、市场集中度、赫芬达尔指数、勒纳指数、消费者剩余、生产者剩余、社会总剩余的变化数据。

值得指出的是,不同行业的外生变量参数(a、b、c、n、N、g、k、ΔC,见数学建模部分的说明)是不同的,表7.2的数据为产业的特征,与该产业的实际情况是基本符合的。

2. 市场结构数据分析

(1)市场集中度(CR)。

从表7.2、图7.4看出,当3家企业同时(等项创新),创新对企业市场集中度CR几乎没有产生影响。

（2）赫芬达尔指数（HHI）。

从表7.2、图7.4看出，产业内 n 家企业中有 g 家企业实施了创新，其赫芬达尔指数大于产业内企业都未创新时的赫芬达尔指数。随着创新在产业内企业中的拓展，赫芬达尔指数先增后减，如图7.4所示。

（3）勒纳指数（LI）。

从表7.2、图7.4看出，产业内 n 家企业中有 g 家企业实施了创新，其勒纳指数大于产业内企业都未创新时的勒纳指数；当 n 家企业全部创新时，勒纳指数趋于下降，如图7.4所示。市场势力程度在竞争性市场和垄断市场之间趋于竞争。

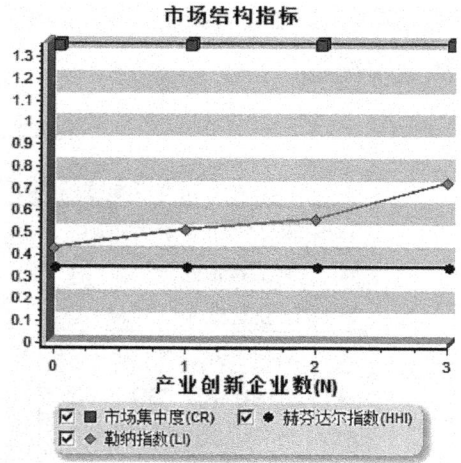

图 7.4　贵州通信业市场结构变化测试

3. 市场绩效数据分析

（1）企业产量比较分析。

从表7.2、图7.5看出，产业内企业的创新将引起企业既有产量的变化，创新企业和未创新企业的产量都会发生变化。创新企业的产量将增加，未创新企业的产量将减少；全部都创新时出现产量均衡现象，单个企业产量可能略有减少，但总产量持续增加。

（2）价格比较分析。

从表7.2、图7.6看出，产业内 n 家企业中有 g 家企业实施了创新，其价格小于产业内都未创新时的企业价格。随着创新在产业内企业的拓展，均衡价格将持续下降，如图7.6所示。

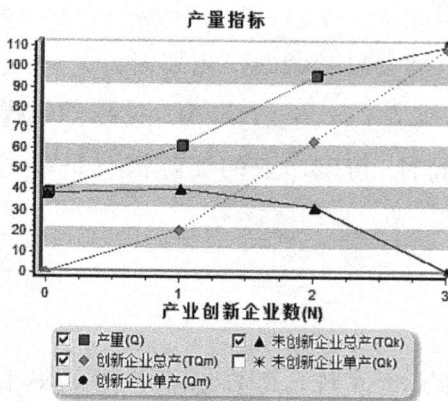

图 7.5　贵州通信业产量变化测试

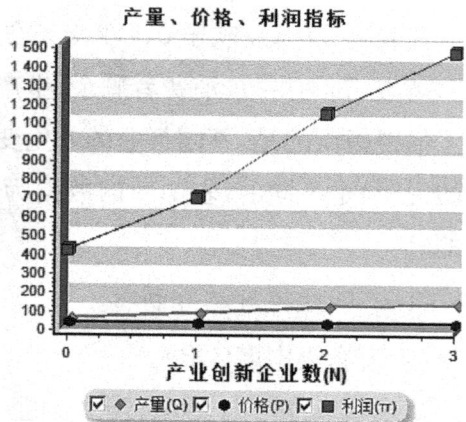

图 7.6　贵州通信业市场结构变化测试

（3）利润比较分析。

从表 7.2、图 7.6 看出，产业内 n 家企业中有 g 家企业创新，其利润大于产业内企业都不创新的利润；当 n 家企业都实行了创新，其利润小于业内 g 家企业实施创新的利润，创新利润出现新均衡，如图 7.6 所示。

7.4 CSP 研判模型评价结果分析

本节可参见第 5 章创新的系统行为对市场结构绩效影响研判模型效果分析，因为 1～8 家创新企业的测试数据很系统，两个重要观测点：CR4、CR8、CI4、CI8 数据完全反映了理论分析和实证数据的吻合。这一点是学界从事相关研究的权威学者最为关注的。

7.5 实证结果研判与启示

本节对上述三个案例的实证结果作分析，对第 1 章的"简要评述"作对与错的回应，与相关作者商榷，并依理论分析和实证数据获得启示。

7.5.1 实证结论

本章"产业创新的系统行为对市场结构及绩效影响的实证分析"研判与启示，是以理论为根、实证为据而获得的结果：寡头、垄断竞争企业创新的创新系统行为对市场结构与绩效的影响是互动关联正相关的。即：创新的系统行为被激励，形成竞争的市场结构与绩效。印证了约瑟夫·熊彼特（1996）的观点：创新系统通过降低边际成本，市场结构趋于合理，市场效率提高了；这种影响是通过企业创新的系统行为组合引起寡头竞争博弈模型中外生变量参数的变化，导致内生变量的变化，这些影响和变化是可以通过定量来进行研判的；当企业创新行为的集聚和创新系统链的形成，"企业自适应创新系统模式"也逐渐上升到（区域）"产业创新系统模式"，其 CSP 影响的传导机制及研判的正相关因果关系链会对产业组织演进产生根本影响，促使整个行业组织发展。

7.5.2 研判与启示

本节以简要评述"有关企业、产业创新的系统行为对市场结构—绩效影响评述"的相关最新理论观点为根，实证为据，获得启示如下：

1. 关于结构与行为决定论的旷世之争的新研究

丁梅(2012)认为:旷世之争的关系应归于"二者交织在一起虽日趋复杂,但基本关系应是互动关联的"。通过理论分析和实证检验,证明了行为—结构—绩效之间,三者交织在一起是很复杂的,但基本关系应是互动关联的。

齐兰(1997)关于:"博弈论的应用前景和对芝加哥学派的一些思想和观点的赞许反映了市场结构理论发展的主要方面,仍需要探索、实证"的观点,用博弈论思想和方法构建的研判模型,证明了"行为—效率"观点。

胡志刚(2011)采用新的方法论与理论范畴拓展实现,为现代产业组织理论的企业、产业创新的系统行为对市场结构及绩效影响理论相关研究作探索。"复杂适应系统"方法论解决了建立"企业自适应系统"的理论依据,"企业创新系统模式"、"产业创新系统模式"、"产业创新系统能力评价指标体系"的构建,以及"产业创新系统模式及其市场效应的仿真研究"和它们运行机理的一般性理论构建,实现了理论范畴拓展。

2. 市场结构模式

根据孙天法(2002)的观点,我们认为:从我国市场结构与绩效运行的效应来看,可以用比较的观点看问题。具体的说:对消费者而言,在支付同样价格时,获得的商品或服务当然是优质品好于正品,正品好于次质品,次质品好于劣质品,劣质品好于无品。完全竞争、垄断竞争、寡头、垄断之间的优劣关系是同理的。依第5章理论分析和本章实证数据佐证了用比较的观点看发展中的我国市场结构的利弊是市场结构演变的现实选择。

淮建军、刘新梅(2007)从逻辑上梳理了市场结构和绩效之间的相互关系和影响因素,但需要实证的检验。依第5章理论分析和本章实证数据佐证,作者观点中"市场结构和绩效之间的相互关系和影响因素"的合理性,并在绩效分析中对消费者剩余、生产者剩余、社会总剩余相互关系的研究,弥补了其"对于管制下的消费者行为的分析薄弱"的问题。

3. 关于企业创新的系统行为与市场结构关系

周任重(2013)指出:"大多数学者在研究市场结构对企业创新行为影响的静态研究中,通常把市场结构假设为不受企业技术创新影响的外生变量,实际上,行业内企业的创新行为对市场结构的演变有重要的影响"。本研究样本的理论分析和实证数据较好地说明了"产业内企业创新的系统行为对市场结构的演变有重要的影响"的结论,对行为—结构—绩效三者关系,作了实证补充。

对李伟(2009)利用"研判模型"分析技术创新与市场结构关系分析框架的核心内容之一的"创新实现形式(市场结构变化)"缺失的技术创新对市场结构影响的实证分析及绩效影响的理论与实证分析作了实证补充,增加了绩效影响的理论说服力。

李伟(2007)认为:"从整个理论发展的过程看,熊彼特提出的技术创新与市场结构关系假说,既对新古典的静态均衡方法提出挑战,又对关于完全竞争市场结构可以实现效率最大化的观点提出质疑。以新古典理论为背景的产业组织理论试图从经验角度对熊彼特假说进行验证,但并没有得出明确的结果"。本研究得出了明确的结果。

"运用博弈论方法对企业技术创新行为与市场结构的分析虽然形成了大量的成果,但这些结论都是在非常严格的假设条件下形成的,对假设条件非常敏感,缺乏一般性,也很难进行经验验证"(李伟,2007)。本研究用构建的具有一般性的"输入指标函数组"作为假设条件,可以非常容易地进行经验验证,解决了这一难题。

"继承熊彼特的动态分析思路,将技术生命周期理论和产业演化理论相结合,从产业发展动态过程中研究技术创新与市场结构关系的互动过程,是一种基于经验事实的理论分析,强调对经验事实的解释能力。同时,这些研究都是针对发达国家,也就是技术先进国家的产业技术发展过程展开的,经验事实的局限性进一步限制了理论的一般性。现有理论中不同背景和思路的研究实质上体现了新古典主流经济学和非主流经济学之间在研究路径上的区别,已经具有较高一般性理论框架的主流研究面对难以解释的各种新的经验现象的冲击,而非主流研究虽然可以解释许多新的经验事实,但在一般性理论框架构建中的不成熟导致很难与主流经济学在相同的理论层面进行交流与共融,很难从一般性的理论层面对不同经验现象的解释提供指导。当然,共同的关注也表明技术创新与市场结构关系有可能后成为主流与非主流研究相互融合的重要渠道"(李伟,2007)。

本研究解决了将"企业创新系统模式"与产业发展理论相结合,从产业发展动态过程中研究技术创新与市场结构关系的互动过程,既是依靠企业创新系统(模式)理论支撑又结合经验事实的理论分析,注重理论逻辑推理与经验事实的解释能力的统一。同时,这些研究都是涉及我国产业企业创新系统(模式)模式的研究,经验事实的较大样本性提高了理论的一般性,沟通了现有理论中"新古典主流经济学和非主流经济学之间在研究路径上的"通道,解释了"已经具有较高一般性理论框架的主流研究难以解释的各种新的经验现象的冲击"的原因。对"非主流研究虽然可以解释许多新的经验事实,但在一般性理论框架构建中的不成熟导致很难与主流经济学在相同的理论层面进行交流与共融,很难从一般性的理论层面对不同经验现象的解释提供指导"。研究的价值表明"技术创新与市场结构关系有可能后成为主流与非主流研究相互融合的重要渠道"(李伟,2007)。

对中国产业发展的启示:本研究形成的理论与实证结果对技术创新与市场结构关系的研究,核心在于揭示技术创新特征与市场结构特征相互作用内在机制,具有较好的理论与现实意义(李伟,2007)。我们将这理论用于中国产业技术创新系统的市场行为分析解决了两方面的问题:一是这个理论是依据企业创新系统(微观)行为形成的产业创新系统(中观)行为的演进经验过程形成的,涉及我国产业的技术创新特征,具有类似经验的适用性;二是本研究体现了研究理论依据的规范性和研究结论的统一性,有了核心理论层面的一般意义上的研究框架,既形成一般意义上的理论,又形成一致明确的研究结论。所以,可从一般意义上提供借鉴研究的相关成果。

该研究与现有的研究不同,它为研究中国产业发展中的创新与市场结构的关系提供了新的思路。新的方法论与理论范畴拓展实现为现代产业组织理论的企业创新行为和创新对市场结构与绩效影响理论相关研究提供了考量空间。印证了李伟(2007)的观点:

(1)从动态角度把握市场结构特征。我们试着"从动态角度把握市场结构特征"。在市场结构三要素:市场份额、市场集中度和进入壁垒中抽掉了后一个,主要刻画市场中企业与市场外潜在竞争企业关系的要素进入壁垒,分析技术创新与市场结构演进特征这种过程的互动机制。

(2)从产业演进过程技术创新及相关因素的动态变化中分析技术创新与市场结构关系的阶段性特征,并分析这种阶段性变化特征对技术创新与市场结构关系的影响。

(3)立足于新的理论和中国产业发展实践,正确把握熊彼特假说在中国产业发展中的具体含义及相关的政策思路。技术创新与市场的关系,实际上揭示了产业技术创新中的市场作用特征。并解释为:①中国产业发展重要的目标就是要提升产业的技术创新能力,什么样的市场结构有利于实现这种目标,是政策关注的焦点;②如果技术创新与市场结构的关系是阶段性变化的,如果市场结构特征与产业技术创新变化是一个内生于产业演进中的互动过程,那么市场结构更多的是一种产业技术创新引进的结果,而不是一个外生于技术发展的可以通过政策因素推动产业技术创新过程的政策目标;③过分强调高集中市场结构有利于产业技术的创新,过分关注大规模企业在产业技术创新中的作用,特别是在这种思路下以非市场力量向大规模企业集中创新资源,在防止过度竞争和重复建设原则下以限制进入的政策性手段提高集中度,这些产业技术创新的政策思路是值得商榷的。应当从产业渐进的动态过程中,从技术核心与市场结构的互动机制中正确把握产业技术创新的政策思路。

(4)创新的市场效应。康志勇(2013)意为"行为影响结构",是行为决定论的实证。胡川(2006)构建的"工艺流程创新博弈模型"、曾悟声等人(2007)"创新组合对市场结构及绩效的影响"模型,都用推理方式表明了创新行为对市场结构及绩效有很大影响,但因纷繁复杂的计算问题而无实证支持。

(5)其他相关研究。尹莉、刘国亮(2012)等,胡德宝、陈甬军也全面梳理了垄断所导致的社会福利的损失。上述为本书的研究提供了社会福利重要性佐证,在本文的"研判模型"中得到了充分的印证。

(6)结论。依理论分析和实证数据获得启示,对文献研究的"简要评述"的回顾,我们得出了和本研究有关的国内外研究现状分析,包括最新发展水平和存在的问题研究。

7.6 本章小结

本章"实证分析"是在完成了第5章"仿真系统"之后要解决的第二个问题:构建简明实用的创新的市场效应仿真研判系统。为"创新系统模式的古典解释与最新进展"作理论与实证探索。

我们选择了5家创新企业创新行为组合为实证案例,以实证分析印证推理。依据构建的"产业创新系统模式的市场效应仿真研判系统"为现实的决策提供了直观和具体的参考。实证分析目的已达成。

第8章 总结与展望

与费孝通笔下的"江村"中国乡村研究的标本类似,"瓮福"在中国也可成为中国企业创新系统模式行为研究的标本。

一个充满活力的"复杂自适应创新系统",是以创新型企业为主体,科技型企业为主导,自适应创新系统型企业为核心的三组"五要素"及它们相应运行机理和系统行为研判体系组成的综合性创新(微观)系统;推动产业发展的(规模、结构、绩效、辐射带动)产业政策、产业环境组成的综合性创新(中观)系统构成的体系和它们体系相应的运行机理和系统行为研判体系的"产业创新系统模式"真疑难,反映的却是"企业创新系统模式构建及其市场效应研判"的 CSP 真命题。而在现实的中国,则更具标本意味,更需在质疑中与"作为主流产业经济学学派的(SCP)分析框架和以案例、计量分析手段为其推论进行的验证,使这门应用经济科学获了阶段性地位,成为西方竞争和组织政策制定的依据"(马建堂,1995)的分析模式比较供学者们参考。

更重要的是"产业创新的系统行为对市场结构及绩效的影响如何研判"? 研判涉及复杂系统的建模与非常繁复的计算问题,本研究用系统仿真理论和工具解决了复杂系统的建模与计算问题,并通过获得系统数据印证假定推理,终得成果。藉此,可以作产业层面的研究。

该研究主要为解决两个层面的创新系统模式问题和构建分析模式。

(1)构建基于企业创新系统模式行为型企业为实证样本的一般性理论体系,即"企业自适应创新系统模式"。为"瓮福"在中国成为中国企业创新系统行为研究的标本作努力。

(2)进一步构建一般性"产业创新系统模式"和简明实用的"产业创新的市场效应仿真研判系统",为"创新系统范式的古典解释与最新进展"作实证探索。

通过理论分析与实证检验,(1)的目的已达成:建立了一种基于较大样本实证的一般性"企业创新系统模式"和简明实用的"产业创新的市场效应仿真研判系统",可为现实的抉择提供一个直观和具体的参考。

(3)构建分析模式:采用新的方法论与理论范畴拓展,为现代产业组织理论的企业、产业创新的系统行为对市场结构及绩效影响理论相关研究作探索。基于"复杂适应系统"的微观"企业自适应创新系统模式"和进一步构建中观"产业创新系统模式"的"产业创新系统能力评价指标体系","产业创新系统模式及其市场效应的仿真研究"及它们相应运行机理的互动关联关系分析的一般性理论框架构建,实现了方法论与理论范畴拓展。

简要总结如下：

(1)企业创新系统模式构建：系统要数构成基于三类创新企业相似性、异质性的实践考察。主要解决第一个问题：企业创新系统的核心(创新系统型企业)实证样本的一般性理论框架构建,即"企业自适应创新系统模式",为"瓮福"在中国也可成为中国企业创新行为研究的标本作努力。

"企业自适应创新系统模式"可用"瓮福"标本的"德鲁克式"机遇解读。陷入"德鲁克式"困境的瓮福矿肥基地,在不断急剧变化的市场面前,建立起一个充满活力的"复杂自适应创新系统"。短短3年,创新、蜕变与成长；之后7年,嬗变与发展的内外原因,可以这么说,对于现代企业这个复杂的经济组织系统的驾驭；"德鲁克式"现象的把握的相对性,两种结果都归结到人上,因为,无论什么样的复杂自适应创新系统都是由人创造的。这种结果具有偶然性。

瓮福创新系统是由技术创新、管理创新、制度创新、文化创新、环境创新,大量创新元素主体(agent)及其运行机理组成的创新的微观"复杂适应系统"。它的运作过程形成了"企业自适应创新系统模式"的异质性特征及效应。

经济组织以其异质性特征及效应,构成了组织内外平衡的内在机能和发展方式。其实践充分体现了在制度安排上,它既保证了组织整体利益,又没有损害成员企业法人地位,给他们保留了足够的发展空间和自由度。其内涵为：创新组合使其蜕变与成长；创新的系统行为使其嬗变与发展；创新系统模式诱因放大过程的作用原理使寡头、垄断竞争的效率和绩效发生变化。

(2)产业创新系统能力评价指标体系。产业创新系统能力评价指标体系由微观与中观指标递进构成。五个微观指标即：技术创新能力评价指标、管理创新能力评价指标、制度创新能力评价指标、文化创新能力评价指标、环境创新能力评价指标；三个中观指标即：产业发展指标、产业政策指标、产业环境指标。适用于微观企业层面到中观产业或区域层面的应用,视情况加上特定参数再 n 加权平均。它是对要解决的第一个问题的继续,即围绕创新产出需要回答的 3 个基本问题。首先,创新产出与企业绩效究竟有什么关系？其次,创新产出如何考量？再次,创新对市场有什么效应？

现在,构建的"产业创新系统能力评价指标体系"为现实的抉择提供一个直观和具体参考的目的已达成。那么创新产出与企业绩效究竟有什么关系?结论如下:

可以认为,技术创新推动企业发展,企业发展又促使企业创新。同时,创新不仅创造利润而且利润促进创新的生成。

通过瓮福集团的技术创新能力评价案例的前期实证,在本研究构建定义的"企业创新系统模式"及内涵基础之上的"产业创新系统能力评价的(微观与中观)指标体系",是可靠、可行的。

(3)产业创新的系统行为对市场结构及绩效影响的仿真系统设计。构建简明实用的"产业创新的市场效应仿真研判系统",为现实的抉择提供一个直观和具体的参考。

现在理论分析目的已达成,"研判模型"结论如下:寡头、垄断竞争企业创新的系统行为对市场结构及绩效的影响是互动关联正相关的。即:创新的系统行为被激励,形成竞争的市场结构与绩效。映证了约瑟夫•熊彼特(1996)的观点:创新系统通过降低边际成本,市场结构趋于合理,市场效率提高了;这种影响是通过企业创新的系统行为引起寡头、垄断竞争博弈模型中外生变量参数的变化,导致内生变量的变化,这些影响和变化是可以通过定量研判的;当企业创新行为的集聚和创新系统链的形成,"企业自适应创新系统模式"也逐渐上升到(区域)"产业创新系统模式",其 CSP 影响的传导机制及研判的正相关因果关系链会对产业组织演进产生根本影响,促使整个行业组织发展。

(4)研判软件开发。自行开发的研判软件针对性强、携带方便、使用简单、数据计算能力较强、易于扩充功能和升级。依据输入参量可自动计算出市场结构指标数据和市场绩效指标数据,计算速度快,同时输出计算结果表和立体图形,便于分析和判断。

(5)创新的系统行为对市场结构及绩效影响的实证分析。这是对要解决的第二个问题的佐证,为"创新系统模式的古典解释与最新进展"作理论与实证探索。我们选择了 5 家创新企业创新行为组合为实证案例,以实证分析映证推理。依据构建的"产业创新的市场效应仿真研判系统",为现实的抉择提供直观和具体的参考。

8.1 主要创新点

(1)构建(分析模式)。构建了基于"复杂适应系统"的"企业自适应创新系统模式"和产业面应用的"创新系统能力评价指标体系"以及它们相应运行机理的"创新的市场结构及绩效互动关联分析系统"的一般性理论框架,实现了方法论与理论范畴拓展。

"企业创新系统模式"是以创新型企业为主体,科技型企业为主导,自适应创新系统型企业为核心,以企业创新"相似性要素"的创新元素主体、"异质性要素"、"共性效应要素",以及它们相应运行机理和系统行为研判体系组成的综合性创新(微观)系统。该系统是推动产业发展的产业政策、产业环境组成的综合性中观系统和它们相应的运行机理构成的体系基础,以阐释二个层级创新的系统行为对市场结构与绩效互动关联影响乃至经济增长的动态图景。

其理论框架以"寡头、垄断竞争企业创新的系统行为对市场结构及绩效的影响是互动关联正相关的"机理运行。

经济组织以其异质性结构特征及效应,构成了组织内外平衡的内在机能和发展方式。与其他创新理论不同的是其模式的系统行为:在制度安排上,它既保证了组织整体利益,又没有损害成员企业法人地位,给他们保留了足够的发展空间和自由度。其内涵为:创新组合使其蜕变与成长;创新的系统行为使其嬗变与发展;创新系统模式诱因放大过程的作用原理使寡头、垄断竞争的效率和绩效发生变化。经实证检验,形成了理论。

(2)构建了"创新的市场效应仿真研判系统",揭示了"创新的系统行为对市场结构及绩效影响"的作用机制。

寡头、垄断竞争企业创新的系统行为对市场结构及绩效的影响是互动关联正相关的。即:创新的系统行为被激励,形成竞争的市场结构与绩效。印证了约瑟夫·熊彼特(1997)的观点:创新系统通过降低边际成本,市场结构趋于合理,市场效率提高了;这种影响是通过企业创新的系统行为引起寡头、垄断竞争博弈模型中外生变量参数的变化,导致内生变量的变化,这些影响和变化是可以通过定量研判的;当企业创新行为的集聚和创新系统链的形成后,"企业自适应创新系统模式"也逐渐上升到区域"产业创新系统模式",其CSP影响的传导机制及研判的正相关因果关系链会对产业组织演进产生根本影响,促使整个行业组织发展。

修正了的传统经济学理论中,企业行为和产业组织理论认为"垄断、寡头、垄断竞争"这些有市场势力的企业会使市场结果无效率"的观点。

(3)研发了"创新的系统行为对市场结构及绩效影响的仿真系统"软件。自行开发的研判软件针对性强、携带方便、使用简单、数据计算能力较强、易于扩充功能和升级。依据输入参量可自动计算出市场结构和绩效指标数据,计算速度快,同时输出计算结果表和立体图形,便于分析和判断。研判体系可为现实的决策提供直观和具体的参考,为研究中国产业发展中的技术创新与市场结构及绩效的关系提供了新的方法论和与理论范畴拓展。

8.2　研究展望

在上述工作的基础上我们可以:(1)进一步探索基于寡头竞争的,以"斯坦伯格模型"、"伯川德模型"为依据的"产业创新系统中创新行为对市场结构与绩效影响的仿真研判系统"研发;(2)在实践中建立该类系统的设计原则和研发要点;(3)进一步探索和完善创新系统能力评价指标体系;(4)探索如何利用信息工程技术把冗繁的经济理论分析,转换为模型化的信息处理系统,使其成为简明的实际应用;(5)探索如何提供一种基于经济信息处理系统软件的综合研判方法,如何更有利于提高经济信息评价的科学性、准确性、完整性;(6)为信息经济学的应用研究做进一步的有益探索;(7)构建"产业创新系统模式的市场效应仿真系统"。在后续研究中,对中国磷肥产业的整体数据、更多磷肥生产企业的数据和资料进行更系统的收集和整理,再进行实证分析,会使结论更具可信性。

参考文献

Argres, N. , 1995, "Technolong, strategy, governancestructure and interdivisional coordination", *Journal of Economic Behavior and Organization* 28.

Barney, J. B. , 1986, "Strategic factor markets: expectations, Iuck, and business strategy", *Management Science* 32.

Bergman E. , Maier G. , Todding F. , "Regions Reconsidered: Economic Networks, Innovation and Local Development in Industrialized Countries", New York: Mansell, 1991.

Booz A. , Hamilton, "New Product Management for the 1980S", New York: Booz-Allen. Hamilton Inc. , 1982.

Breschis and Malerba F. , "Sectoral innovation systems: technological Regimes, Schumpeterian Dynamics, and spatial boundaries", Edquist. *Systems of Innovation: Technologies, Institutions ND Organizations*, London: Printer, 1997.

Chiaroni, Davide、Chiesa, Vittorio、De Massis, Alfredo、Frattini, Federico, "The knowledge-bridging role of Technical and Scientific Services inknowledge-intensive industries", *International Journal of Technology Management*, 2008, 41(3/4):249 - 272.

Coase, R. , 1988, "Lerture on the nature of the firm, III", *Journal of Law, Economics and Organization* 4.

DECD, "National Innovation System", Paris: DECD, 1997.

Dodgson M. , Rothwell R. Ten, "Handbook of Industrial Innovation", Cheltenham: Edward EIgar, 1944.

Dosi, "Technological paradigms and technological trajectories", *Research Policy*, 1982, 11(3):147 - 162.

Freeman C. , 1995, "The national system of Innovation in histori-cal PersPective", *Cambridge journal of economics*, (9):5 - 24.

Fumio Kodama, *Emerging patterns of innovation: sources of Japan*. stechnological edge. Boston: Harvard Business School Press, Massachusetts,1995.

Kristian Miller,Risto Rajala,Mika Westerlund, "Service Innovation Myopia A New Recipe for Clientprovider Value Creation", *California Management Review*, 2008,50(3).

Lazonick,W. ,1991,*Business Organization and the Myth of the Market Econonmy*,New York: Cambridge University Press.

Lisa M. Ellram,Wendy L. Tate,Corey Billington,"Services Supply Mana-gement: The Next Frontier for Improved Organizational Performance", *California Management Review*, 2007,49(4).

Malerba Fand Mani S. ,*Sectoral Systems of Innovation and Production in DEveloping Countries*, UK:Edward Elgar Publishing Limited,2009.

Nelson,R. and Winter, S. ,1982,*An Evolutionary Theory of Econmic Change*, MA: Harvard University press.

Nelson R. R. ,"National System of Innovation: A Compara-tive Study", Oxford: University Press, 1933.

Nelson R. R. ,1993,*national system of Innovation: A Compara—vivt Study*,Oxford University Press.

Rajala,Risto,Westerlund,Mika,Rajala,"Knowledge-intensive service activities in software business",*International Journal of Technology Management*,2008,41 (3/4):273-290.

Schumpeter,J. A. ,1934,*Theory of Economic Development*,MA:Harvard University press.

Sinha,Rajiv K. ,Noble,Charles H. ,"The adoption of radical manufacturing technologies and firm survival",*Strategic Management Journal*,2008. 9,29(9): 943-962.

Soosay, Claudine, Hyland, Paul, "Managing knowledge transfer as a strategic approach to competitive advantage", *International Journal of Technology Management*, 2008, 42(1/2): 143-157,15.

Stata R. ,"Management innovation",Executive Excellence,1992,9(6):8-9.

Teece,D. J. ,1986b,"Profiting from technological innovation", *Research Policy* 15 (6)(December).

Teece, D. J. ,1996,"Firm organization, induatrial structure, and technological innovation",*Journal of Economic Behavior and Organizayion* 31.

Teece, D. J. , 1982, "Towards an economic theory of the muitiproduct firm", *Journal of Economic Beharvior and Organization* 3; "Transactions cost economics and the multinational enterprise", *Journal of Economic Behavior and Organization* 7.

Tushman, M. L. , Newman, W. H. and Romanelli, E. , 1986, "Convergence and upheaval: managing the unsteady pace of organizational evolution", *California Management Review* 29.

保罗·萨缪尔森、威廉·诺德豪斯:《经济学》,人民邮电出版社 2006 年版。

曹平:《技术创新理论模型的多维解读》,《技术经济与管理研究》,2010 年(4),第 33—36 页。

陈佳贵:《现代大中型企业的经营与发展》,经济管理出版社 1997 年版。

L. G. 戴维斯、D. C. 诺思:《制度变迁与美国经济增长》,载于:《财产权权利与制度变迁——产权学派与新制度学派译文集》,上海三联书店 1994 年版。

丁梅:《结构与行为决定论的旷世之争》,《河北工业大学学报》(社科版),2012 年 9、2(3)。

高建:《中国企业技术创新分析》,清华大学出版社 1997 年版。

龚晓宽、何浩明:《瓮福发展模式与贵州工业强省》,中央文献出版社 2012 年版。

郭斌、蔡宁:《从"科学范式"到"创新范式":对范式范畴演进的评述》,《自然辩证法》,1998 年(3),第 8 页。

郭斌、许庆瑞等:《企业组合创新研究》,《科学学研究》,1997 年 3、15(1)。

贺晓宇:《产业创新系统研究文献综述》,《现代商贸工业》,2012 年(2)。

胡川:《工艺流程创新博弈模型》,《经济社会体制比较》,2006 年(3)。

胡志刚:《市场结构理论分析范式演进研究》,《中南财经政法大学学报》,2011 年(2)。

淮建军、刘新梅:《政府管制对市场结构和绩效的影响机理研究》,《财贸研究》,2007 年(01)。

黄国兴、周勇:《软件需求工程》,清华大学出版社 2008 年版。

金圣才:《西方经济学》,中国石化出版社 2005 年版。

康志勇:《中国企业自主创新存在本土市场效应吗?》,《科学学研究》,2013 年(07),第 1093、1100、1030 页。

克里斯托弗·弗里曼、卡洛塔·佩雷斯:《结构调整危机:经济周期与投资行为》,选自:《技术进步与经济理论》,G. 多西等编,经济科学出版社 1992 年版,第 49—

82 页。

李春艳、刘力臻:《产业创新系统生成机理与结构模型》,《科学学与科学技术管理》, 2007 年(1)。

李金顺:《贵州企业史话》。

李庆东:《产业创新系统结构模型研究》,《改革与战略》,2009 年(7)。

李伟:《产业演进中的技术创新与市场结构关系——兼论熊彼特假说的中国解释》, 《科研管理》,2009 年(06),第 40 页。

李伟:《基于熊彼特假说的技术创新与市场结构关系研究述评》,《科学·经济·社 会》,2007 年(4)。

李兴山、刘潮:《西方管理理论的生产与发展》,现代出版社 1999 年版。

李醒民:《科学的革命》,中国青年出版社 1989 年版,第 67 页。

李永周、刘日江:《创新系统范式的古典解释与最新进展》,《技术经济与管理研究》, 2011 年(8)。

李云峰:《数字仿真模型的校核、验证和确认》,《中南大学自然科学版》2004 年(02)。

刘金友:《核心知识、相关多元化与企业可持续成长》,《经济社会制度比较》2007 年(2)。

刘露、杜志平:《物流产业创新系统构建研究》,《研究与探讨》,2008 年(12)。

柳卸林:《技术创新经济学》(第 2 版),清华大学出版社 2014 年版。

柳卸林:《世纪的中国技术创新系统》,北京大学出版社 2009 年版。

马建堂:《结构与行为——中国产业组织研究》,中国人民大学出版社 1995 年版。

S. 迈尔斯、D. 马奎斯:《成功的工业发明》,1969 年。

曼昆:《经济学原理》,梁小民、梁砾译,北京大学出版社 2009 年版,第 315 页。

毛泽东:《矛盾论》,中共中央党校出版社 1994 年版。

(美)丹尼尔·W. 卡尔顿、杰弗里·M. 佩洛夫:《现代产业组织》,中国人民大学出 版社 2009 年版。

(美)G. 多西等编:《技术进步与经济理论》,经济出版社 1992 年版。

(美)理查德·R. 尼尔森编著:《国家(地区)创新体系比较分析》,曾国屏、刘小玲等 译,北京:知识产权出版社,2012 年(1),第 1—2 页。

(美)唐·E. 沃德曼、伊丽莎白·J. 詹森:《产业组织——理论与实践》,李宝伟、武 立东、张云等译,机械工业出版社 2009 年版。

(美)威廉·拉佐尼克:《经济学手册》,谢关平、高增安、杨萍译,人民邮电出版社 2006 年版。

(美)约瑟夫·熊彼特:《经济分析史》,商务印书馆 1996 年版。

欧雅捷、林迎星:《战略性新兴产业创新系统构建的基础探讨》,2010年(12)。

彭勃、雷家骕:《基于产业创新系统理论的我国大飞机产业发展分析》,《科技与经济》,2011年(8)。

齐兰:《现代市场结构理论述评》,《经济学动态》,1998年(04)。

邱力生、曾一昕:《IT经济学》,武汉出版社2003年版。

(日)奥村宏:《股份制向何处去——法人资本主义的命运》,张承耀译,中国计划出版社1996年版。

沈被娜等:《计算机软件基础》,清华大学出版社2005年版。

孙世霞:《复杂大系统建模与仿真的可信性评估研究》,国防科学技术大学,2005年。

孙天法:《市场结构范式的标准与构建措施》,《中国工业经济》,2002年(11)。

谭浩邦:《产业价值工程》,暨南大学出版社2000年版。

王明明:《产业创新系统模式的构建研究——以中国石化产业创新模型为例》,《科学学研究》,2009年(2)。

王明明、党志刚、钱坤:《中国石化产业创新系统研究》,《科学管理研究》,2008年(5)。

王松、胡树华等:《区域创新体系理论溯源与框架》,《科学学研究》,2013年(3),第346—347页。

翁蕾蕾、陈东生:《论中国服装产业创新体系的构建》,《丝绸》,2008年(2)。

夏金华:《科技型企业管理知识管理能力研究》,博士学位论文,2013年。

修国义、刘倩:《我国汽车产业创新系统构建研究》,《科技与管理》,2011年(13)。

徐锋:《软件需求最佳实践》,电子工业出版社2007年版。

徐作圣:《国家创系统与竞争力——一台湾集成电路产业之实证》,《经济情势暨评论季刊》,2000年(3)。

徐作圣:《国家创新系统与竞争力》,台北:联经出版社。

薰晓燕:《基于系统动力学的汽车产业创新系统研究》,安徽:合肥工业大学大学硕士论文,2007年。

尹莉、刘国亮等:《产业经济学及相关领域的前沿问题研究——第七届产业经济学与经济理论国际研讨会观点综述》,《中国工业经济》,2012年(9),第89—95页。

(英)克利斯·弗里曼、罗克·苏特:《工业创新经济学》,华宏勋、宏勋慈等译,北京大学出版社2005年(10),第5、247、251、289、308、340、366页。

(英)Ian Sommerville:《软件工程》(第六版),程成、陈霞等译,机械工业出版社2003年版。

曾国屏:《自组织的自然观》,北京大学出版社1996年版。

曾悟声等：《宏福公司经济增长效应研究》，《集团经济研究》，2007年版。

曾悟声：《企业创新组合对市场结构及绩效影响仿真评估研究》，《贵州教育厅项目》，2010年。

曾悟声：《三公开制度分析：从经济学视角研究制度价值与经济增长》，《商场现代化》，2005年(6)，第11—12页。

曾悟声：《推进贵州化工创新型企业的发展研究》，《中国石油和化工》，2010年(4—7)。

曾悟声：《瓮福矿肥基地——宏福公司创新、蜕变与成长》，《商场现代化》，2005年(27，29，33，36)。

曾悟声：《运用组织平衡理论探析瓮福矿肥基地的发展之路》(上下)，《化工管理》，2004年(3—4)。

翟慎涛、顾健：《仿真模型可信度评估指标体系研究》，《系统仿真学报》，2011年(S1)。

张海潘：《软件工程导论》，清华大学出版社2005年版。

张津源：《基于数据一致性分析的仿真模型验证方法研究》，哈尔滨工业大学，2011年。

张林：《创新型企业绩效评价研究》，博士学位论文，2012年。

张彤玉、丁国杰：《技术进步与产业组织变迁》，《经济社会制度比较》，2007年(3)，第81页。

张治河、胡树华、金鑫、谢忠泉：《产业创新系统模型构建与分析》，《科研管理》，2006年。

赵黎明、冷晓明：《城市创新系统》，天津大学出版社2002年版。

周任重：《市场结构与企业创新的关系：文献述评》，《改革与战略》，2013年(03)。

朱少明、左智：《软件过程管理》，清华大学出版社2008年版。

后　记

　　笔者对产业组织问题产生兴趣并着手研究始于 2001 年。那时我在中央党校研究生院经济与管理专业读书,于 2004 年以《运用组织平衡理论探析瓮福矿肥基地的发展之路》为题,撰写毕业论文。2005 年以《宏福公司创新、蜕变与成长》为题,2008 年以《宏福公司经济增长效应研究》为题,2009 年以《推进贵州化工创新型企业发展研究》为题,2010 年在武汉大学以《企业创新组合对市场结构及绩效影响仿真评估研究》为题(作为硕士学位论文),2012 年以《企业创新组合对市场结构及绩效影响实证研究》为题等 6 个项目向贵州省高校社科基金申请获得资助,并组织了由我主持的课题组(参加研究的主要是企业领导和专业技术人员,学校老师)相继在核心期刊发表相关论文近 20 篇。2013 年为以《贵州企业集团创新模式:瓮福创新系统效应研究》为题,获得企业社科基金资助。我们课题组在浩明董事长的指导下再次到生产一线作全面深入考察,对我国磷化企业内部结构、磷化工市场结构与创新型、科技型、创新系统型三类"企业创新行为对市场结构与绩效的互动关联关系"进行了系统研究,并在国际会议发表了相应的研究报告。2011 年,我入武汉理工大学经济学院师从赵玉林教授攻读产业经济学博士。其间首先系统地研读了国外产业组织理论的最新发展成果,其次与产业组织领域的学者和大型企业领军人交流。同时,也受益于我在一个大Ⅰ型企业工作 20 年的积累,我亲眼目睹这个企业在荒野中顽强摸索,在扑朔迷离的"文革"期间无助地度过,在初具规模后的 80年代兴起,在 90 年代成为 500 家大Ⅰ型国有企业令人向往的时期和为国家作出巨大的贡献,而后同全国很多大企业一样耗尽了元气,背上了沉重的历史包袱,生产经营十分艰难,国家无力投资作技术改造,上千人下岗,企业陷入困境。为了摆脱困境,在复杂多变的市场竞争中占有一席之地,企业的领导们虽呕心沥血,仍无济于事。我又亲眼目睹,作为本课题研究对象的瓮福矿肥基地——宏福公司嬗变的重要因素在于有一个集科研、经济、管理、核心知识于一身,理性与激情、素养与人文精神皆有的异质型两任领导人及其决策层,运用现代管理思想,在急剧变化市场面前,建立起一个充满创造活力的复杂自适应创新系统,在短短 10 年内,实现创新、蜕变与成长,嬗变与发展。有比较才有鉴别,才有来源于生活高于生活的感悟。

通过以上三方面学习和亲身感悟,深感国内产业组织理论在"企业创新行为对市场结构与绩效的互动关联关系"方面系统定量研究的薄弱。故在导师的指导下定位于"产业创新系统模式构建及其市场效应的仿真研究"这一目标。经过近一年的努力,论文的前期成果终于以专著形式和读者先见面。参与研究的课题组同志有:何浩明、张定祥、赵庆、解田、陈敏。作为课题组负责人和主笔,错误和偏颇之处均由本人负责。

由于时间仓促,有些问题和分析尚待深入。我们热切希望得到同行和读者的批评和帮助,共同推进我国产业组织理论的发展!

曾悟声

2014 年 12 月于武汉理工大学

图书在版编目(CIP)数据

企业创新系统模式构建及其市场效应的仿真研究/
曾悟声,何浩明,赵庆著.—上海：格致出版社：上
海人民出版社,2015
ISBN 978-7-5432-2493-3

Ⅰ.①企⋯　Ⅱ.①曾⋯②何⋯③赵⋯　Ⅲ.①企业创
新-创新管理-市场效应-研究-中国　Ⅳ.①F279.23

中国版本图书馆 CIP 数据核字（2015）第 041270 号

责任编辑　邱盈华
装帧设计　储　平

企业创新系统模式构建及其市场效应的仿真研究
曾悟声　何浩明　赵　庆 著

出　版　世纪出版股份有限公司　格致出版社
　　　　　世纪出版集团　上海人民出版社
发　行　中国图书进出口上海公司
版　次　2015 年 3 月第 1 版
ISBN　978-7-5432-2493-3/F・819

www.ingramcontent.com/pod-product-compliance
Lightning Source LLC
Chambersburg PA
CBHW051211200326
41519CB00025B/7076